大展好書　好書大展

品嘗好書　冠群可期

大展好書　好書大展

品嘗好書　冠群可期

格鬥術 8

風靡世界的

綜合格鬥運動

（精華版）

張 海／編著

大展出版社有限公司

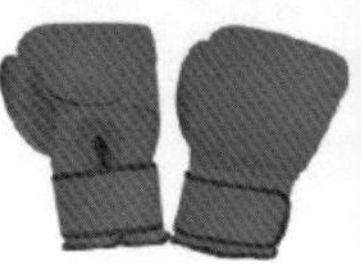

前言

MMA是英文詞組Mixed Martial Arts的縮寫，翻譯為中文即「綜合格鬥」，從字面上理解，就是綜合各種武技在一個平台上進行格鬥，在統一規則下一決高下。由於比賽對選手所運用的武技種類與門派沒有特別限制，技術全面，而且倒地後可以繼續比賽，所以大家有時也將其稱之為「無限制格鬥」或「全接觸格鬥」。因為大多數MMA比賽都是在鐵籠中進行的，故而俗稱為「籠鬥」。

綜合格鬥在不同國家、不同歷史時期的叫法也不盡相同，比如在巴西用葡萄牙語將它稱作「Vale Tudo」（無限制格鬥），在美國最初大家叫它「No Holds Barred Fight」（無限制格鬥），「Mixed Martial Arts」（綜合格鬥）是近年來才被人們逐漸接受的通稱。

綜合格鬥競技最早可以追溯到公元前648年古希臘時期的第三十三屆奧林匹克運動會，在當時被稱作「盤克拉新」（Pankration），也就是我們說的古希臘搏擊術。參賽的選手一般都是那些善於摔跤的拳擊手或者是善於拳擊的摔跤手，總之都是拳擊和摔技並重的選手，而且大都是技術全面、心理素質好的驍勇悍將。比賽時選手赤身裸體，用自己的身體作為武器進行角鬥，在賽制上幾乎沒有任何限制性規

則（除了禁止戳眼和咬人），但是不允許斯巴達人參賽，也禁止女性觀看。

歷史上，世界各種格鬥文化體系中都有過一些MMA形式的格鬥活動。在中國五千多年的歷史長河中，武術運動佔有璀璨輝煌的篇章。中國民間的比武和北宋時期出現的登台打擂，我們或許也可以將其看作是MMA比賽在中國的最初形式。

2004年，UFC（終極格鬥冠軍賽，Ultimate Fighting Championship的縮寫）總裁白大拿（Dana White）說：「李小龍（Bruce Jun Fan Lee）是綜合格鬥之父。」這番話很快在網絡上引起了各種不同意見的激烈碰撞和辯論，儘管大家各持己見，但是不能否認作為一代武術宗師的李小龍，他的確早在幾十年前就提出過綜合武術競技的理論，他所發展創造的格鬥體系裏也的確包含著各種不同的武術風格。

20世紀70年代初，號稱美國「踢拳宗祖」的喬．劉易斯（Joe Louis），被世界格鬥界尊稱為全接觸自由搏擊擂台賽制形成的主要推動者，他正是李小龍的弟子。他的全接觸自由搏擊職業賽理念，正是直接源自他的導師李小龍。

李小龍在完善自己的格鬥體系時，先後綜合吸納了柔道、柔術、空手道、跆拳道、泰拳、拳擊、摔跤、法國踢拳等多門武術門派的精華，截拳道格鬥體系中包含了拳打、腳踢、擒拿，甚至也有地面纏鬥、關節降服技術，它無疑就是一門綜合的格鬥體系。

截拳道愛好者耳熟能詳的一句李小龍名言為：「最好的風格是沒有風格，最佳的形式是沒有形式。」他把截拳道定

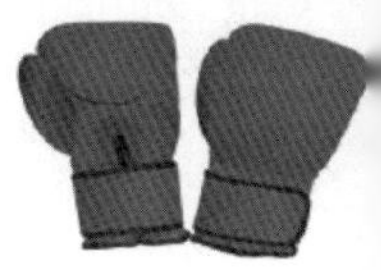

性為一種「適應與進化」的武術，無疑也是無限制的，這一點與當今的MMA運動理念幾乎如出一轍。如今的MMA選手為了適應比賽，也要求不斷地學習和豐富各種格鬥技能，交叉訓練，技術單一型選手的下場就是被淘汰。有趣的是，就連現代MMA比賽中選手佩戴的分指手套和截拳道中使用的分指手套都不謀而合，如果說這是巧合的話，還不如說是理念上的殊途同歸。

其實，白大拿尊李小龍為MMA之父，筆者個人更願意理解為，他是在看好中國市場這塊大蛋糕的前提下提出的。白大拿是MMA行業的領軍人物，但他更是一位成功的商人。

事實上，作為一種無限制的綜合格鬥運動，早在20世紀初期的巴西就已經出現了「Vale Tudo」。在葡萄牙語裏「Vale」這個詞的意思是「被允許」，「Tudo」則是「任何行為」的意思，組合在一起就是「允許任何行為發生」，我們可以理解為在比賽的時候雙方可以使用任何手段攻擊對手的任何部位。「Vale Tudo」的比賽，基本接近了無規則，不設時間限制，不分重量級別，比賽經常會持續酣戰幾個小時。參賽者任何武技都可以運用，除了可以使用各種打擊、纏鬥技以外，連插眼、擊襠都不屬犯規行為，拳擊、摔跤、「卡波耶拉」（Capoeira）等各種帶有地域特徵的武術正面對抗，打鬥的場面堪稱血肉橫飛，相當殘酷血腥。

經過近百年的歲月磨礪，「Vale Tudo」由街邊簡陋拳台上的黑拳私鬥逐漸被打造成為在巴西盛極一時的金字格鬥招牌。它被格鬥界公認為現代MMA比賽的雛形，而且也是當今眾多格鬥明星投身MMA運動的第一站。

此間，以卡洛斯·格雷西（Carlos Gracie）為代表的格雷西家族也始終成為「Vale Tudo」擂台發展的主旋律。赫里奥·格雷西(Helio Gracie)、雷克森·格雷西（Rickson Gracie）、羅瑞恩·格雷西（Rorion Gracie）這些響當當的名字，都曾在「Vale Tudo」的舞台上奏響過輝煌的樂章。

提到對MMA運動發展做出巨大貢獻的格雷西家族，還得從1914年說起，當時日本柔道開山鼻祖嘉納治五郎的高足、日本古傳柔術及講道館的柔術大師、「格鬥伯爵」前田光世來到了巴西。在巴西工作期間，前田光世結識了有著政治背景的商人卡斯特·格雷西（Carsto Gracie）。由於經濟上經常蒙受卡斯特的資助，出於報答之意，他便投桃報李，將自己掌握的柔術技法悉數傳授給格雷西家族的成員。其中，卡斯特的兒子卡洛斯·格雷西（Carlos Gracie）對於前田光世的柔術尤為感興趣。柔術以柔克剛、以小搏大的特性深深吸引了他，天資聰慧的卡洛斯很快便成為前田光世的得意門生。

前田光世在巴西的柔術教學時間雖然短暫，但是卻有著巨大的歷史性意義，他讓柔術這項與巴西本土武術風格截然不同的運動深深地根植在了拉丁美洲這片肥沃的土壤裏。卡洛斯也沒有辜負老師對他的期望，他與家族兄弟們在「Vale Tudo」擂台上經過不斷的實踐，逐漸發展建立了屬自己的柔術體系——巴西柔術（BJJ）。

1925年，格雷西家族在里約熱內盧建立了第一所格雷西柔術學校，他們開始向全世界推廣巴西柔術。他們組織、參加各種格鬥比賽，他們將巴西柔術運用得淋漓盡致。經過

幾代人的不懈努力，巴西柔術逐漸發展成為享譽世界的綜合格鬥體系。在世界各大MMA賽事當中，活躍著無數巴西柔術高手，他們見證了MMA格鬥運動的發展和演變，也為MMA運動的壯闊藍圖譜寫了濃墨重彩的一筆。

1993年，羅瑞恩．格雷西(Rorion Gracie)遷居美國，他很快就讓美國人感受到了巴西柔術的魅力，並且將「Vale Tudo」這種幾近無限制的比賽形式推廣開來，讓喜歡橄欖球、拳擊賽的美國人們大開了眼界。羅瑞恩．格雷西發現，這種無限制的格鬥比賽在美國有著巨大的市場潛力和商業前景。於是，在他的不懈推動下，基於「Vale Tudo」基本理念的UFC首秀終於於1993年11月12日在美國丹佛市拉開大幕。

比賽在一個八角鐵籠中進行，規則基本與「Vale Tudo」相同，由Royce Gracie(巴西柔術)、Teila Tuli（相撲)、Gerard Gordeau(法國踢拳道)、Kevin Rosier(自由搏擊)、Zane Frazie(空手道)、Ken Shamrock(綜合格鬥)、Art Jimmerson(拳擊)、Pat Smith(跆拳道)八種流派的八名代表人物參加。選手們在完全開放的規則下，毫無顧忌地發揮著各自的打鬥技藝，將武術的本質還原給全世界的觀眾。最後代表柔術的巴西人羅伊斯·格雷西（Royce Gracie）笑傲群雄，一晚連勝3人贏得冠軍，舉世震驚，並獲得了五萬美元的冠軍獎金。正是這場比賽，開始了現代MMA運動的新紀元。

此後，UFC在其母公司Zuffa的成功運營下，很快便發展成為當今世界上規模最大、實力最強、最具影響力、最具權威性的MMA賽事，被譽為MMA領域當之無愧的「巨無霸」「超級大鱷」，是全世界所有綜合格鬥選手嚮往的格鬥聖殿，並且也是世界公認的最具娛樂性與競技性的體育賽事之一。

首屆UFC成功舉辦後不久，具有超級經濟頭腦的日本人，就在1997年創辦了他們自己的「UFC」——Pride（Pride Fighting Championship）。曾經盛極一時的Pride是日本最大的MMA組織，與UFC並列MMA比賽的世界霸主地位。當時Pride幾乎每個月都會在日本舉行一次比賽，光現場觀眾就達數萬人以上。除了Pride以外，日本的Shooto（修鬥）、Dream（夢幻）等賽事組織也同樣享譽格鬥界，就連一向以踢拳比賽著名的日本K-1組織，後來也嘗試著將其半數的賽事轉變為MMA比賽。

UFC的巨大成功，彷彿在格鬥界投擲了一枚原子彈，使MMA運動迅速在全世界範圍內擴散開來，來勢洶洶，勢不可擋。俄羅斯、英國、法國、德國、西班牙、芬蘭、挪威、荷蘭、丹麥等歐洲國家紛紛效仿，都先後開展起了MMA運動。隨著MMA運動逐漸被平面、網路和影片媒體所關注，MMA粉絲群體日益壯大，各種MMA賽事活動和組織機構也如雨後春筍般在全球範圍內冒了出來。美國的Strike Force（打擊力量）、WEC（世界極限籠鬥）、Bellator（勇士格鬥錦標賽），俄羅斯的M-1（全球挑戰賽），英國的BAMMA、國際格鬥冠軍賽IFC等等，隨便一名綜合格鬥愛好者都能如數家珍般地一口氣說出一大串來。

近幾年來，起步較晚的亞洲國家，如中國、科威特、阿聯酋、韓國、泰國、菲律賓等也都開始探索著舉辦起自己的MMA比賽。

據不完全統計，現在世界各地定期或不定期舉行的各種MMA賽事，林林總總已不下百種。不同聯盟在比賽規則的制訂上會存在這樣那樣的差異，比賽的風格也隨之有所不同。儘管它們在規模和實力方面參差不齊，其中也不乏經營慘淡、半途而廢者，但毋庸置疑的是，它們都對MMA這項新興格鬥運動的發展起到了重要的推動作用。

現代的綜合格鬥運動已經發展成為一種集觀賞性、娛樂性、競技性於一體的運動項目，它融合了站立、纏鬥等各種風格的格鬥技法，在形式上更加原始、更加自然，可以說是搏擊運動的十項全能，看似野蠻暴力的鬥毆，其實展現的是高超的戰略和精良的訓練。

從某種意義上說，「綜合格鬥」這個概念的提出對武術搏擊運動是一種返璞歸真、溯本追源。當我們站在21世紀的新起點上，縱覽世界格鬥發展進程，MMA比賽已逐步成為世界搏擊類比賽的最終發展方向。綜合格鬥競技理念無疑已成為當今世界各類搏擊、格鬥比賽的主流理念，成為現代格鬥文化潮流的精神主導。

您即將閱讀的這本《風靡世界的綜合格鬥運動（精華版）》詳細地介紹了MMA運動常用的格鬥技術與手段，內容包括站立打鬥技術、纏抱攻防技術、投摔攻防技術、地面打擊與降服技術等。希望透過本書能夠幫助您進一步瞭解、認識MMA，並喜歡上這項激動人心的競技運動。

目錄

第一章　MMA站姿打鬥

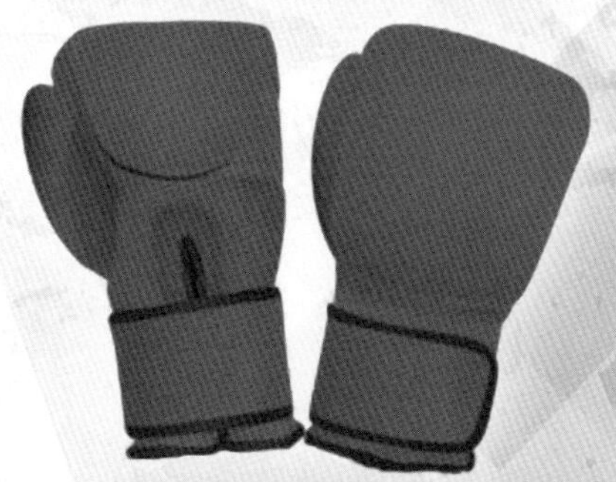

站立打鬥是任何格鬥體系、任何搏擊比賽都會採納的最基本的、最初始的打鬥形式，無論是拳擊、泰拳、散打、空手道，還是我們為大家介紹的MMA運動，比賽鐘聲一敲響，格鬥雙方都要率先從站立姿態拉開戰鬥序幕。在傳統的格鬥比賽項目中，甚至直接規定必須始終保持站立狀態，被對手擊倒則視為落敗。站著與人打鬥，是我們人類的習慣和本性使然。

雖然MMA運動允許選手隨時進入地面戰鬥，但是那些出身於站立項目，如拳擊手、泰拳手，則更善於、也更願意始終保持站立姿態，以便於充分發揮自己的長處、規避自己的短板。

縱觀MMA運動在技術特色方面的演變歷程，我們會發現，當今的比賽越來越趨於站立，越來越多的選手不願意將戰鬥拖入地面階段。原因在於選手們在日常訓練當中，都採取交叉式訓練方法，大家都會掌握五花八門的摔法和防摔技能，柔術訓練也成了必修項目。這樣一來，無形中就增加了地面戰的困難程度，使得拖入地面不再是一個好的策略，這便突顯了站立打鬥的重要性。

當然，作為一名綜合格鬥選手，我們是將站立打鬥技術作為入門基礎來學習的。在熟練掌握站姿打鬥後，還要進一步學習投摔攻防、地面纏鬥等很多東西，這是必需的。只有技術上的全面完善才能幫你走向冠軍寶座，因為技術上的全面型發展，是如今MMA運動發展的唯一方向。

第一節　基本的站立打鬥姿勢

站立打鬥時，你首先要保持一個堅實穩定的站立姿態，即所謂的「預備姿勢」，或者叫「格鬥姿勢」。這種姿態必須是科學有效的，具備重心穩定、意圖隱蔽、進攻迅速、防守嚴密、機動靈活、安全實效等一系列優點，便於進攻，亦便於防守。

對於MMA選手而言，你的站立姿勢，是拳打腳踢等所有技術得以有效發揮的根本，同時還要方便隨時轉換到纏抱和投摔階段。

一、標準的站姿

標準的站姿，看上去彷彿是站在衝浪板上的樣子。首先強調防守上的嚴密性，合理的站姿可以減少被攻擊的面積和機會，而且每次發起進攻動作之後，都能快速恢復到這一姿勢，以便有效地進行下一輪的進攻與防守。同時這種站姿能使格鬥者隨時處於準備格鬥的臨戰狀態，使肢體能夠最有效地發揮出力量、速度上的優勢，達到瞬間擊潰對手防線的目的。拳擊手、泰拳手、跆拳道選手一般都很願意採用這種姿態站立。

一般情況下，格鬥選手都是將有力的手放在後面，這是標準的左前勢站姿（圖1-1-1），也有部分「左撇子」使用右前勢站姿（圖1-1-2）。

圖1-1-1

圖1-1-2

圖1-1-3

二、蹲伏的站姿

蹲伏的站姿（圖1-1-3），在技術要領上與標準站姿基本一致，主要就是雙腿膝關節彎曲的幅度加大了些，身體重心相對而言降低了許多。上體略前傾，但是要注意，頭部不能前探，儘量不要超過前腿膝蓋位置。

最容易犯的一個錯誤就是，只將上體前傾，而不降低身體重心，這是非常危險的。這樣會導致身架不穩，不僅會影響腳步的移動靈活性，而且也無形中將自己的上體暴露在了對手的打擊範圍之內。

蹲伏的站姿是摔跤手出身的選手慣於使用的姿勢，尤其有利於突然展開下潛抱腿扭摔。在實戰中，突然由標準站姿降低身體重心，也可以在戰術上用來迷惑對手。

一名優秀的MMA選手，經常會將身體在標準姿勢和蹲伏姿勢之間不斷轉換，使戰術更加靈活多變，令對手捉摸不定。

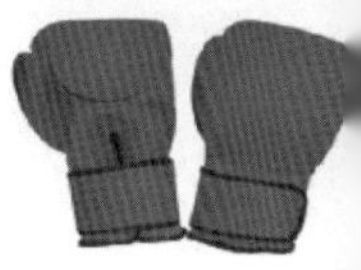

三、預備姿勢的動作要領

正確掌握預備姿勢，對於一名MMA選手來說，是非常重要的事情。

初學者可以面對鏡子進行對照練習，邊做動作邊觀察、對比自己的姿勢是否符合要求。在保持動作與姿勢的情況下，認真瞭解身體各部位的動作形態以及相互關係，體會身體各部位在保持基本站姿時的感受，加深對動作的印象，形成完整的動作概念。

（一）兩腳的正確姿態

以左前勢為例，兩腳前後分開，左腳在前，腳尖稍向內扣，右腳在後，腳尖指向右斜前方，腳跟提起稍離地面，以前腳掌撐地，兩腳的肌肉要放鬆（圖1-1-4）。

兩腳前後距離，一般是前腳的腳跟至後腳的腳尖之間，基本與肩同寬，具體的寬度可根據自己的身高、腿長來確定，要避免過寬或過窄（圖1-1-5）。

如果距離過寬，身體重心雖然穩定，但是兩腳的移動

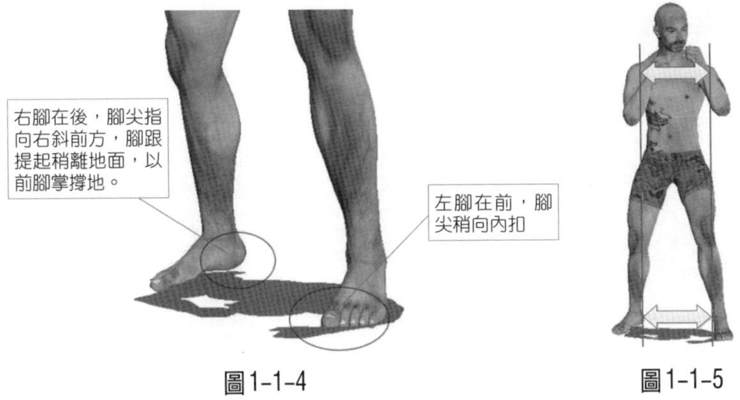

圖1-1-4　　圖1-1-5

速度會受到影響，導致動作遲緩。反之，距離過窄，儘管步法靈活了，但會影響身體重心的穩定性。所以保持合適恰當的距離至關重要。同時要注意，兩腳切忌站在同一條直線上（圖 1-1-6），以避免實施進攻或防守動作時，身體側倒而失去平衡。

（二）雙腿的正確姿態

為了身體重心的平穩，便於靈活地實施動作，前腿要自然彎曲，後腿膝關節彎曲較大，大約為 130 度（圖 1-1-7）。

兩腿肌肉放鬆，具有一定的彈性，切勿過於緊張，否則會影響動作的速度和靈活性，重心落於兩腿間。

（三）頭部的正確姿態

保持頭部的正確姿勢對於任何一種格鬥技術而言都具有特別重要的意義。我們知道，由於中樞神經的作用，改變頭部的位置可以使四肢肌肉的緊張度進行重新分配。為了保持身體的平衡，頭部就必須保持一定的姿勢。頭部的正確姿勢應該是端正、稍向下低，下頜內收(圖 1-1-8)。

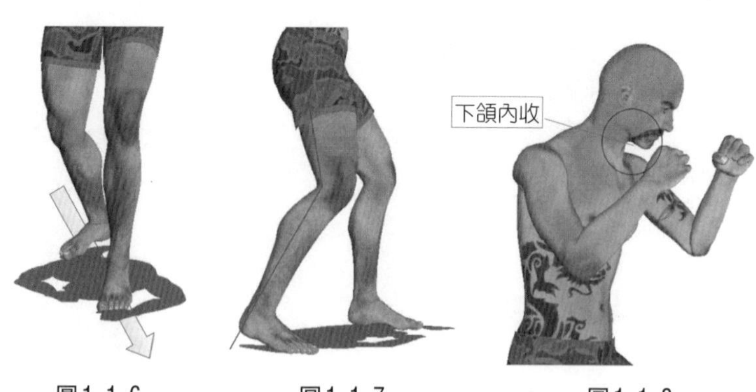

圖1-1-6　圖1-1-7　圖1-1-8

這樣做的目的在於保護下頜與咽喉，同時可以使頸部肌肉保持一定的緊張狀態，使面部、前額在遭受外力打擊的情況下有良好的支點。下頜內收的同時，注意咬緊牙關，雙唇自然閉合。面部表情沉著自然，切勿暴露自己的內心活動與情緒變化，防止對手從面部表情中發現自己的攻擊意圖。雙眼注意觀察對手的上體、肩部，並用餘光注視其全身動作。

圖1-1-9

切忌眼睛僅死死盯住對手某一局部，這是格鬥中的致命錯誤，也是初學者容易犯的毛病。

（四）軀幹的正確姿態

身體要以側面朝向對手（圖1-1-9），以胸、腹的左側對著對手，這樣可以有效減少遭受攻擊的面積，並且不會影響自己出拳的動作。

上體略前傾，自然含胸收腹，髖關節自然放鬆，臀部內斂，切勿下坐、後撅或扭臀。

（五）雙臂的正確姿態

兩臂自然彎曲、放鬆，兩肩下沉，肩背部肌肉放鬆，避免由於緊張用力而妨礙動作，引起疲勞。前面的手臂為了有效地保護上盤和利於快速出擊，應適當前伸、上提，使拳頭的高度與肩齊平，拳眼朝向後上方，其高度不能妨礙自己的視線，眼睛通過拳峰的上面可以清晰地觀察對手一舉一動，肩、拳、肘三點距離相等。後面的手臂彎曲要

略大些，靠近肋側，握拳置於下頜右側附近，拳眼朝向後上方，以便保護面部、下頜和軟肋。兩肘自然下垂，可以使兩小臂形成兩道屏障，起到保護兩肋和上體的作用（圖 1－1－10）。

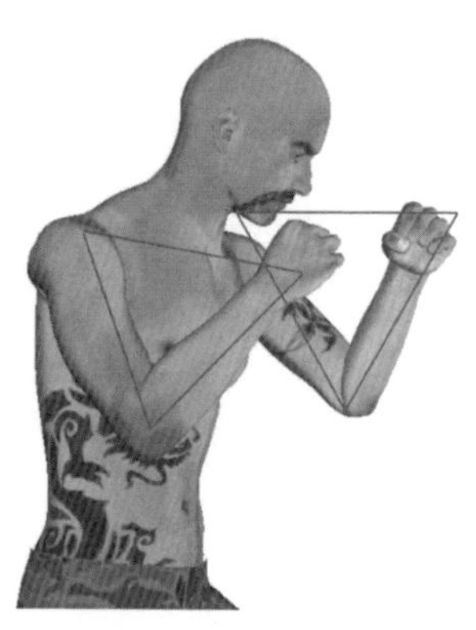

圖 1-1-10

（六）雙手的正確姿態

正確的握拳和出拳方法不僅可以增加拳擊的力量，而且還可以防止和避免指關節與腕關節損傷。正確的握拳方法是，四指併攏、彎曲，指尖貼住掌心，大拇指彎曲後貼在食指和中指的第二指骨外側。兩拳在身體垂直中線的兩側，正面形成了兩道防線，有效地防護頭部的「T」形區域（圖 1－1－11）。

注意，在「戒備」狀態下，雙手要握空拳，自然半握，這樣手臂肌肉較為放鬆，在打擊動作的最後一瞬間，再將拳頭握緊（圖 1－1－12），手臂的爆發力才能得到最大的釋放。同時，對於直接完成拍擊、阻擋等防守動作來說，半

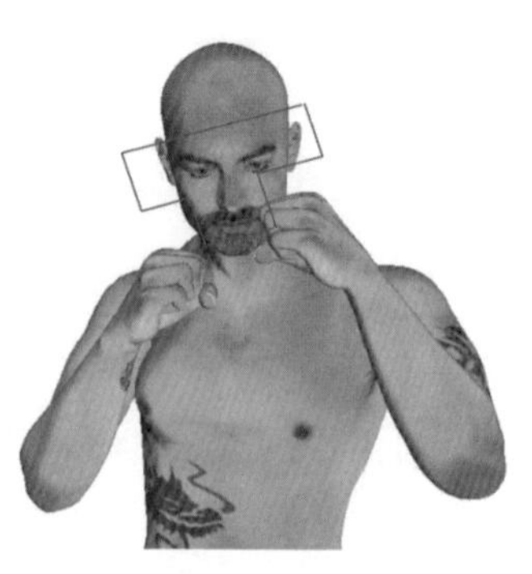

圖 1-1-11

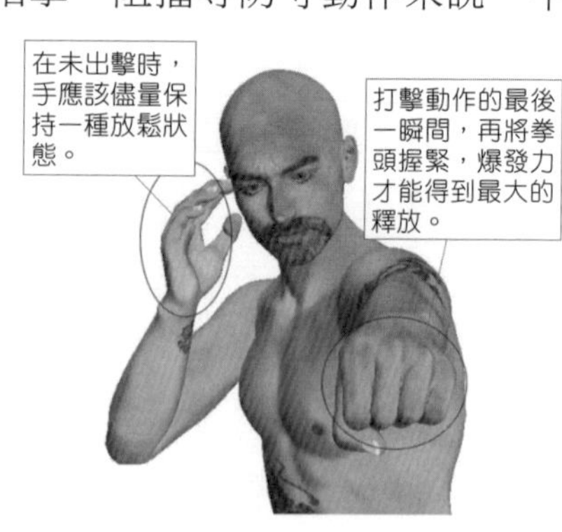

圖 1-1-12

握拳的實戰意味更濃。如果雙拳緊握，且不說手臂肌肉緊張度增加，在做防守動作時，必須伸出手指由拳變掌才行，與握空拳相比，動作就不夠簡練。

在練習和掌握技術的過程中，必須注意養成隨時都能迅速自如地握緊拳頭的習慣，而且還要知道什麼時候握緊才行。始終握緊拳頭或者過早將拳握緊，都會由於手、臂肌肉的過度緊張而很快引起疲勞，從而影響出手的反應和速度。初學者和技術水準不高的格鬥者，常常不是在出拳的過程中將拳握緊，而是出拳前先攥緊拳頭，認為這樣會更有力量擊中目標，其實恰恰相反。

第二節　站立打鬥中的拳擊技術

在MMA比賽中，選手幾乎可以使用任何一種手段來打擊對手，其中拳法打擊是最常見的方式。無論你是拳擊手出身，抑或摔跤手出身，拳擊技術都是必須熟練掌握的最基本的打擊技能，而且，在站立打鬥過程中，選手選擇出拳攻擊的概率大大多於出腿攻擊，因為前者沒有被接腿摔的風險，在節省體力方面也明顯佔有優勢。

在八角籠中，應用最普遍的拳法包括刺拳、直拳、勾拳、擺拳，這些拳法的基本雛形源自傳統的拳擊、泰拳等格鬥運動，不同的選手根據自身的素質差異，在具體運用當中會存在些許形式上的變異和各自的風格，但它們的技術本質是大同小異的。

此外，在MMA賽事中也會看到一些在拳擊比賽裏絕對見不到的「另類」拳法，比如捶擊拳、轉身鞭拳、「超人拳」等。

每種拳法的作用是各不相同的，比賽中，很少看到選手能用刺拳KO對手，大多瞬間擊暈對手的攻擊都來自動作幅度較大、爆發力十足的勾拳或者擺拳。

一名優秀的MMA選手，應該特別注重出拳的多變、步伐的轉換以及不同戰術的制訂。在熟練掌握各種拳法的基礎上，靈活組合運用它們，快速多變的組合拳，配合敏捷的腳步，可以令對手防不勝防。拳法運用，在戰術精準的情況下，不僅可以有效地打擊對手，有的時候也可以用於分散對手的注意力，干擾對方的視線，為發動下潛抱摔等摔跤技術創造最佳機會。

一、刺 拳

刺拳也可以稱之為前手直拳，是一種拳頭沿直線出擊攻擊目標的擊打方法，它充分運用「兩點間直線最短」這一原理去突然打擊對手。其最明顯的特點就是動作簡單、直接迅速、出擊突然、運動路線短，容易接觸目標，並且易於發揮身體的力量。

由於刺拳通常是用位於前面的手臂快速打出，出拳時身體轉動的角度很小，留給對手做出反應的時間極短，往往對方還沒來得及反應就已經被拳頭打得鼻口躥血。這種拳法突發性極強，對手極難防範。

刺拳不僅是最快的拳法，同時還是打擊最準確的拳

法，由於它是在近距離內迅速向前直擊的，所以命中率極高，準確而有效。

刺拳往往是一連串組合拳法的開端，是以重拳擊倒對手的開路先鋒，是完成關鍵動作的嚮導，是爭取勝利的基本動作，是控制戰局、攻守兼宜的殺傷性基本戰術武器。有經驗的格鬥者，在技術發揮好的時候，常用準確、連續不斷的刺拳來襲擾對手，使其暴露更多的破綻，可以充分掌握進攻主動權，削減對手的鬥志，以便為自己的進攻創造條件。

在實施防守或者體力下降時，連續的刺拳又可以起到干擾對手的進攻、破壞對手的平衡、擾亂對手的視線和調整戰術的作用。

刺拳雖然不是最具威力的拳法，很難起到一錘定音的作用，但卻是最重要、使用最頻繁的拳法。在實戰中，無論是進攻、防禦，還是快速反擊，都是一種具有戰術作用與高度實用價值的拳法。經無數案例證明，刺拳使用得當便可成為「一招鮮吃遍天」的無敵手。

【動作說明】

（1）雙方對峙，展開格鬥，我以左前格鬥站姿應對對手，雙手防護好自己的頭部與上身（圖1-2-1）。

圖1-2-1

（2）發動攻擊時，我右腳率先蹬地，推動身體衝向對手，左腳順勢向前滑進一小步，身體前移，使動作提升速度。同時左臂突然向前伸出，使拳頭擊向對手的頭部面頰或者下頜部位。在擊打的最後一瞬間，腰髖略向右側扭轉。拳頭接觸對手頭部時，前臂內旋，使拳心向下，腕關節突然緊張用力，力達拳面與拳峰部位，同時配合呼氣助力。在左拳進行擊打時，右手應放置在下頜或面部的右側，防護好自己的上盤，防止對方的迎擊（圖 1–2–2、圖 1–2–3）。

圖1–2–2

圖1–2–3

【技術要領】

刺拳出擊時，注意手臂不得預先向後拉動，以免暴露攻擊意圖，影響出拳的速度和突然性。這其實是很多初學者常犯的一個通病，他們可能認為這樣出拳打出的力度會更大一些，因為它有足夠長的發力距離，其實這只是一種誤解。因為動作的幅度越大，完成動作所耗費的時間就會越長，這無異於告訴對手你要發動進攻了，勢必導致對手可以有足夠的時間做出反應，使進攻效果大打折扣。

腳步與上肢動作要配合協調，切忌原地不動。出拳時步法的良好配合是不容忽視的，出拳瞬間，身體一定要向前移動、逼近。因為對方不可能站在原地等你去打擊，他必定會在你出拳的同時快速後退或者躲避，這是人的本能

反應，你的提前跟進可以為下一步的打擊計畫奠定基礎。前腳的快速移動與後腳的蹬踏轉動要配合協調、熟練自如。

刺拳在出拳時要充分利用進身轉腰動作所產生的身體前衝的慣性，以及後腿的蹬踏動作所產生的反作用力，以加強打擊力度。當身體重心向前過渡、拳頭觸及對方身體的瞬間，左腳跟要外轉，左腿應立即制止身體進一步前移，避免身體過分前傾，令頭部暴露在對手的擊打範圍內。

在發拳擊打時，右腳需蹬地並稍前提至維持身體平衡所必需的距離，前腳掌著地。這樣，無論是在擊打時，還是在擊打後，都可使身體重心保持穩定。

擊打之後，用左腳牢固地支撐，同時要很快放鬆出拳的手臂和整個肩關節的肌肉，並利用左腿下屈，來消除前衝慣性，控制住身體的平衡。

在實戰中，要善於根據打擊目標位置的高低不同，適當調整雙腿彎曲的程度，但無論高低，都要注意保持自身重心的平穩，這也是制勝的關鍵所在。

二、直 拳

直拳也就是所謂的交叉拳，屬一種中、遠距離的重拳。這種拳法的主要特點是，在上肢出擊時，上體與腰髖要配合大幅度的轉動，拳頭的運動路線較長，出擊力矩更大。加上身體重心的移動與身體大肌肉群的伸縮，因此其力量更猛，威脅性也更強。

但是，由於直拳發拳距離目標較遠，因此動作的難度與技術要求相對於刺拳要高，同時隱蔽性也相對要差，易被對方發覺、易露空，尤其是在一擊未中時，因為用力過猛、動作幅度大而容易導致身體重心不穩、失去平衡，而陷入被動局面。

故而，直拳在實戰中的運用一般是比較慎重的，只有在與其他技術進行良好的配合，在有充分把握的前提下擊出，才可以充分發揮出其應有的巨大殺傷威力。一般都是作為刺拳的後續擊打動作，不會草率出擊，往往是先用刺拳襲擾、分散對手的注意力，令其暴露空檔。或者在撕開了對手的嚴密防線、創造了良好的進攻時機時，再迅速果斷地以嫻熟的直拳予以致命一擊。

【動作說明】

（1）雙方對峙，展開格鬥，我以左前格鬥站姿應對對手，雙手防護好自己的頭部與上身（圖1-2-4）。

圖1-2-4

（2）出拳時，右腳用力蹬地，上體快速有力地向左前方扭轉，身體略前傾，重心前移，同時擰腰轉胯，藉以增加出拳的速度和力量。在右腳蹬地的同時，右臂前伸，右肩前送，肘關節抬起，前臂內旋，拳心向下方轉動，以拳峰為力點直擊對手頭部。在拳頭擊中目標的一剎那，腕關節猛然緊張，將拳握緊。同

圖1-2-5

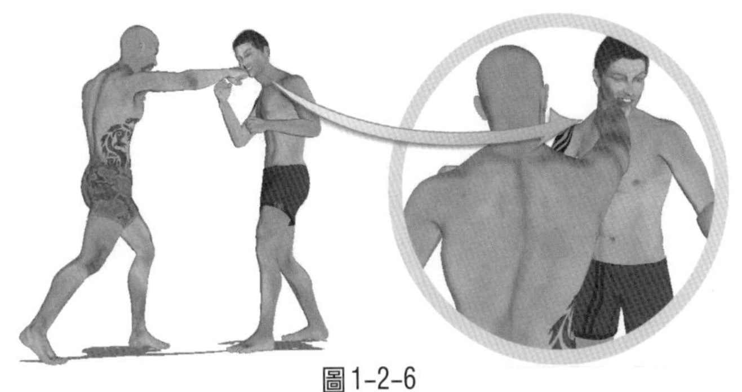

圖1-2-6

時呼氣，胸、腹內含，以加大出拳的力度。右手出拳時，左臂略回收，用左手護住下頜（圖1-2-5、圖1-2-6）。

【技術要領】

直拳的打擊，要求在拳頭擊中目標之前，肩部與臂部要自然放鬆，切勿過於僵硬、呆滯。握拳要鬆，以保證驚人的快速度的拳速發揮，否則很難充分發揮瞬間爆發的威力，勢必影響打擊效果。

在拳頭運行到位的一瞬間，五指突然攥緊，腕關節緊張，將全身的打擊勁力於一瞬間突然爆發，要有衝擊和穿透的感覺，切勿僅僅將力量作用於敵人身體的表面。如果你過早收緊肌肉的話，則勢必會影響到速度與衝擊力的充分釋放。順暢地調動全身的肌肉，是出拳的關鍵，收縮肌肉時的加速度則最終決定了你出拳的爆發力。

出拳發力的瞬間要擰腰、轉胯、送肩，做到拳動、肘隨、肩催。同時，後腳用力蹬地，借用腳掌向後方蹬地所產生的反作用力，腰部與上體要快速有力地擰轉，藉以增加出拳的速度和力量。

右拳的拳峰、前臂、肘關節與肩部要形成一條直線並

處於一個水平面上，使力量順達。要知道拳頭只是全身打擊力量的一個傳導工具，只靠手臂力量其作用和打擊力是極為有限的，而必須將全身的整體打擊勁力協調地集中到拳峰一點上，才能充分發揮威力。同時注意腰部的轉動還要自然、快捷，不可僵硬、遲滯，也不能幅度過大，否則影響重心平衡，適得其反。

出拳時，手臂切忌晃動或者有其他多餘的動作，要注意隱蔽意圖，出其不意。很多沒有經驗的人在出拳之前，都會不自覺地將手臂向身後引拉，而且後引的幅度還會很大，這是得不償失的多餘之舉。

三、勾 拳

勾拳，確切地說應該稱作平勾拳，因為這種拳法的手臂動作基本上是在一個水平面上完成的。同時，由於它在擊打時肘關節彎曲約成90度角，屈臂出擊，其形狀酷似彎鈎，故而得名。

平勾拳是一種利用身體的側擺和轉動，帶動肩、臂的擺動，以拳峰為力點，由側面沿弧形路線擊打而出的拳法。出擊時，因身體的大肌肉群一起用力，運行路線比較長、幅度大、離心力大，因而可擊出較大的力量，具有很大的破壞力。

平勾拳能從敵人視野之外突入，具有相當大的隱蔽性和殺傷力，在技術發揮正常的情況下，其打擊威力不亞於直拳。由於平勾拳是從側面擊打對手身體，而出拳者的身體卻是做相反方向的移動，因而具有較大的迷惑性，可以

起到分散敵人注意力的作用。在實戰時，如能恰當地運用平勾拳，可給對手造成較大的威脅，在回擊或迎擊的時候，常常以一記重拳擊中要害後，便可輕鬆取得勝利。

但是，平勾拳是技術性較強的動作，並且存在著攻擊速度較慢的缺點。如果選手技術水準欠佳，不僅難以擊中對方，而且會大量消耗體力、過早出現疲勞。如果你不能正確地掌握出拳的要領，用平勾拳擊打時，由於身體動作與手臂的擺動幅度較大，很容易被對手發覺，另外，時機掌握不好的話，出拳時不易隱蔽，也不易擊中目標。特別在擊空的情況下，往往會導致身體重心失衡，暴露出自己被擊打的要害部位。

在實際運用中，平勾拳可用於不同的戰術目的。用它直接開始進攻，上步出擊平勾拳，往往被用作拉開戰幕的開始拳法；以平勾拳用作猛烈進攻的前奏，平勾拳擊頭的假動作吸引開對手的注意力，以達到破壞對手防護的目的；也可以在攻擊敵人頭部之前，先用平勾拳擊打上體來發動戰鬥，撕開對手的嚴密防線；在與防守動作結合的反擊中，還可把平勾拳用作迎擊拳或回擊拳。

【動作說明】

（1）雙方對峙，展開格鬥，我以左前格鬥站姿應對對手，雙手防護好自己的頭部與上身（圖 1-2-7）。

圖1-2-7

（2）擊打的最初動作始於右腿，右腳蹬地將身體重心轉移到左腿，左腳後跟略向外側動，身體猛然

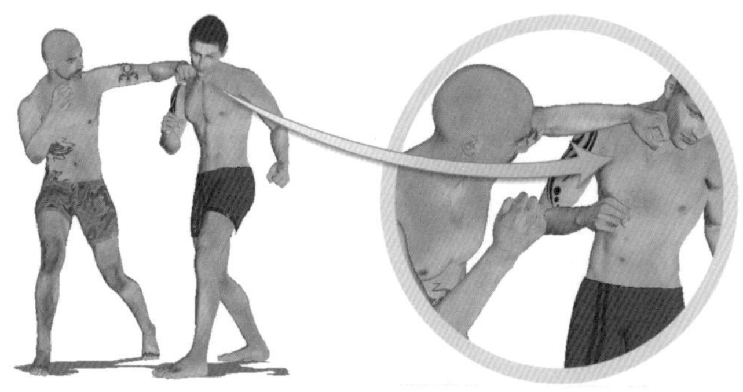

圖1-2-8

向右側擰轉。發拳時，左臂略下垂，從下往上將肘部抬起，與肩同高，藉助腰髖向右轉動的力量，左拳由左肩的前方向右前方沿弧線擺出，擊出後左臂肘部略微彎曲呈大半月形狀。接近目標時手腕內旋，肩、臂肌肉突然緊張，五指攥緊，拳心朝下，力達拳鋒。同時右手隨左拳的出擊而自然擺動，護住頭部和下頜，預防對手迎擊（圖1-2-8、圖1-2-9）。

圖1-2-9

【技術要領】

平勾拳的擊打力量主要來自身體的轉動，因此打擊前必須做好身體扭曲的動作。打擊時，打開身體的扭曲動作，身體轉動時帶動肩臂擺動，在拳峰接觸目標的一瞬間，手臂才猛然發力。

形象點說，平勾拳在擊打前好像一個擰緊的彈簧，打擊時要充分利用擰緊彈簧的彈力。如果身體扭曲動作不到

位，就無法利用身體轉動和腿髖發力的力量，打擊力量就大打折扣。平勾拳擊出時，手臂的彎曲程度可以根據實戰具體情況調整，既可以使大臂和小臂彎曲為90度角，也可以將手臂伸展的角度大於90度。

擊打時，腕關節不要僵直，否則容易造成腕關節與拇指關節損傷。擊中目標時不可僅用拳頭正面接觸，手腕一定要有內旋動作，這樣做不僅可以加大打擊力量，同時也可以起到自我保護的作用。

一般在擊打較高的部位，如頭部時，為了避免拇指關節被碰傷，應注意加大手腕內旋幅度，使拇指關節朝下，避免拇指關節接觸被擊部位。

出拳時一定要利用後腳突然蹬地、轉腰旋體發力，以提高出擊速度。如果只用手臂掄擺，勢必造成明顯的向後拉臂和手臂向外擴展過大的毛病，形成出拳前有預令的錯誤動作，暴露攻擊意圖是格鬥大忌。同時注意切忌用力過大、轉體過度，防止擊打後身體失去平衡。身體的轉動要做到順暢連貫、收發自如。

必須配合呼吸出拳，也就是在拳頭接觸目標前的瞬間突然呼氣並收緊肌肉，亦即要學會「以氣助力」，將身體內在的打擊勁力釋放出來，實戰時應該特別強調呼吸與動作的配合。如果動作與呼吸配合不協調的話，不僅出拳無力，而且還會影響到耐力的調整與保存。

四、上擊拳

上擊拳，也可以稱作上勾拳。常用來自下而上擊打敵

人下頜、心窩、腹部，尤其是在對付個子小但力量大的對手時，短促、刁鑽地出擊，常常可以巧妙地繞過對方的防線擊中目標，防範與反擊的難度相當大。

上擊拳是一種先抑後揚、利用身體重心突然向上提升的衝勁，揮舞手臂以拳峰為力點，沿弧形路線自下而上挑打而出的拳法。

上衝威力強勁，發力迅速急促，運動路線短。對方遭襲後猶如一把彎刀勾入體內，可導致其當場喪失戰鬥力，被認為是一種非常凶險的拳法。在近距離正面進攻時，具有極大的殺傷力，是考驗選手下巴是否堅硬的最佳手段。

實戰中，當對手兩手處於高舉防護頭部的姿勢時，或當對手擊打頭部而落空時，可發上擊拳擊打對手的胃、腹或肋部。當對手上體前傾處於俯身低姿勢時，則可發上擊拳擊打其頭部。

在實戰中可以用任何一隻手發上擊拳攻擊對手的頭部或上體，也可以結合防守動作使用此拳法來反攻對手。在貼身內圍戰中，若合理配合其他組合拳實施連擊，對付大個選手或善於纏抱攻擊的對手，更可收到顯著的攻擊效果。

有一點要記住的是，當對手上體處於直立狀態時，不要輕率使用上擊拳開始進攻，因為這種拳法太短，會招致對手用直拳來迎擊。只有當對手身體前傾時才能在進攻中使用上擊拳，或在用連擊拳進攻對手時配合使用上擊拳。

【動作說明】

（1）雙方對峙，展開格鬥，我以左前格鬥站姿應對對手，雙手防護好自己的頭部與上身（圖1-2-10）。

圖1-2-10

圖1-2-11

（2）為了加大出拳的力量，出拳前上體先向左側擰轉，右腳跟外展，雙腿彎曲、蓄力，身體重心下沉，縮胸、收腹，蓄勢待發（圖1-2-11）。

圖1-2-12

（3）旋即，右腳蹬地，身體猝然向右轉動，左肩自左向右擺動，將左臂置於腹前，拳頭指向對方身體正中（圖1-2-12）。

（4）動作不停，借擰腰轉胯的爆發力，以肩關節為軸，帶動左臂向斜前上方出擊，左拳由下向前上方弧形勾擊對方下頜。出拳時手臂呈鈎狀，上臂與前臂之間的夾角約為90度，拳心向內，力達拳面與拳峰部位，同時配合呼氣。右臂屈肘，右手自然置於下頜附近，保護好頭部和上盤（圖1-2-13、圖1-2-14）。

【技術要領】

為取得最有利的出拳角度和位置、加大打擊力量，出

圖1-2-13

圖1-2-14

拳瞬間身體重心要略下沉，手臂自然屈肘下降，以形成出拳時的有利姿勢。在實戰中這一動作要做到自然而不被對手察覺，以先用上體的晃動、搖臂等假動作來麻痹迷惑對手，必須是在無預備動作的情況下敏捷地打出，不能讓對方嗅出意圖，以求制敵先機。拳頭在接觸到目標前要保持放鬆狀態，只有在接觸目標前的一剎那間才握緊拳頭而將勁力突然釋放，令對手防不勝防。

由於上擊拳出手剎那沉身動勢較大，因此必須恰當掌握出手機會，最好的時機是，對手上體前傾或者因疲勞而反應減慢時。在其他情況下，使用上擊拳是比較危險的。長距離的上擊拳比較利於動作的發揮，但空位較大，且容易落空；近距離的上擊拳角度狹小，勁力難以完全釋放。這個分寸的拿捏，必須在日常訓練當中透過反覆的磨鍊，才可以運用自如。

出拳瞬間要配合呼氣，在拳頭擊中目標的瞬間突然呼氣並收緊肌肉，將身體內在的打擊勁力充分釋放出來，實戰時應該特別強調呼吸與動作的配合。這樣做也有利於保存體力，便於打持久戰。

另外，由於往往是在比較近的距離內來施展上擊拳，因此在擊中敵人的同時，對方也同樣有機會擊中我們，所以在上擊拳打擊的同時，上身須進行嚴密的防護。尤其要注意在一隻手出拳時，另一隻手應屈肘回收保護好頭部和上盤，養成良好的習慣。除去注意手臂的動作外，還要注意收緊下頷。必須做到攻防兼備，強調攻中有防、防中存攻。因為在八角籠裏你面對的同樣是一名職業格鬥高手，你發起進攻的同時，對手也在伺機襲擊你。特別是近距離的搏擊過程中，雙方都有機會擊中對方，所以取勝的關鍵就看誰的防守技術更勝一籌了。

五、後手擺拳

擺拳的技術特點與平勾拳有相似之處，但是動作幅度相較於平勾拳要大，打擊力度也相對較大，是一種突破防線最有力的拳法，破壞性極強。

在實戰中，一記凶狠的後手擺拳，往往能夠起到一錘定音的效果，後手擺拳KO對手的戰例屢見不鮮。很多MMA選手甚至將後手擺拳視為看家絕活，比如俄羅斯「格鬥沙皇」菲多・艾米連科（Fedor Emelianenko）的俄式大擺拳，已經成為MMA選手的經典教學範例。

當年身高183公分、體重105公斤的菲多曾經在開場

僅26秒之內，就以一記俄式大擺拳將身高200公分、體重185公斤的祖魯（Zuluzinho）給掄躺下了。祖魯當時的感覺是，打中他的不是一個人的拳頭，而是一隻大鐵錘。足見其威力矣。

後手擺拳動勢強、威力大，但是也正因為使用後手，與對手距離較遠，出拳路線長，擺幅大，容易被對手察覺，如果時機掌握不當，則不易擊中對手。

相對而言，後手擺拳比刺拳或是後手直拳、上擊拳使用得少些，有經驗的格鬥選手不輕易使用這種拳法，尤其是在雙方體力充沛或是相持階段不宜運用，施展該拳法的第一要素是必須把握好良好的時機。只有在對手疏於防守，或體力不支，或處於雙手護面疲於防守之時，才可使用這種拳法給以重擊。

一般情況下，實戰中的對手，會自然地用身體的前肩和後手保護自己的下頜，以求不受側面的打擊。因此用後手擺拳直接進攻是難以奏效的，因為後手發拳要經過較長的路線才能達到目標，這樣的大幅度動作可使對手有時間做好充分的防守準備。所以只有在巧妙的戰術配合下，用前手的各種假動作吸引開對手的注意力，破壞對手的防線之後，才能有效地運用後手擺拳，打對方個措手不及。

【動作說明】

（1）雙方對峙，展開格鬥，我以左前格鬥站姿應對對手，雙手防護好自己的頭部與上身（圖1-2-15）。

（2）對方率先進身用左手刺拳攻擊我的上盤，我迅速向右閃身躲避，令對方攻擊落空（圖1-2-16）。

圖1-2-15

圖1-2-16

（3）旋即，右腳向後蹬地，身體猛然左轉，右肩前送，並借擰腰轉胯的爆發力帶動右臂的揮擺，右拳沿弧形路線向左前方擺擊對方頭部，力達拳峰。隨著右拳的出擊身體重心移至前腳上，左腳用前腳掌著地，用以緩衝身體的前衝力，使身體保持平衡。拳頭擊出瞬間，配合呼氣。左手屈肘回收，自然置於下頜附近，預防對手反擊（圖1-2-17、圖1-2-18）。

【技術要領】

拳頭在接觸到目標前要保持放鬆狀態，肩部與臂部也

圖1-2-17　　圖1-2-18

要自然放鬆，切勿過於僵硬、呆滯。只有在接觸目標前的一剎那間再握緊拳頭而將勁力瞬間釋放，令對手防不勝防。

打擊前，出擊手臂的動作要做到自然而不被對手察覺，不能讓對方看出意圖，必須是在沒有預備動作的情況下敏捷出擊。出拳時一定利用轉體發力，如果只用手臂掄擺，勢必造成明顯的向後拉臂和手臂向外擴展過大的毛病，形成出拳前有預令的錯誤動作，暴露攻擊意圖是非常被動的事情。

打擊時，一定要將腰部轉動的力量貫穿其中，由於後手擺拳的運行路線相對較長，因此在打擊之中可以不斷地施加打擊的衝力與慣性，所以只要能夠命中目標，其破壞力是毋庸置疑的。

對此，就要在後腳轉動向後方蹬地的同時，迅速向左轉動腰部，以轉腰動作來將右拳的打擊威力發揮至極限狀態，因為只靠手臂上的打擊力度是極為有限的。

縱觀MMA比賽的歷史，那些一拳KO對手的動作全是協調而流暢的，選手在出擊時始終強調將強勁的腰力貫穿其中，才可以瞬間擊倒對方。

出擊動作要短促、突然、凶狠，出拳手臂揮動幅度不宜過大，弧形運動路線是由於身體及腰部轉動而自然產生的，不要刻意加大弧度，也就是儘量走最簡短的路線去節省打擊的時間，並由縮短打擊時間來提高攻擊的命中率。

出拳時必須配合呼氣，以氣助力。無論訓練還是實戰，都必須強調配合呼氣出拳，也就是在拳頭接觸目標前的瞬間突然呼氣並收緊肌肉，以便將體內勁力瞬間爆發出來。

右手出拳時，左臂應屈肘回收，使左手置於下頜附近，保護好頭部和上盤。右拳擊中目標後要迅速回撤，還原成基本格鬥姿勢。也只有在前手進行嚴密防護的情況下，再將後手拳果斷地拋向對方的致命要害處，才可以穩操勝券。

六、轉身捶擊

捶擊是一種弧線進攻拳法，主要是揮動手臂以拳輪為力點打擊目標，類似掄動鐵錘，故而得名。轉身捶擊，是指轉動身體、配合腳步，揮舞手臂向身體後方實施捶擊動作，也有人稱之為「翻背拳（Back Fist）」。這種技術在傳統的拳擊比賽中是肯定見不到的，但在MMA比賽中，卻是經常可以看到的。

轉身捶擊因手臂大幅度掄動的慣性所致，打擊力量比較大，速度快，不易被對手察覺。雖然不像勾拳、擺拳那樣具有致命的攻擊威力，但它的突發性及敏捷性則是其他拳法所無法比擬的。一旦出拳，往往可以令對手措手不及，只要能擊中目標，就足以讓對方瞬間癱倒。

【動作說明】

（1）雙方對峙，展開格鬥，我以左前格鬥站姿應對對手，雙手防護好自己的頭部與上身（圖1-2-19）。

（2）對方率先進身用右手直拳攻擊我的上盤，我右腳迅速向右後方撤步，身體順勢

圖1-2-19

向右擰轉，及時閃身躲避，令對方攻擊落空（圖1-2-20）。

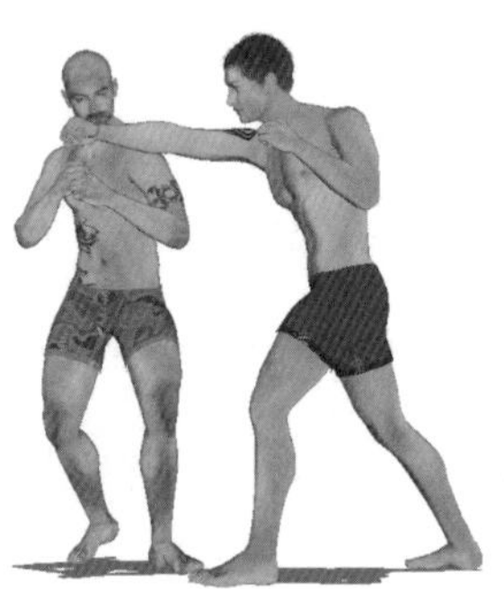

圖1-2-20

（3）動作不停，左腳向前移動半步，右腳向後撤退半步，身體繼續向右後方轉動，右肩外展，帶動右臂以肘關節為軸，向右後方水平掄出，以右拳拳輪為力點狠狠捶擊對手的頭部（圖1-2-21、圖1-2-22）。

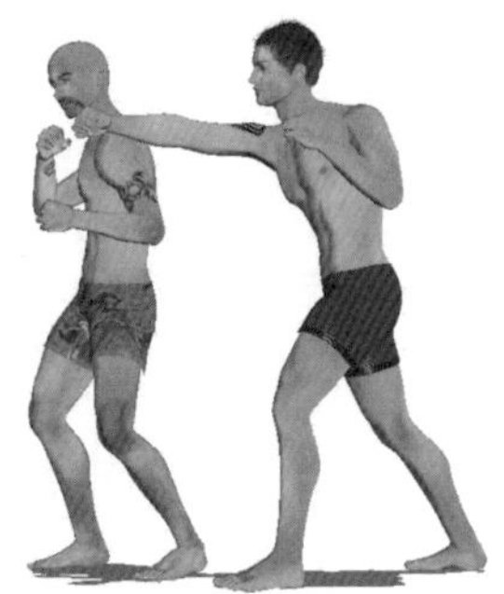

圖1-2-21

【技術要領】

在訓練中，首先要注意體會、掌握正確的動作方法，不要過早地、盲目地運用，避免形成錯誤的動作習慣。訓練時體會發力、轉體、轉腰帶動手臂擺動等動作的要點。要充分發揮身體轉動和手臂揮舞掄動的慣性進行擊打，轉身要突然，充分利用肘關節與腕關節的突然抖彈來釋放爆發力，力求乾淨、脆快地擊打。

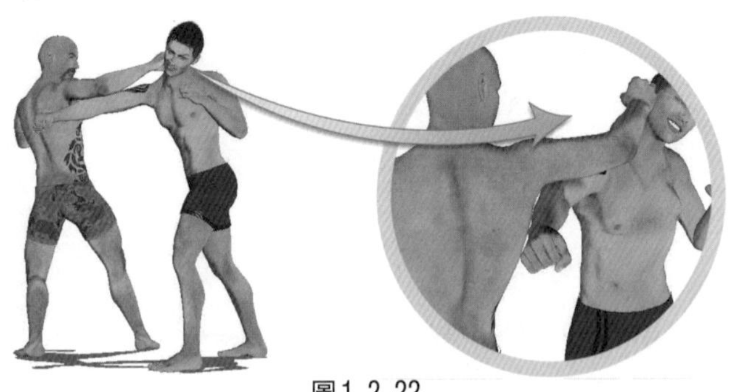

圖1-2-22

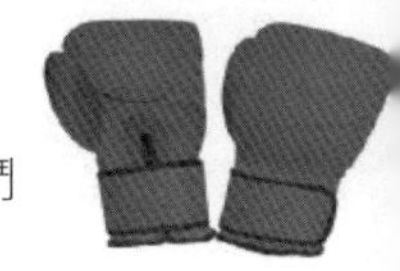

實戰中，腳步要靈活、敏捷，上下肢配合協調。要配合後移的步法去果斷攻擊，因為轉身捶擊要想發揮出打擊效果，必須在正確掌握敵我距離的前提下實施，否則很難擊中目標。因此，它對距離的有效把握要求相當高，因為合適而有效的距離將直接決定著你的拳頭能否準確地擊中目標，並將你的全部力量釋放出來。

打擊動作完成後，不論是否擊中目標，腳步都要及時移動，身體迅速向後撤離，恢復為基本格鬥姿勢，側面應敵，切勿原地站著不動，那是相當危險的做法。迅速地恢復基本格鬥姿勢，快打快收，不等對手做出任何反應就結束此輪攻擊，使得對手無法找到任何反擊的漏洞，做到攻中有防，攻防互補，才是取勝的關鍵。

第三節　站立打鬥中的肘擊技術

格鬥中，對於拳掌而言，肘可起到傳達勁力、承上啟下之功用，同時其本身又是一件摧毀力極強的打擊武器。以肘打擊對手，靈活多變，預兆性小，力大且凶猛。因動作路線短促，所以能夠快速而突然地發起進攻，剎那間即可完成打擊動作，常常令對手猝不及防，往往可以達到一肘定乾坤的效果。

熟練地掌握各種肘法也是防守的有效手段，尤其是在近距離纏抱狀態下，靈活運用肘技，更能體現出其巨大的實用性和威脅性。

在MMA比賽中，不僅那些泰拳手出身的格鬥者善於使用凌厲的肘技，甚至拳擊系、摔跤系選手也常常會以肘法發動襲擊，且樂此不疲。

但是因為肘擊是只有在貼近對手時才能奏效的技術，所以在格鬥時，如何控制交手距離，佔據有效打擊位置，就顯得至關重要。出肘時距離感要強，太遠打不到，太近難以發揮應有的威力，要使爆發力正好於肘尖釋放出來，必須掌握恰當的距離。要想充分釋放出肘擊技術的殺傷力，就必須要有靈活多變的步法配合，以達到主動調整和掌握最佳攻擊距離的目的。

一、橫擊肘

橫擊肘是實戰中近距離攻擊最為常用的手段，也是一種極具破壞力的強悍武器，係從側面弧線擺擊目標的肘法，主要用於攻擊人體最為脆弱的太陽穴、面頰或頸部等上盤要害部位。

橫擊肘在近距離格鬥中，防範起來比較困難，具有較強的殺傷力和突發性，實戰中與其他手法合理結合運用，可發揮更大的技戰術優勢。

由於這種肘法主要是貫穿來自轉腰、合胯的強勁打擊力去重創對手。因此，只要是能命中目標就必會產生決定性的打擊效果，瞬間可致對手喪失戰鬥力。

實戰中多配合其他中、近距離技術實施，或者在用一手襲擾對手創造出最佳攻擊時機之後運用，因此它所能給對方造成的實際威脅也是極大的，在內圍打鬥中運用機會

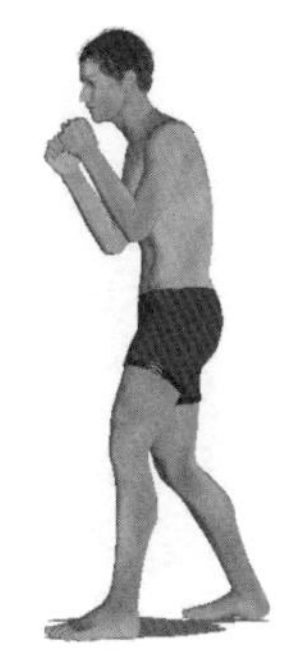

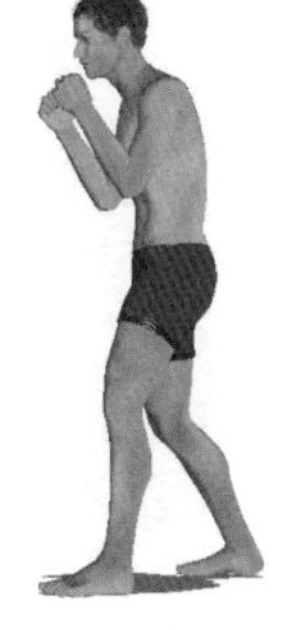

圖1-3-1

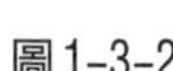

圖1-3-2

較多，殺傷力突出。

【動作說明】

（1）雙方對峙，展開格鬥，我以左前格鬥站姿應對對手，雙手防護好自己的頭部與上身（圖1-3-1）。

圖1-3-3

（2）對方率先進身用右手直拳攻擊我的上盤，我迅速向右閃身躲避，令對方攻擊落空（圖1-3-2）。

（3）旋即，身體左轉、擰髖，右腳用力蹬地，將身體重心向前過渡，右臂隨之屈肘、夾緊、端平，內旋向上抬起，高與胸齊。右手由放鬆狀態變成半握拳狀態，隨著手臂的彎曲內旋至手心向下（圖1-3-3）。

（4）動作不停，左腳在右腳的推動下迅速順勢向前滑進一小步，身體重心隨之向左前方移動，上體猛然向左擰轉，同時在身體向左擰轉的瞬間，右肘以肘尖為力點，藉助肩、腰回轉合力自右向前、向左沿弧形路線橫掃對手

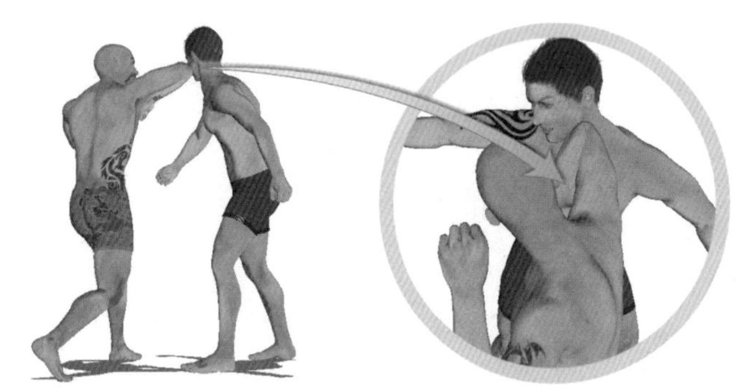

圖1-3-4

左側太陽穴或者下頜部位，予以重創（圖1-3-4）。

【技術要領】

在臂肘擊中目標之前，肩部與臂部要自然放鬆，切勿過於僵硬、呆滯。這樣才能保證驚人的拳速發揮，否則很難充分發揮瞬間爆發的威力，勢必影響打擊效果。在肘尖運行到位的一瞬間，突然攥拳、夾肘，再將力量充分釋放，將全身的打擊勁力於一瞬間突然爆發出來。如果你已提前收緊肌肉的話，則勢必會影響到速度與「瞬間打擊力」的最佳發揮。

橫擊肘動作要求迅猛有力、短促突然，以腰胯帶動肢體運動，借身體擰轉時之慣性發力，瞬間要擰腰、轉胯、送肩，這樣可以提高打擊力度，同時延長打擊距離。肘尖運行的弧形運動路線是由於身體及腰部轉動而自然產生的，不要刻意加大弧度，也就是儘量走最簡短的路線去節省打擊的時間，並由縮短打擊時間來提高攻擊的命中率。

擰轉腰身時，後腳蹬地的配合動作也是必不可少的。擊中目標的一瞬間，後腳蹬地動作一定要體現出來，並將

這種因蹬地所產生的反作用力充分作用和貫穿於臂肘之上，這樣才能將打擊力度充分發揮出來。

因為橫擊肘只有在貼近對手時才能奏效，所以要想充分釋放出肘擊技術的殺傷力，必須在格鬥時，特別注意控制交手距離，佔據有效打擊位置。出肘時距離感要強，太遠打不到，太近難以發揮應有的威力，要使爆發力正好於肘尖釋放出來，必須掌握恰當的距離。適當情況下，要有靈活多變的步法配合，以達到主動調整和掌握最佳攻擊距離的目的。

另外，必須配合呼氣出肘，即在肘尖接觸目標前的瞬間去突然呼氣並收緊肌肉，以氣助力，將身體內在的打擊勁力釋放出來，實戰時應該特別強調呼吸與動作的配合。

二、上擊肘

上擊肘是一種側身正面切入、自下而上沿弧形路線短促出擊的凌厲肘法，特點是動作簡單、直接、迅猛，動作特點類似於上擊拳，但它的殺傷力卻遠遠大於後者。

上擊肘在實戰中運用比較廣泛，通常在近、中距離使用較多。可以直接用於主動攻擊，特別是對付突然向前衝擊者，猝然抬臂挺肘迎擊，可以阻截其攻勢，破壞其身體平衡，擾亂對方陣腳，為其他攻擊策略的展開打開突破口。在雙方纏抱在一起時，也可以用於防範對手的進攻，阻撓對方的拳腳打擊，實施被動反擊。

由於它的運動路線簡捷、出擊速度快、突發性強，所以要想有效的防範和躲避困難極大，如果對手被擊中，往往可以當場掀翻對手。

【動作說明】

圖1-3-5

（1）雙方對峙，展開格鬥，我以左前格鬥站姿應對對手，雙手防護好自己的頭部與上身。對方率先進身用右手直拳攻擊我的上盤（圖1-3-5）。

（2）我迅速身體左轉，用左臂向外格擋對方右臂，以化解其攻勢（圖1-3-6）。

圖1-3-6

（3）旋即，在腰髖向左擰轉的前提下，我右腳用力蹬地，將身體重心向前過渡，向上提起，同時右臂屈肘、夾緊，利用後腳蹬地、重心快速向前上方提升、身體向前的衝力，以及挺身直腰之合力，以肘尖為力點快速畫弧上揚，向前、向上突襲對手下頜，力達肘尖，予以重創（圖1-3-7、圖1-3-8）。

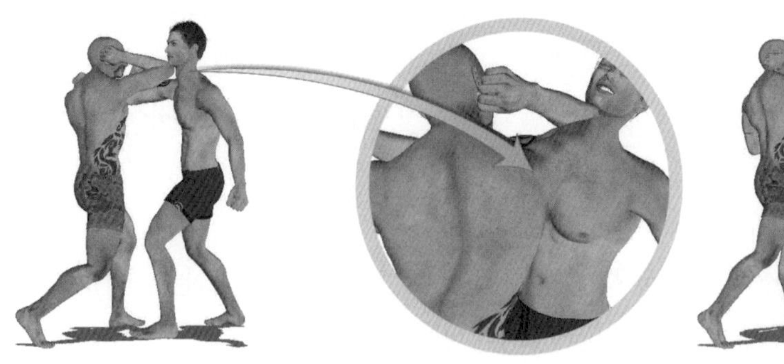

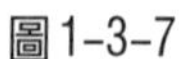

圖1-3-7

圖1-3-8

【技術要領】

相對於橫擊肘而言，上擊肘的打擊威力要更大一些，因為肘尖的運動路線要較之長些，運動過程中所產生的慣性力更大。同時其技術難度也相對大一些，使用時要特別慎重。

實戰中以上擊肘進攻，要想達到預期的打擊效果，必須尋找恰當的時機，掌握正確的距離，才能準確、順利地擊中目標。攻擊時機應選在雙方貼身近戰，對手上盤前探，重心因用力過猛而前傾，下頜露出空檔時，或者處於膠著纏抱狀態時。

上擊肘的制勝關鍵是速度，出擊動作必須緊湊、果斷，速度一定要快，不可拖泥帶水，而影響速度的一個主要因素則是身體太僵硬。事實上任何人一旦將肌肉收緊則必然會影響到自身速度的發揮。換言之，任何攻擊動作都是在放鬆的基礎上快速施展的，因為只有肢體充分放鬆了，攻擊動作才會有彈性和爆發力，最終才有可能收到迅雷不及掩耳的攻擊效果。因此，出肘前，肩部與臂部要自然放鬆，切勿過於僵硬、呆滯。

上擊肘發揮威力的另一個關鍵因素是身體的轉動，轉身動作要迅速靈活、穩健有力、動作連貫。轉動時以腰胯為軸，要求做到腰靈不僵，胯動不滯。以腰為軸帶動上肢，做到擰腰順肩，沉胯扣襠。

出肘發力的正確順序是，足催胯，胯催腰，腰催肩，肩催肘。從後腳蹬地起，有一個「轉」與「蹬」的力，傳送至腰部有一個「催」和「轉」的力，達於肘尖時有一個「送」與「放」的力。

事實上，無論是拳法還是肘法的運用，都必須配合有腰部的引導與協調，只是突出運用腰部的程度不同而已。當然，除了快速轉腰的動作之外，還須配合有後腳向後的蹬地動作，以便集中全身的整體勁力與協調來自後腳蹬地所產生的推動力，將右肘以閃電般的速度去準確地打擊對方最為脆弱的要害部位，令其徹底崩潰。

出擊瞬間，重心要配合向上提起，力達肘尖，同時配合呼氣，以氣助力。完成肘擊動作的同時，左手應馬上收護於右胸前，以防自身上盤空虛，做到攻防結合。

三、後擊肘

後擊肘也可以稱作後掃肘、反擊肘，是一種具有高度破壞力的打擊手段，其運動路線與橫擊肘正好相反，屬出其不意的肘擊奇招。因為它可以在被動狀態下、極其突然地利用轉身的掩護動作將對手一舉擊敗，突發性強，力道剛猛，往往可以出奇制勝。

但是，由於後擊肘打擊距離短，攻擊範圍相對較狹小，且要轉身才能打到目標，因此其準確性和平穩性較難把握。所以，在實戰中選手一般不會輕率使用。通常是在其他招法的掩護下，或者是前招打空時，順勢閃電般旋身發肘，一肘建功。

【動作說明】

（1）雙方交手，我以左前格鬥站姿應對對手，雙手防護好自己的頭部與上身（圖 1-3-9）。

（2）發動攻擊時，我率先以左手刺拳襲擾對方頭

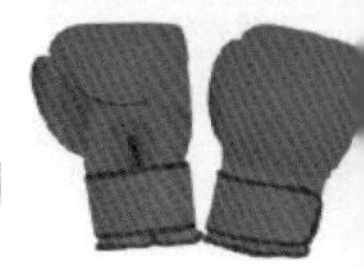

圖1-3-9

圖1-3-10

部，擾亂其視線（圖1-3-10）。

（3）旋即，在成功分散對方注意力的瞬間，我身體猛然向右轉動，右臂屈肘抬起、內旋夾緊，肘尖略上抬，橫於右胸前，令手心向下，蓄勢待發（圖1-3-11）。

圖1-3-11

（4）動作不停，右腳向右後方滑退一步，身體繼續右轉，擰腰轉胯，同時藉助肩、腰轉動的力量，帶動右臂肘向右後方橫掃出擊，以肘尖後側為力點攻擊對手頭部，右肩隨臂肘的擺動而向後伸展。在右肘擊中目標的一瞬間，右手突然握緊拳頭，以助發力，同時配合呼氣，左手隨右肘的出擊而自然擺動，保護下頜和面部（圖1-3-12）。

圖1-3-12

【技術要領】

後擊肘成功實施的關鍵在於能否在旋身發肘剎那，掌握精準的攻擊距離，準確擊中目標的同時，又要確保自身的重心平穩，因此後掃肘的動作要求較高，技術難度較大，所以在運用時一定要提高動作的隱蔽性和突然性，把握好出肘的時機。在技術熟練程度未達到標準時，不可隨意濫用。

後擊肘的訣竅在於出奇制勝，出招時一定要看準時機，令對方防範不及而中招受制。轉身時要步法穩健，保持身體的平衡。插步時，重心先落在左腳，作為轉身的軸心，待右腳後插落地時，重心再移至右腳。上肢動作與步法、身法要配合協調。肘由腰發力，腰催肩，肩帶肘，肘行大弧線，由身體的旋轉帶動發力，借旋轉慣性來加大肘擊的打擊力度。

第四節　站立打鬥中的腿擊技術

由於綜合格鬥比賽的開放性，吸引了眾多出身於空手道、跆拳道、踢拳道、泰拳流派的優秀選手參與這項運動，這些選手的一個共同顯著特點就是尤其注重下肢攻擊。在格鬥過程中，無論是瀟灑飄逸的高鞭腿，還是秋風掃落葉般的低掃踢，都被他們演繹得淋漓盡致，也給現場觀眾和格鬥愛好者留下了極為深刻的印象。這讓大家也清楚地意識到，靈活多變、凶悍強勁的腿法攻擊事實上是一件極具摧毀性的格鬥武器。這也許就是為什麼MMA愛好

者將腿法攻擊技術戲稱為「砍大樹」，把那些腿法犀利的「腿神」稱作「砍樹機器」的原因吧。

腿法攻擊在MMA比賽的站立打鬥過程中所佔據的優勢，是顯而易見的。由於雙腿的骨胳和肌肉都相對於手臂要粗壯結實許多，因而發出的力量也較拳法攻擊巨大，攻擊力自然強大，通常認為腿擊的力量要比拳擊的力量大三至五倍。一次準確有效的踢擊，可在踢擊範圍內給予對手重創，削弱對手的攻勢或者瞬間將其KO，絕對具有一擊決定勝負的效果，殺傷力不可小覷。

另外，使用腿法打擊還有放長擊遠的特點。因為從人體生理客觀條件上來比較，雙腿較雙臂長，所以腿腳比拳頭更能有效打擊較遠距離的目標。打擊的範圍也更加廣泛，其攻擊路線更是全方位的，上可踢踹頭部，下可掃踩腿腳，多方位進攻的同時還能用來遏制對手的進攻，控制彼此的交手距離。

正因為腿擊技術具有如此之多的優勢，所以現在的綜合格鬥選手，無論出身於哪種格鬥派系，都會很自然地將腿擊技術列為日常學習訓練的重中之重，對其格外強調和重視。

一、鞭掃腿

鞭掃腿是一種屈膝甩小腿，從側面以腳背和脛骨為力點沿弧形路線襲擊對手的腿法，也有人稱之為橫掃腿（Turning Kick），或者叫作弧線踢，古法泰拳中將其形象地比喻為「納容揮斧」，其實都是一個意思，因其運動路線是弧形、出腿如鞭抽而得名。在中國散打、日本空手

道、泰國泰拳等現代世界流行的格鬥體系中，被廣泛使用，佔有重要的一席之地。因為運用起來動作飄逸，鞭掃腿也經常在各種武打、格鬥影視劇中出現，可謂一種吸引眼球的腿法。

之所以鞭掃腿受到眾多格鬥選手的偏愛，原因在於其打擊速度快、打擊力量大、打擊距離遠。具有極強的突破防線的能力，可以有效地突破對手的層層防禦，其瞬間的鞭打能力往往可以逐步削減對手的戰鬥力，摧毀其戰鬥意志。經驗豐富的格鬥高手往往會利用一記漂亮的鞭掃腿，給對手以嚴重創傷，或者一擊制勝、當場KO。

比如著名的綜合格鬥悍將、曾獲得Pride無差別級錦標賽冠軍的「克羅地亞戰警」米爾克・菲利波維奇（Mirko Filipovic）就以其令人汗顏的「樹幹腿」享譽MMA界，在2006年Pride的無差別級錦標賽半決賽中，他第一回合便以爐火純青的高鞭腿KO了巴西「猿人」萬德雷・席瓦爾（Wanderlei Silva）；隨後又在決賽中KO掉前UFC冠軍喬什・巴內特（Josh Barnet）。

在米爾克的職業生涯中，他曾8次用腿法KO對手，其中以左高鞭腿擊中對手頭部直接將對手KO的有4次，人們用「右腿醫院，左腿墳墓」這樣的語句來形容他掃踢腿法的威力，這句話也成了米爾克的座右銘。這就是這種腿法備受MMA選手青睞的重要原因。

實戰中，鞭掃腿可以根據具體情況變換角度，做不同角度和高度的攻擊，應用非常廣泛。一般常見的用法就是用鞭掃腿攻擊對手的頭頸部、腰腹部，也可以配合各種步

法的移動用來掃踢對手的腿彎內側、外側肌肉與膝關節、臀部臀中肌。

由於出腿隱蔽、快速，對手很難做到有效周全的防範，一旦擊中目標，常常可以使其感到雙腿發軟、站立不穩，肌肉充血腫脹，甚至皮開肉綻、肌肉痙攣，立馬導致其下肢攻擊能力喪失，從而達到削弱敵人戰鬥力和破壞其身體重心平衡的目的。同時也起到騷擾、破壞對手腳步移動節奏的作用，使其難以再組織起有效的攻防。

【動作說明】

（1）雙方對峙，展開格鬥，我以左前格鬥站姿應對對手，雙手防護好自己的頭部與上身（圖1-4-1）。

圖1-4-1

（2）發動攻擊時，我身體猛然左轉，身體重心向前過渡至左腿上，左腳獨立支撐，以前腳掌為軸、腳跟向內轉，左膝關節略微彎曲，右腳隨勢用力蹬地，右腿屈膝向右側前方提起，上體略微向左側傾(圖1-4-2)。

圖1-4-2

（3）動作不停，身體繼續向左轉動，藉助腰髖的轉動帶動右腿橫擺掃踢對手左側腰肋，右腿伸直一剎那，右踝關節猛然緊張用力，力達右腳腳背或者小腿脛骨（圖1-4-3）。

（4）根據具體情況，鞭掃腿也可以用於攻擊對手的下肢或者頭頸

圖1-4-3

圖1-4-4

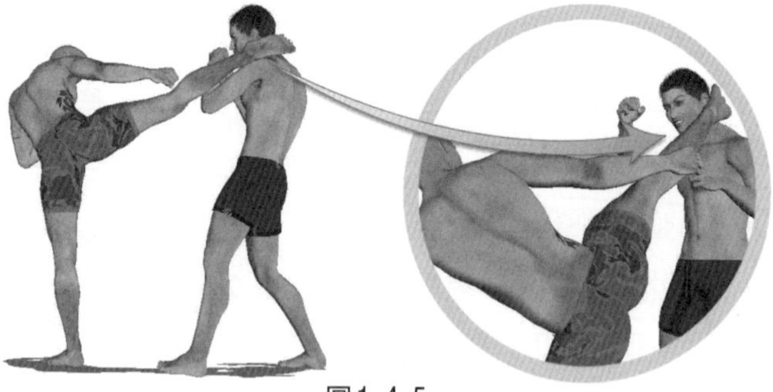

圖1-4-5

（圖 1-4-4、圖 1-4-5），攻擊效果也非常顯著。

【技術要領】

鞭掃腿，尤其是高鞭腿之所以具有強悍的攻擊力，是因為這種腿法的襲擊來自一個對手很難看到的角落。一般的腿法攻擊，動作從開始到完成都會展現在對手的視覺範圍之內，而鞭掃腿卻是從下面、側面突然襲來的，極具隱蔽性和突然性，往往令對手防不勝防。

在具體運用時，要注意出擊腿不要有明顯的後拉動作，儘量採用斜向上的小角度，隱蔽、突然地攻出。

提膝時，要立髖直腰，使上體儘量保持直立。踢擊時，攻出腿一側的髖部要儘量送出，增加踢擊力度的同時也可以延長打擊距離。

要充分利用身體重心前移和旋腰轉胯的動勢來帶動腿腳出擊。攻擊對手身體中高段部位時，一定要抓準打擊的目標，避免脛骨部位誤撞對方防禦手臂的肘尖，導致傷痛。無論使用腳背還是小腿脛骨哪個位置作為攻擊力點，在擊中目標的一刻，腳踝都要充分伸展，並且在發力瞬間驟然緊張起來。

在踢擊對手身體上段時，出擊腿膝蓋要儘量上提，否則踢擊的高度不夠。在面對身高佔據優勢的選手時，如果打算進一步提高高鞭腿高度，可以在支撐腿腳跟內扣時，以前腳掌著地，腳跟內旋提起，即可拔高重心，放長擊遠。

實施掃踢動作時，同側手臂可以適當向身後擺動，以便使整體動作更加協調、順暢。整個動作在完成時，身體各部位要形成一個完整的動力鏈條，支撐腿與腰髖同時發力，然後帶動踢腿發力，最後將爆發力傳遞到腿的末端，形成巨大的「鞭打」效果。

鞭掃腿是站立打鬥中經常使用的腿法，日常訓練中在正確地掌握技術要領的同時，還應強調有針對性地加強腰、髖關節和大腿的柔韌性訓練，強化腰腹、大腿各部肌肉力量，進行各種專項輔助訓練也是非常必要的。

二、前踢腿

前踢腿，一般人會誤認為是向前彈踢的那種腿法，其實不是，向前彈踢的腿法在街頭打鬥中應用非常廣泛，多用於攻擊對手的襠部，是一種非常實用有效的腿法。

但是，在MMA比賽中，根據賽制規定是嚴禁攻擊選手襠部的，所以這種前踢腿在MMA比賽中很少見到。

MMA比賽中所說的前踢腿，動作比較複雜，它的運動路線不是單一的直線或者弧線，而是由兩個步驟完成的，先將一條腿向上提起，然後再沿直線向前攻出。

如果是以腳底攻擊目標，稱之為「正蹬」；要是以前腳掌攻擊目標，則謂之「刺踢」，類似於泰拳中的「虎趾」攻擊技術。

前踢腿這種腿法掌握起來有一定難度，出擊有力，如長矛突刺，力道凶狠，相較於其他腿法而言，實戰中運用的概率並不多，一般是在阻遏敵人進攻、控制交手距離時使用。當然也有「一擊致命」的範例，大家熟知的UFC中量級冠軍「蜘蛛人」安德森・席爾瓦（Anderson Silva）就曾經在UFC128第一回合中，以一記正蹬腿挫敗了對手維托・貝爾福特（Vitor Belfort），開創了MMA比賽中前踢性腿法KO對手的先河。

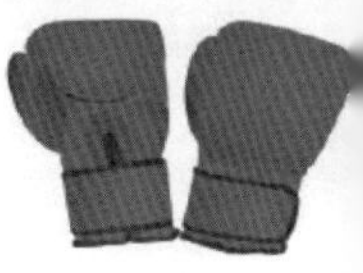

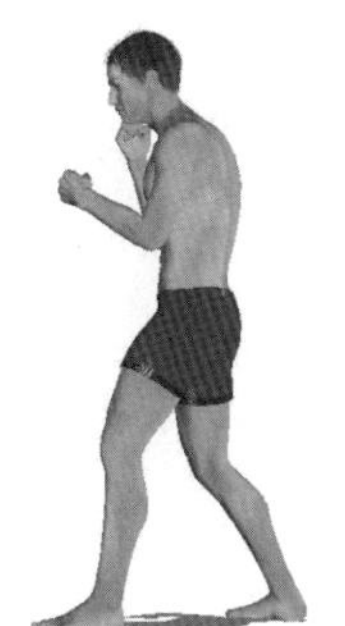

圖1-4-6

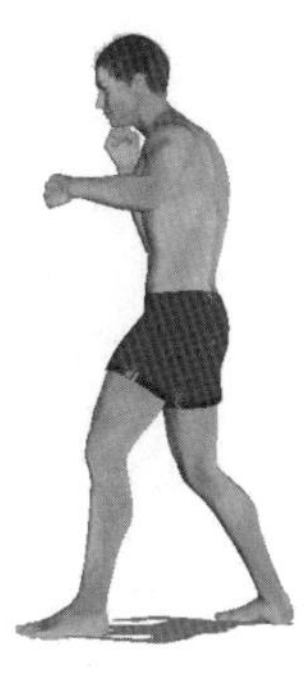

圖1-4-7

【動作說明】

（1）雙方對峙，展開格鬥，我以左前格鬥站姿應對對手，雙手防護好自己的頭部與上身（圖1-4-6）。

圖1-4-8

（2）發動攻擊，我身體重心向前移動，左腳向前逼近半步，右腳隨之跟進一步，與左腳拉齊靠攏（圖1-4-7）。

（3）旋即，左腿屈膝向上提起，左腳腳尖向上勾起，雙手護住上體，蓄勢待發（圖1-4-8）。

（4）繼而，右腳用力蹬地，上體略後仰，左腿猝然伸展，以左腳前腳掌或者腳底為力點沿直線向前快速踢出，如長槍直刺敵人胸腹部神經叢，可以有效阻遏對方的進攻（圖1-4-9、圖1-4-10）。

（5）實戰中，出於控制雙方交手距離的目的，也可以用前腳掌攻擊對手前腿大腿膝關節上方位置，以阻止對

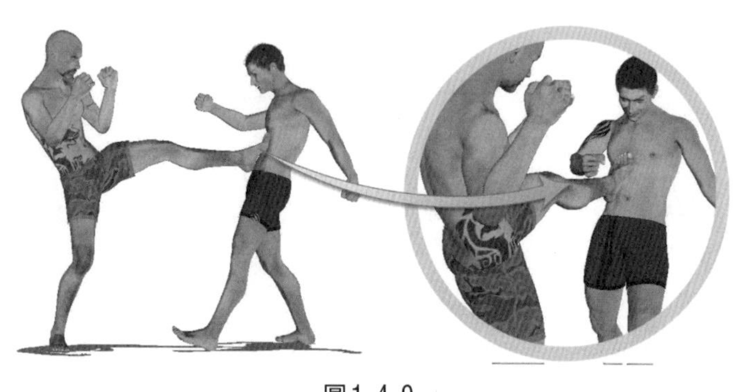

圖1-4-9

圖1-4-10

圖1-4-11

方向前移動（圖1-4-11）。

【技術要領】

左腿發動攻擊前，身體重心向前移動，左腳上步，右

腳跟進，這種步法我們稱之為「墊步」，這是發動腿部攻擊的一個預兆，也是起腿發力時的必要輔助動作。前腳移動，緊接著後腳跟上作為軸點和支撐，為前腳的攻擊蓄力。「墊步」可以有效地調動全身的力量，將攻擊力提升到最大化。

為了突顯踢擊動作的突然性，最大限度地提升攻擊速度，在踢出之前，一定要先將出擊腿膝關節收起來，然後再猝然沿直線踢出，並在攻出瞬間配合呼氣，以加強攻擊力度，將腿部的全部攻擊力量瞬間由前腳掌釋放出來。膝關節上提，但不要向胸口回扣。

同時還要注意的是，攻擊腿在向前出擊的時候，髖關節要隨之向前送出，可以延長攻擊距離。髖關節的活動變化程度取決於攻擊目標的高低變化。

另外，攻擊腿向前出擊的時候，由於腳掌擊中對手身體時會產生巨大的反作用力，所以要求支撐腿的膝關節一定要略微彎曲，以承載整個身體的重量和攻擊動作產生的後座力，並且上體也要配合下肢動作略向後仰，這樣才能保持自己身體的平衡穩定。

攻擊動作無論成功與否，出擊腿都要在動作完成的瞬間迅速收回，或落地、退步，或再次發起另一輪的踢擊，總之是要快踢快收，避免因為收腿遲緩而被對方「拿腿」摺倒，陷入被動局面。

三、側踹腿

側踹腿也是一種極具破壞力的腿法，它的特點是以側身姿勢應敵，利用展髖、挺膝以及腰部的力量帶動發力。攻擊目標較為廣泛，高、中、低方位均可自由出腿。在攻擊對手身體中上盤時，主要以頭頸部、腰腹、側肋和髖關節為攻擊目標，一旦擊中目標，往往可以瞬間令對手癱軟在地。

攻擊下盤時，主要用於從前、後、內側和外側各個方向打擊對手的膝關節與小腿部位，雖然不能對其造成很大的傷害，但是可以有效地抑制對方的活動能力，令其行動不便，難以再次發動有效的攻擊。

側踹腿在具體實施時可以配合步法發起猛烈攻勢，從任意位置、距離、角度出腿攻擊目標，在與其他攻防技術的配合上也很自然、高效，這種簡捷、直接、凶狠的腿法，往往令對手防不勝防，疲於應付。

側踹腿除了是一種有效的攻擊手段外，還是極佳的防守性腿法，可以用來截擊對手的各種進攻，遏制其攻勢，主動掌控交手距離，從而摧毀對手主動攻擊的勇氣，打壓其士氣。

在用於防守遏制敵人進攻時，要注意掌握好起腿的時機，過早提起腿來，容易被對方察覺你的意圖，過晚又達不到應有的效果，要恰到好處才行。

【動作說明】

（1）雙方對峙，展開格鬥，彼此躍躍欲試（圖 1-4-12）。

（2）發動攻擊時，我身體猛然左轉，身體重心移至左腿之上，左腳腳後跟略向內轉，上體向左側傾斜，右腿

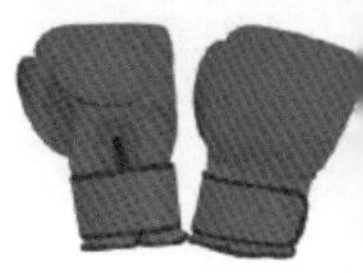

圖1-4-12　　圖1-4-13

圖1-4-14

順勢屈膝提起，腳尖勾起裏扣（圖 1−4−13）。

（3）動作不停，上體繼續左轉，右腿大腿催動小腿用力向右側展髖挺膝，沿直線踹出，以腳後跟為力點攻擊對手腰腹部，瞬間發力可將對手當即踹倒在地（圖 1−4−14）。

【技術要領】

側踹時，出擊腿在提起的瞬間，腳尖一定要勾起，在踹出時，膝關節要有內扣的意識，先內扣再挺膝踹出。要沿直線踹出，力達腳後跟，將打擊的力度充分釋放出來，並集中於一個焦點上。

側踹腿攻擊著力點儘量用靠近踝關節的部位，即應該落在出擊腿的腳後跟上，因為越靠近腳趾的部位肌肉骨胳結構越弱，受到強力衝撞時容易受傷。踹擊動作結束後，出擊腿要迅速收回，也就是說踹腿的動作要在瞬間完成。

側踹腿在實施時一定要注意必須側身進行快速出擊，只有在充分側身的前提下，才能有效地發揮出側擊腿法的巨大速度優勢。因為實踐證明，側身狀態下的快速衝擊動作可以大大減少攻擊阻力，從而使進攻勢頭更加凶猛、凌厲。

出擊腿在踹出時，要以胯和膝關節的爆發力踹出。同時注意支撐腿的膝關節要適當彎曲，全腳掌著地，切勿僵直站立。

出腿時上體要向左側傾斜，但不可過分傾倒，以保持身體重心平衡，保證發力順暢，否則會影響整個動作的發揮，使踹擊動作無法流暢實施，也制約了側踹瞬間爆發力的充分釋放，初學者應格外注意這一點。

側踹腿雖然是一種快速凶狠的腿法，但它必須是在全身肢體良好協調的配合下，才可以充分發揮出其應有的威力與優勢，尤其需要有靈活的步法配合。換言之，如果沒有步法的有效配合與引導，側踹腿的實戰效果將大打折扣。因此在出腿攻擊之前，由有效地調動步法，可以極大地提高側踹腿的衝擊勢能和慣性。

另外，在出腿攻擊之前，最好使用上肢率先襲擾對手，用以干擾和分散對手的注意力，從而為下肢的突然出擊創造有利的攻擊距離和最佳的打擊時機。

四、回旋踢

回旋踢在MMA比賽中也是經常可以見到的基本腿法，這種腿法源於泰拳和空手道技術，也有人將其叫作轉身鞭腿，格鬥愛好者則形象地將其比喻為「鱷魚擺尾」或「神龍擺尾」。實施動作時，因為藉助了轉身後旋的力量，腿部的破壞力、殺傷力得到極大提高，在快速旋轉身體的同時完成踢擊，具有很強的慣性力和穿透力。在攻擊對手頭部時，巨大的衝擊力，常使對手防不勝防，且擊中率極高，可以瞬間KO對手。

亞洲格鬥愛好者熟知的Strike Force中量級冠軍、IKF散手世界冠軍、綽號「人類電影精華」的康李(Cung Le)，在他2006年改打MMA以來參加的8場比賽中，就有兩次以回旋踢擊中對手身體，而直接獲得KO勝利。回旋踢也因此成為康李的成名絕技。

但是，回旋踢在完成動作時，由於需要轉身以半圓弧形的運動攻擊背後目標，相較前面介紹的幾種腿法，具有一定的技術難度。要求使用者具備良好的肢體柔韌性、動作協調性、身體平衡能力和空間距離感。

一般情況下，回旋踢不能在直接搶攻時使用，大都需要在其他技術動作的掩護下，或者佯裝敗勢時，出其不意地發動襲擊。

【動作說明】

（1）雙方對峙，展開格鬥，彼此以左前格鬥站姿應敵（圖1-4-15）。

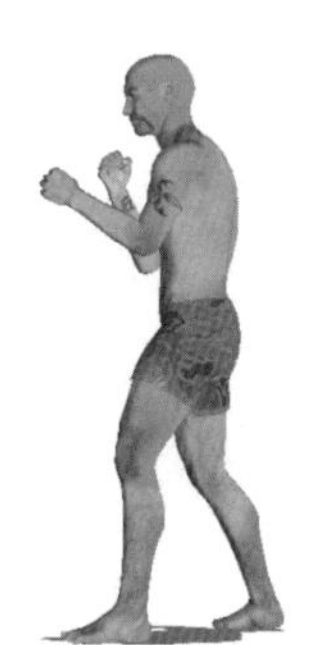

圖1-4-15

圖1-4-16

（2）我採用迷惑對手的戰術，身體突然向右側轉動，佯裝不敵對手而敗退，以吸引誘惑對手乘勝追擊（圖1-4-16）。

圖1-4-17

（3）當我後背朝向對手的時候，左腳朝敗退方向移動半步，右腿順勢屈膝提起（圖1-4-17）。

（4）此刻，如對手上當，會自以為是地跟進追擊，我身體繼續向右後方轉動，將身體重心落至左腿，右腿藉助身體轉動的動勢，朝身體右後上方擺動伸展，右腳沿弧形路線旋轉擺盪，以腳後跟為力點攻擊對手頭部（圖1-4-18）。

【技術要領】

起腿時，支撐腿要配合攻擊腿而積極用力。踢擊時支撐腿一定要站立穩定，膝關節可適當彎曲，支撐腳以整個

圖1-4-18

腳掌或前腳掌著地，小腿稍作前傾，膝蓋向下的垂直線落在前腳掌處，以保持身體平衡。

動作與步法要配合協調、連貫穩定，以身體的旋轉來帶動腿部的發力。在身體轉動時，上體不要左右搖晃，要在上體保持平衡的情況下起腿，這樣腿法打擊的隱蔽性才強。

雖然腿部的肌肉比較強，但利用腿法打擊過程中仍要注意動作要充分放鬆，身體各部分要協調配合。在打擊腳擊中對手的一瞬間，為了增加打擊力量，腿部和身體要有「丟」出去的感覺。而支撐腿在擊到對手的一瞬間，髖、膝、踝關節和大小腿的肌肉群應處於適當的緊張狀態。

打擊腳擊中對手後會產生反作用力，為了取得身體的平衡，身體重心應作適當前移，以抵消打擊反作用力的影響。在對抗中，或在身體極度疲勞的情況下，單腿支撐較為困難，因此起腿時身體重心更要適當移動。在加強防守的前提下，兩臂姿勢也應作相應的擺動。

另外，由於高位腿法往往導致自身重心不穩，容易被對手抓住空檔。使用回旋踢時注意出腿時機，掌握好動作順序、路線，同時不能放鬆防守。起腿要迅速有力，收腿要靈活敏捷，實戰時，如果只注意打擊速度，而忽視收腿速度，攻防雙方的地位也會迅速轉化。對手抓住收腿較慢的時機，立即跟進來做反擊動作，或者被對手抓住腳後，都會使自己陷入極為不利的困境。

第五節　站立打鬥中的膝擊技術

膝關節是大小腿之間的連接部位，膝蓋處質地堅硬，具備一定的硬度與殺傷威力，是中近距離肉搏時攻擊對手的有效武器，其撞擊速度快、力度大，進攻路線短，隱蔽性強，尤其在近身纏抱時發起攻擊，對手很難察覺。成功擊中對手時，能令其立刻倒下或瞬間喪失戰鬥力，在擊垮其肉體的同時，也摧毀了他的鬥志。

一般泰拳出身的選手比較擅長運用膝技，泰語裏將其稱之為「求」，泰拳中的絕招「箍頸撞膝」更是當今MMA選手必會的技術。作為一種強悍的攻擊武器，膝蓋的攻擊範圍比較廣泛，包括胸部、腰腹、側肋、面部等，在近身肉搏時，往往能夠起到一錘定音的效果。

事實證明，在近距離的搏鬥中，以膝蓋為著力點來打擊對手產生的殺傷力比拳腳攻擊都強，動作也更為簡單、直接、凶狠，一旦擊中要害，戰鬥旋即告罄。但膝技是種「技術活」，需要綜合更多的實戰能力。

具體運用時，要特別注意保持身體平衡，調控好距

離，掌握好時機，上肢適當配合動作，才能收到預期效果。在膝蓋攻出之前，最好先用上肢控制住對方的頭頸或肩臂，以利於膝技的順利施展。

實戰中，將膝蓋當成防禦盾牌，效果也甚佳。例如「提膝破踢」技術，就是利用膝部堅硬的特點，來撞、格、擋對手中下路攻擊腿腳，動作簡單實用。再如，也可以在對方發動腿法攻擊時，以短促有力的扎膝技術衝撞對方支撐腿大腿內、外側，破壞其身體重心平衡，予以反擊。

本節著重給大家介紹一下在MMA賽場上經常見到的正面實施攻擊的衝頂膝，側面展開攻擊的側撞膝、短膝，以及適合遠距離攻擊的飛膝技術。

一、衝頂膝

衝頂膝，主要是以膝蓋為力點屈膝向前方或者上方發動的攻擊技術，可以細分為「正頂膝」和「前衝膝」，多用於攻擊對手的胸腹部以及面部。這種膝技是中近距離攻擊敵人的有效武器，其衝擊速度快，力量大，進攻路線短，隱蔽性強，尤其在近身纏鬥時發起攻擊，對手難以察覺，而且可以左右連續出擊，威力更加巨大，往往可以徹底擊潰對手，是站立格鬥時常用的攻擊手段。

在具體運用時，一般用雙手先行控制住對手的上盤，縮短交手距離後，使打擊更加行之有效。上下肢協同動作，可使殺傷力倍增。

【動作說明】

（1）實戰中，雙方對峙，均以左前式格鬥站姿應

對，伺機而動(圖 1–5–1)。

（2）對方突然降低身體重心，右腳上步、前躥，同時伸出雙手欲撲抱我雙腿實施摔技。我迅速用雙手推阻對方肩臂，阻遏其進攻勢頭（圖 1–5–2）。

（3）旋即，身體重心猛然向前過渡，右腳蹬地離開地面，右腿迅速屈膝抬起，以膝蓋為力點向前上方衝頂對手臉部或者下頜，出腿瞬間配合呼氣，可致使其鼻口噴血（圖 1–5–3）。

（4）此外，如果對手是右手直拳攻擊我頭部，我可以迅速閃身躲避其拳峰的同時，用右臂向外撥畫對手右

圖1–5–1

圖1–5–2

圖1–5–3

臂，化解其攻勢（圖1-5-4）。

（5）然後，雙手順勢扣按住對方肩背部位，用力朝身體右後方拉扯，同時身體重心向前快速移動，右腳蹬地離開地面，右腿迅速屈膝抬起，以膝蓋為力點向正前方衝頂對方腹部（圖1-5-5）。

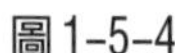
圖1-5-4

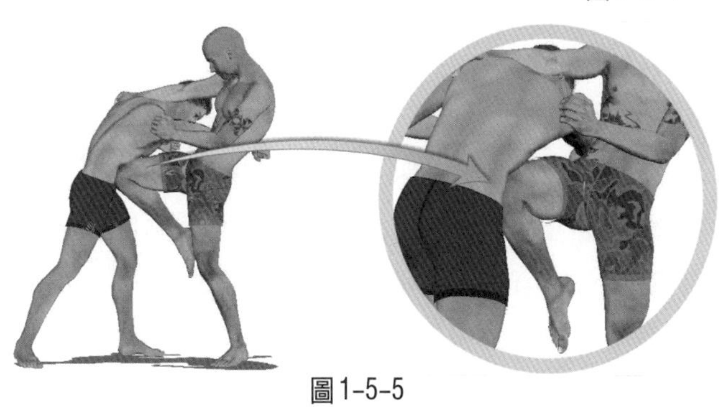

圖1-5-5

【技術要領】

右腿屈膝攻出時要注意，身體重心向前過渡的速度要迅捷，攻擊腿起腿要快，無論是向前還是向上攻擊，髖關節都要向前舒展開來，提膝上頂時可以適當收腹，膝蓋應儘量保持直線運動，以節省攻擊時間與距離。出擊腿儘量直起直落，避免左右搖晃。

支撐腿則要略微彎曲，以保持身體的平衡穩定。膝蓋衝頂時要善用身體前衝的慣性去全力狠擊，同時需做好膝蓋衝頂落空後的補充打擊準備，用踢技或拳打重擊來進一步重創對手，或借勢扭倒對手。

衝頂膝攻擊要以膝蓋為著力點，而不是用大腿上部進攻，用大腿上部進行的攻擊是沒有什麼創傷作用的。在運用膝法過程中，應該首先使膝部運動起來，並且將體重施加到膝蓋上面，然後臀部前頂以加大攻擊力度。

二、側撞膝

側撞膝，顧名思義就是從側面發動的膝蓋攻擊技術，主要是利用腰髖的轉動，帶動腿膝實施擺動撞擊，也可以叫側擺膝。

實戰中，側撞膝攻擊大多是以後腿打擊為主，才能收到意想不到的效果。因為如果使用前腿實施膝技，沒有足夠的攻擊距離，動作的打擊力度就不足。由於膝蓋是沿弧形路線運動的，所以在利用這種技術進攻時要掌握好敵我交手距離，並且最好是在隱蔽的情況下出腿，突然襲擊，攻其不備，威力更大。

【動作說明】

（1）實戰中，格鬥雙方正面交鋒，我右腳在前，左腳在後，用雙臂纏抱住對方頭頸（圖1-5-6）。

（2）發動攻擊時，身體重心過渡至右腿，突然屈膝抬起左腿，將膝蓋提高至與臀齊（圖1-5-7、圖1-5-8）。

（3）旋即，腰髖沿順時針方向右轉，帶動左腿自外向內擺動，以膝蓋內側為力點狠狠撞擊對方右側腰肋部位，

圖1-5-6

圖1-5-7

圖1-5-8

圖1-5-9

破壞其身體平衡的同時，予以重創（圖1-5-9）。

【技術要領】

發動攻擊之前，雙臂要牢牢地牽制住對方的頭頸，控制住對方的上體，將主動權儘量把握在自己手中，由雙臂的操縱來調整彼此間的距離，在時機成熟的時候果斷出擊。

實施攻擊時，抬腿動作要迅速突然，身體轉動要快，以身體的轉動帶動腿部動作，擰腰轉髖發力。如果不扭轉腰髖，那麼攻擊力量就不足以擊潰對手。

膝蓋由外向內擺動運行的是弧形路線，但注意強調的是速度而非弧度，弧度是動作特性所致、自然而生，不可以強求。

一條腿發動攻擊時，上體要適當向一側傾斜，支撐腿的膝關節要略微彎曲，以保持自身的穩定平衡。

與衝頂膝相比，側撞膝的運用，從技術角度來講是存在一定難度的，在訓練和具體使用時，要在控制重心和掌握時機方面下些工夫，必須用心琢磨和反覆練習，方能達到應用自如的境界。

三、短 膝

短膝攻擊技術，我們理解為運動行程比較短促的膝技。這種技術在泰拳中叫作「扎膝」，「扎」是用力擠進去的意思。起腿攻擊幅度小，但是其在格鬥中所起到的作用卻不可小覷。

大多時候是在近距離交手時，由側面去突然攻擊對手大腿內側、外側或者腿根等薄弱環節。出擊隱蔽，神出鬼沒，一旦擊中目標可以導致對方下肢肌肉產生劇痛，腿腳軟弱無力，嚴重者可直接影響其移動能力，敗象頓現。

【動作說明】

（1）雙方對峙，對手採用右前式格鬥站姿，我採用左前式格鬥站姿，彼此躍躍欲試（圖1-5-10）。

（2）對手率先發動攻擊，身體重心突然前移，以左側鞭掃腿襲擊我的右側身軀，我迅速抬起右臂，屈肘以肘尖部位為力點向外磕抵對方左腿，化解其攻勢（圖1-5-11）。

（3）繼而，我身體重心向前過渡，左腿獨立支撐，右

圖1-5-10

圖1-5-11

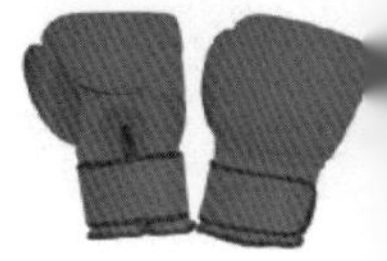

腳順勢提離地面，右腿屈膝，以膝蓋為力點向前頂撞對方支撐腿大腿內側，以破壞其重心平衡（圖 1-5-12、圖1-5-13）。

圖1-5-12

圖1-5-13

【技術要領】

短膝攻擊在具體運用時，要求出腿動作隱蔽，把握好起動時機，同時強調出擊速度要快，以快打慢，動作幅度不必過大，力求短促，才能收到預期效果。

同時，注意腰腿力量的配合。膝蓋攻出時，髖關節輔助前送，以加大打擊力度。

膝蓋提起的高度不要過高，否則容易誤擊對手腹股溝，導致違規被警告，得不償失。

再有就是，下肢發動進攻時，上肢要做好防禦工作，上下肢動作要配合協調，攻防一致，避免顧此失彼。

四、飛 膝

飛膝又叫跳膝，是一種適於遠距離進行攻擊的膝法，一般用於攻擊對手的胸部、下巴和面部。由於飛膝包含著選手自身體重和跳起時所產生的向上的衝力，因此其攻擊威力巨大，殺傷力十足。

最適合於在對手體力欠佳疏於防範或倉皇退敗時，乘勝追擊，尤其是在將對方逼至籠邊時發動，往往可以一舉功成。但有個前提是，要求選手下肢肌肉發達、具備良好的彈跳能力和時機掌控能力，否則技術不到位，會存在一定的風險。

飛膝由於動作優美，觀賞性強，實效性大，因此也成為非常討觀眾喜愛的一種攻擊技術，它可以細分為單飛膝、雙飛膝和連環飛膝幾種方式。

圖1-5-14

【動作說明】

（1）實戰中，格鬥雙方正面交鋒，我左腳在前，右腳在後，用雙臂纏抱住對方頭頸，搶佔先機（圖1-5-14）。

（2）在條件成熟的時候，雙腳用力蹬地，雙腿提離地面，重心上移，身體快速向前上方騰空躍起（圖1-5-15）。

圖1-5-15

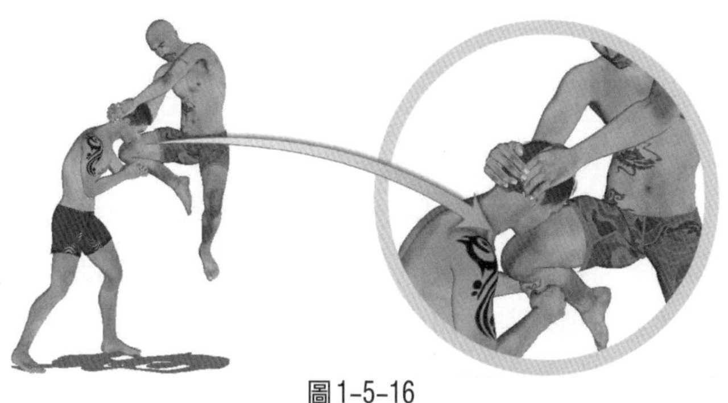

圖1-5-16

圖1-5-17

（3）在整個身體騰空躍起的一剎那，雙手按住對方頭頸，腹部肌肉猛然收緊，右腿屈膝上提，藉助身體前衝的慣性，以右腿膝蓋為力點狠狠衝撞對方面部或者下頜等要害部位（圖1-5-16）。

（4）旋即，在騰空、前衝、挺膝、直撞這一系列動作結束後，身體重心自然下沉，雙腳落地，迅速拉開與對方的距離（圖1-5-17）。

【技術要領】

出擊前，要注意估算好雙方之間的距離，在條件允許

的情況下再起跳，如果彼此間距離不合適，就要適當調整腳步後再起動。

飛膝雖然是一種威力巨大的攻擊手段，但是在時機不成熟的情況下不要草率運用，否則會存在一定的風險性。選手技術水準不到位，不僅會消耗大量體力，而且容易被對方使用重拳擊倒，弄巧成拙。因此，真正需要運用飛膝技術時，必須沉著冷靜，準確判斷，務求一擊必中。

在具體使用時，把握好起跳時機的同時，還要有明確的攻擊目標，切勿盲目出擊。

起跳動作要突然、迅捷，雙腳蹬地有力，儘量提升高度，將跳躍產生的動能全部傾注於膝蓋之上。

攻擊動作結束後，雙腳落地要穩，迅速還原成格鬥站姿，防範對方困獸猶鬥、瘋狂反撲。

第二章　MMA纏抱技術

纏抱技術是綜合格鬥比賽中，近距離交手時常用的格鬥方式，即彼此拉扯糾纏、貼身肉搏。在纏抱狀態下，你可以施展強力有效的打擊，控制你的對手，並成功地摔倒對手。甚至在某些情況下，纏抱還是你得以喘息的一個機會。因此，在某些情況下，纏抱狀態本身也是一種戰術的體現。

在傳統的拳擊比賽中，當雙方纏抱在一起，尤其是一方揮舞拳頭擊打對手後腦的時候，裁判會認為拳手是在違規玩賴，會當即指令他們拉開距離，予以警告後重新比賽。而在MMA比賽中，倆人糾纏在一起大打出手的那一刻卻是大有看頭的精彩環節所在，並且這是MMA賽事規則認可的。

格鬥過程中，纏抱主要有兩個目的，一是控制對手的頭部或者身體，在控制中展開投摔、實施打擊；二是由靠近對方的身體來破壞對手的攻擊動作，阻礙其肢體力量的完全釋放，為自己重新布置戰術贏得喘息之機。

綜合格鬥中常見的纏抱方式比較多，來自不同的格鬥體系，比如泰拳手的泰式纏抱（箍頸）、拳擊手的違規纏抱（消極纏抱）、摔跤手的身體鎖抱（熊抱），而且根據不同選手自身的特點和習慣，還會產生許多形式上的變化和衍生。

這些纏抱方式各自的技術風格不同，應用目的也存在著差異，摔跤手的纏抱目的多是為了搶佔一個優勢位置，破壞對方的重心平衡，以便於摔倒對手，主要控制對手的腰背等身體軀幹部位。泰式纏抱的目的則是為了創造一個更加便於實施肘擊或者膝擊的機會，一般是用手肘來控制

對手頭頸部位。

至於說選擇哪種纏抱方式更具有優勢，其實是根據選手自身的特點和素質而決定的。如果你是一名善於投摔和地面纏鬥的選手，則可以選擇摔跤手的纏抱方式。如果你是一名善於站立打鬥的選手，選擇泰式纏抱則更利於你控制好雙方的距離，尋找機會有效擊打對方。

第一節　泰式纏抱

泰式纏抱（Muay Thai Clinch）一般是用手肘針對對手頭頸進行扼箍，然後由推拉等動作來破壞對手的身體平衡，或者施展肘膝技術進行打擊，這種技術在泰拳中被稱之為「箍頸」（Thai Plum）。

傳統的泰拳「箍頸」在做動作時，要求雙臂屈肘，兩小臂夾抱住對手的脖頸兩側，雙手於其脖頸後方牢牢地扣握在一起，大拇指抵頂其後腦勺。強調上體腰背部位要保持正直，不能彎腰駝背。

雖然傳統的泰拳「箍頸」是非常具有優勢的，但是它並不適用於摔跤或者柔道一類的比賽，傳統的「箍頸」要求選手要儘量將背部挺直，令腰髖貼近對手，以便於快速起膝發動攻擊，這雖然是一種比較有效的策略，但在MMA比賽中卻並非最佳策略。因為，當你背部挺直、腰髖貼近對手的時候，無形中就為其施展抱腿摔創造了許多機會。

綜合格鬥中運用的泰式纏抱，在技術層面上會略有變

化。實施動作時，要求雙臂扼箍住對手的脖頸後，一定要夾緊，目的是阻遏其頸動脈供血，但不要用蠻力下拉，而是要像猴子一樣懸掛在對手的頸部上，迫使其身體前傾。

透過這種方式，利用自身的體重而不僅僅是臂部的力量來控制、壓制對手。同時可以將雙臂肘部壓在對方鎖骨附近，這樣在身體下壓時，可以針對其後腦和頸部兩側鎖骨形成槓桿作用力，有利於順利地將對方的頭顱拉下來。在雙臂形成箍扼時，自己的腰髖要有意識地向後撤離，令下肢遠離對方的雙手。

纏抱住對手的頭頸後，頭部要貼近對手頭部，彼此間儘量不要留有空隙，否則很容易遭到對手的肘擊。上體必須儘量縮短間距，只有在打算發動進攻的時候才擠出空間。進攻動作完成瞬間，要立即再次貼近對方，防止其抓住機會反擊。

一、泰式纏抱的基本方法

在綜合格鬥比賽中，我們可以看到三種基本的泰式纏抱方法：手扣手方式（Hand-over-Hand Grip）、手扣拳方式（Hand-over-Fist Grip）、雙手抓扣方式（Palm-to-Palm Grip）。

（一）手扣手方式

【動作說明】

（1）雙方面對面站立，正面交鋒（圖 2-1-1）。

（2）我抬起左臂，向前伸展，屈肘置於對手脖頸右

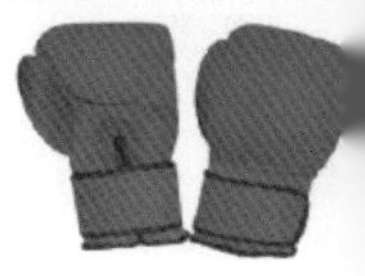

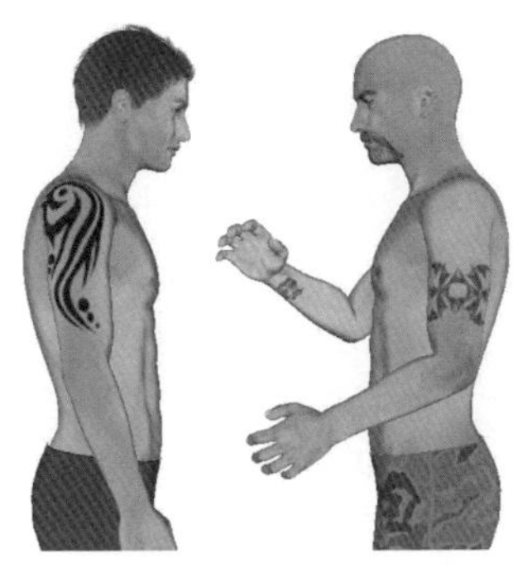

圖2-1-1

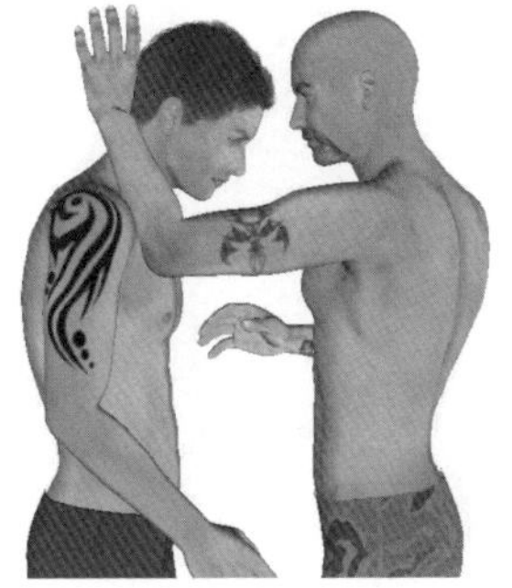

圖2-1-2

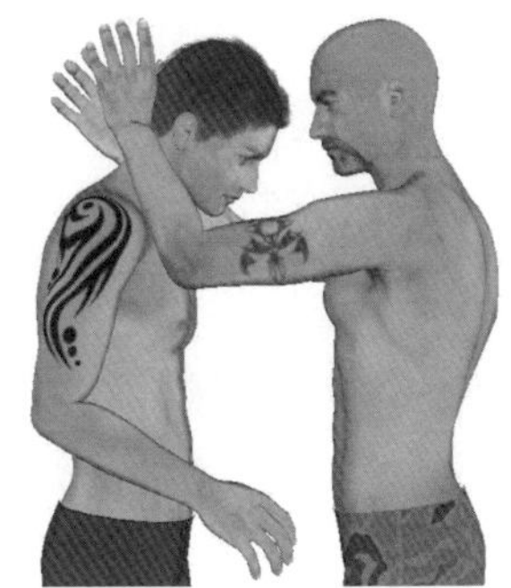

圖2-1-3

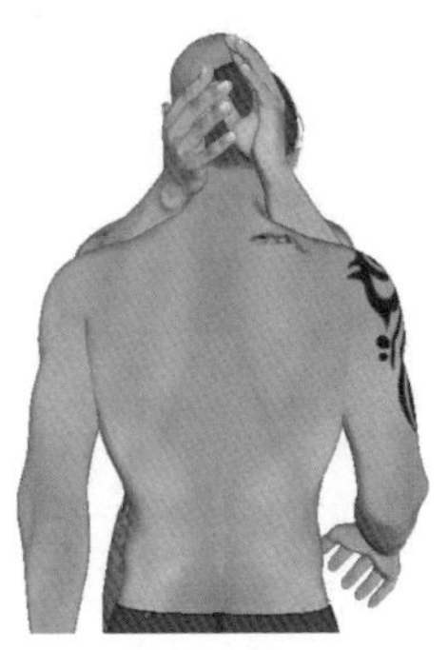

圖2-1-3A

側，掌心朝右（圖2-1-2）。

（3）隨即，再將右臂屈肘置於對手脖頸左側，掌心朝左（圖2-1-3、圖2-1-3A）。

（4）然後，左手用力向內扣按住對手的後腦勺，右手順勢扣按住自己左手手背，雙臂夾緊，針對其脖頸形成夾持控制（圖2-1-4）。

【技術要領】

手扣手方式是一種最常見的泰式纏抱手法，也是一種非常有效的控制手段。用這種方法控制住對手的頭頸後，

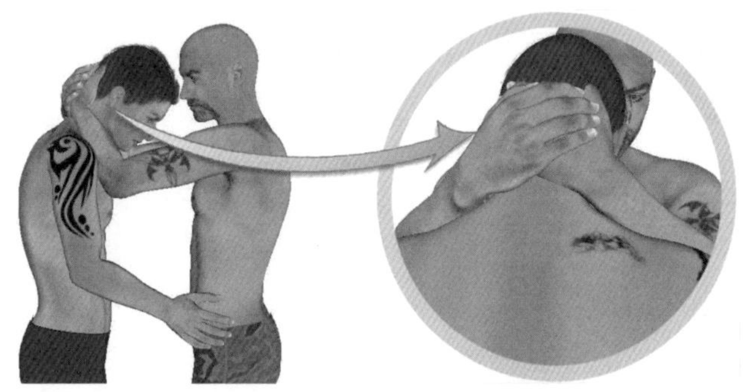

圖2-1-4

可以朝任意方向操控對方的上體，破壞他的平衡。也可以輕而易舉地提膝或者擺肘，發動凌厲的攻擊。

具體運用中，左臂伸展、置於對手脖頸右側時，要注意用左肘抵住對手的右肩位置，小臂緊貼其脖頸。右臂也要一樣用肘部抵住對方的左肩位置，這樣對方想逃脫出去就不那麼容易了。雙手扣按住對手後腦勺後，雙臂要迅速收攏夾緊對方的頭頸。

（二）手扣拳方式

【動作說明】

（1）雙方面對面站立，正面交鋒（圖2–1–5）。

（2）我抬起左臂，向前伸展，屈肘置於對手脖頸右側，掌心朝右（圖2–1–6）。

（3）隨即，再將右臂屈肘置於對手脖頸左側，掌心朝左上

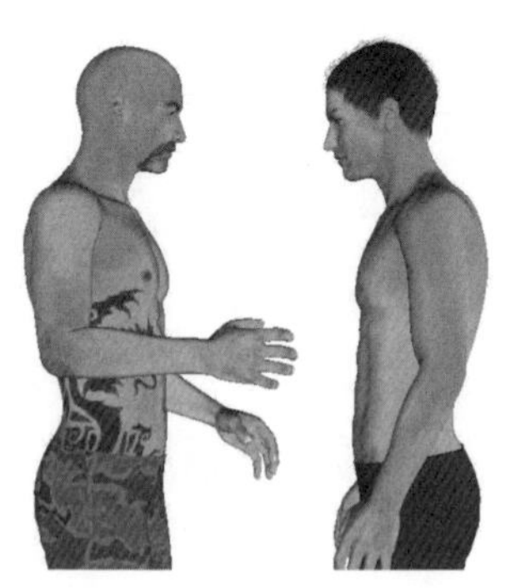

圖2-1-5

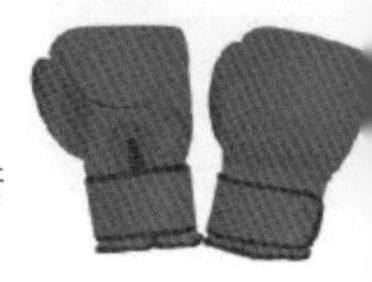

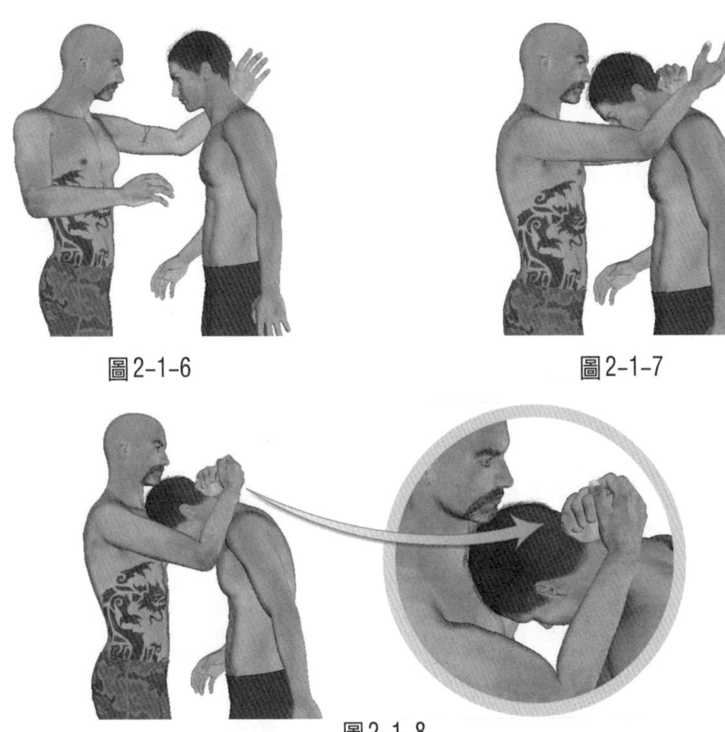

圖2-1-6

圖2-1-7

圖2-1-8

方；同時左臂屈肘，左手握拳攥緊，以虎口部位抵頂對手後腦勺位置（圖2-1-7）。

（4）緊接著，右手扣抱住左手拳輪與拳背位置，雙臂同時收攏，雙手一併發力，用力向懷中攬抱對方頭頸，令其額頭抵頂在我胸前（圖2-1-8）。

【技術要領】

手扣拳（Hand-over-Fist Grip）的纏抱方式較前一種更易於將對手的頭部向下拉得更低，也更便於起膝攻擊，但在控制力度上明顯要差一些。在實戰中，這只是一種過渡手段，在瞬間將對手的頭拉低後，迅速發動攻擊。隨後，不

論攻擊成功與否，都應該立即還原為手扣手方式(Hand over-Hand Grip)，這樣才能時刻將主動權掌握在自己手中。

雙手抱拳扣抵住對方後腦時，雙臂要用力收攏、夾緊其脖頸，雙臂肘尖部位要抵住對方雙肩前端，一定要將對方的額頭牢牢抵在自己胸前，將主動權始終控制在自己的手中。

（三）雙手抓扣方式

【動作說明】

（1）雙方面對面站立，正面交鋒（圖2-1-9）。

（2）我抬起左臂，向前伸展，屈肘置於對手脖頸右側，掌心朝下，以小臂勾住對方後脖頸（圖2-1-10）。

（3）隨即，再將右臂屈肘置於對手脖頸左側，掌心朝左（圖2-1-11）。

（4）緊接著，右手外旋，

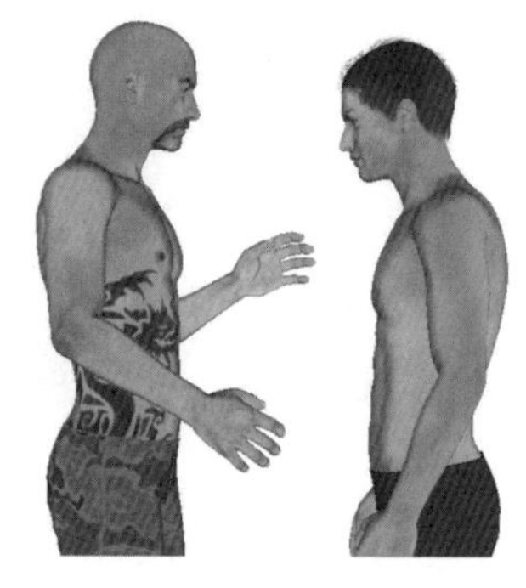

圖2-1-9

圖2-1-10

圖2-1-11

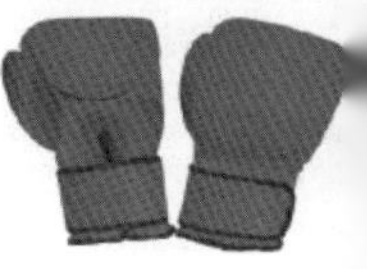

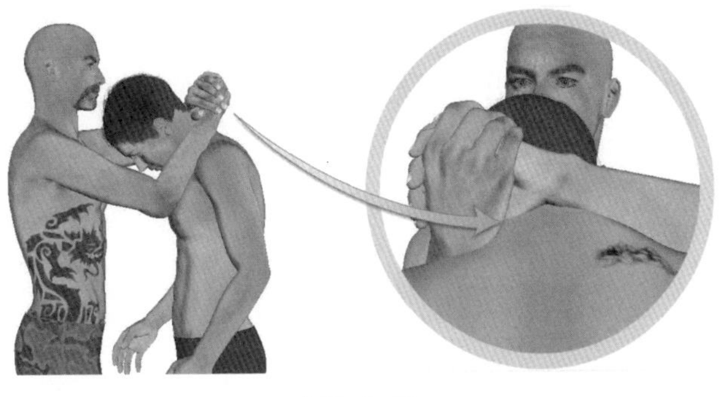

圖2-1-12

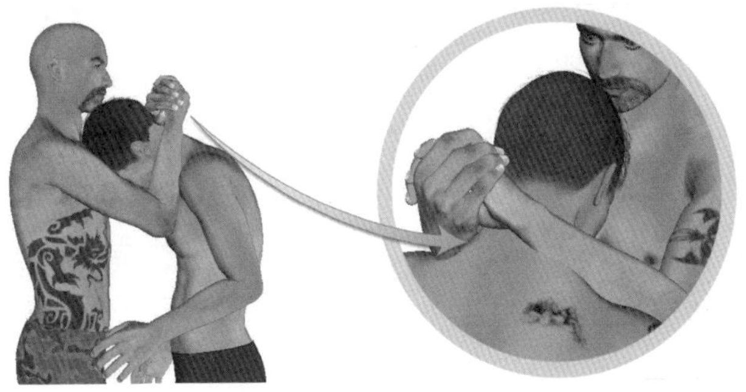

圖2-1-13

令掌心向上，左手扣握住右手（圖 2–1–12）。

（5）動作不停，雙臂收緊，雙手勒扯對方脖頸，令其額頭抵頂在我胸前，並用雙肘頂住其雙肩前位置（圖 2–1–13）。

【技術要領】

如果你面對的選手脖頸足夠堅挺，你用前面兩種方式都無法將他的頭拉低下來，就可以使用雙手抓扣方式（Palm–to–Palm Grip）。這種方法，較前兩種對頭頸的控制更有力度，一旦脖頸被夾持住，逃脫起來是比較困難的。

雙手抓扣方式與前面介紹的兩種纏抱方式的區別在

於，左臂抬起勾住對方脖頸時，左肘不是抵頂其右肩前，而是將肘部向上抬起，懸於其右肩上方，目的是能夠使左手順暢地扣握住右手。在雙手扣緊、雙臂收攏後，再將雙肘抵住對方雙肩前部，以防止對方逃脫。

二、由泰式纏抱展開的攻擊技術

在泰式纏抱狀態下展開攻擊最有效的手段，就是起腿以膝蓋攻擊對方的頭部或者上體，這在泰拳比賽中是最常見的。在MMA比賽中，不僅泰拳手出身的格鬥選手善於運用纏抱膝擊，其他格鬥體系出身的選手也樂此不疲，足見其威力與效果。

下文將著重詳細介紹在泰式纏抱狀態下展開的各種膝蓋攻擊技術。

（一）泰式纏抱→正面直接膝蓋攻擊

【動作說明】

（1）格鬥雙方正面交鋒，彼此纏抱，我左腳在前，右腳在後，用雙臂由對方雙臂內側以手扣手的方式纏抱住其頭頸（圖2-1-14）。

圖2-1-14

（2）發動攻擊時，雙手用力向懷中拉扯對方的頭頸，身體重心向前移動，過渡至左腿上，右腿隨勢屈膝向前上方提起，以膝蓋為力點直接衝頂對方腹部，予以重創

圖2-1-15

圖2-1-16

（圖 2−1−15、圖 2−1−16）。

【技術要領】

一旦你取得了泰式纏抱的優勢，直接起腿用膝蓋攻擊對手是最簡捷、最有效的攻擊手段，但是前提是你的雙臂與雙手一定要牢牢鉗制住對方的頭頸，並且用力將其向下、向懷中拉扯壓制，這樣才能確保膝蓋撞擊具有足夠的力道。右膝出擊時，腰髖要配合朝左轉動，儘量將右臀前送，以延長右膝的攻擊距離，增強打擊力度。

（二）泰式纏抱→側擺膝蓋撞擊

【動作說明】

（1）格鬥雙方正面交鋒，彼此纏抱，我右腳在前，左腳在後，用雙臂由對方雙臂內側以雙手抓扣方式纏抱住其頭頸（圖 2−1−17）。

（2）我突然屈膝抬起左腿，將膝蓋提高至與臀齊（圖 2−1−18、圖 2−1−

圖2-1-17

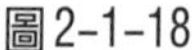

圖2-1-18

圖2-1-19

圖2-1-20

19）。

（3）旋即，腰髖沿順時針方向右轉，帶動左腿自外向內擺動，以膝蓋為力點狠狠撞擊對方右側腰肋部位，破壞其身體平衡的同時，予以重創（圖2-1-20）。

【技術要領】

上肢纏抱住對手上體時，對方為了避免頭部遭受攻擊，勢必會挺身直背，於是其側肋便會暴露空檔，此刻即便對手沒有俯身彎腰，我方也可以很方便地用側擺膝撞擊對方的腹部，對其形成威脅。側擺撞膝的動作要由腰髖的轉動帶動發力。

（三）泰式纏抱→破壞平衡→膝擊

【動作說明】

（1）雙方面對面站立，都以左前勢示人，展開格鬥（圖2-1-21）。

（2）對方突然進身，伸出雙手意欲控制我的頭頸，我迅速由對方右臂內側向前伸展左臂，搶先用左手勾抱住

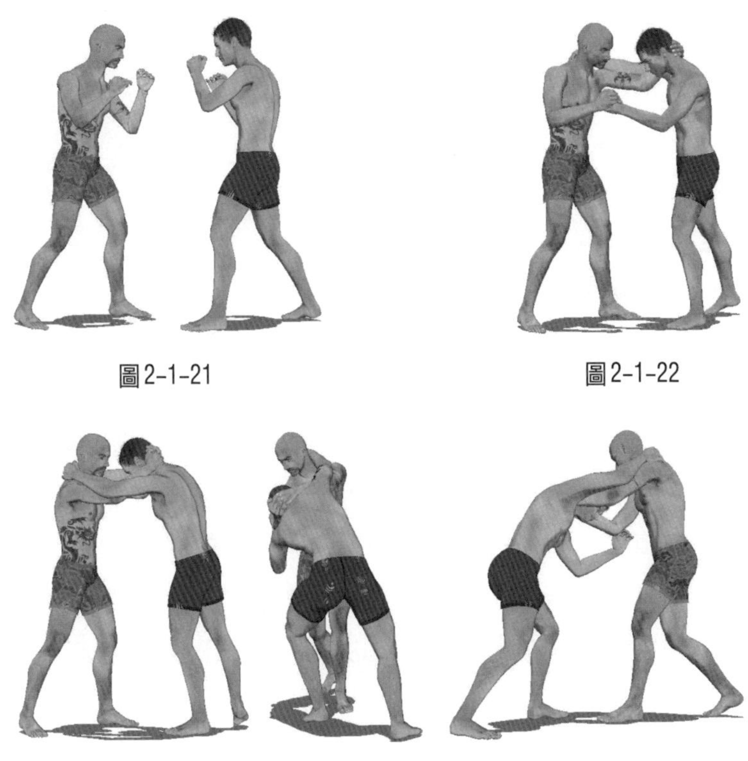

圖2-1-21

圖2-1-22

圖2-1-23　圖2-1-24　圖2-1-24A

對方的後腦勺部位（圖2-1-22）。

（3）繼而，再由對方左臂內側向前伸展右臂，用右手扣按住自己左手手背，雙臂收緊，形成泰式纏抱（圖2-1-23）。

（4）旋即，在對方雙臂前伸、纏抱我頭頸、其上體前探、重心前移的瞬間，我雙臂夾緊收攏的同時，右腳向右後方滑撤一步，身體沿順時針方向猛然向右擰轉，破壞對方身體的平衡，令其身體朝左前方傾斜（圖2-1-24、圖2-1-24A）。

（5）趁對方身體重心顛簸不穩之際，我雙手用力向懷中攬抱對方頭頸，同時迅速屈膝抬起右腿，以膝蓋為力點向上衝頂對方頭部或者胸部，予以重創（圖2-1-25）。

圖2-1-25

【技術要領】

雙手伸出時，要搶先由對方雙臂內側前伸至對方腦後。雙臂纏抱住對方頭頸後，要迅速移動腳步、擰轉身體，上下肢動作要配合協調，雙臂夾緊對方頭頸隨身體一併轉動、下拉，就像搬轉汽車方向盤一般，瞬間顛覆對手的身體平衡。

只有成功破壞了對方的身體平衡，才能夠趁其上體前傾的機會，起腿頂膝。右腿起膝時，左腿要略微彎曲，以保持自己身體重心的平穩。

（四）泰式纏抱→向下的短膝攻擊→前衝膝攻擊

【動作說明】

（1）格鬥雙方正面交鋒，彼此都以左前勢示人（圖2-1-26）。

（2）對方突然進身，伸出雙手意欲控制我的頭頸，我迅速由對方右臂內側向前伸展左臂，搶先用左手勾抱住對方的後腦勺部位（圖2-1-27）。

圖2-1-26

圖2-1-27 　圖2-1-28 　圖2-1-29

圖2-1-30 　圖2-1-31 　圖2-1-32

（3）隨即，再將右臂屈肘置於對手脖頸左側；同時左臂屈肘、左手握拳攥緊，以虎口部位抵頂對手後腦勺位置；右手順勢扣抱住左手拳輪與拳背位置，雙臂同時收攏，雙手一併發力，用力向懷中攬抱對方頭頸（圖2-1-28）。

（4）對方勢必會用力向後抬頭、挺背，我將身體重心移至左腿，右腿屈膝提起，膝蓋與臀部同高（圖2-1-29）。

（5）然後，右膝猛然向前下方落下，以膝蓋為力點狠狠磕撞對方左大腿前方，以破壞其根基的穩定（圖2-1-30）。

（6）在對方下肢遭受撞擊，不由自主俯身低頭的一剎那，迅速再次屈膝抬起右腿，以前衝膝攻擊對方腹部，予以重創（圖 2-1-31、圖 2-1-32）。

【技術要領】

格鬥中要想成功地用膝蓋攻擊到對手的上體，有一個前提條件，就是必須先迫使其向前俯身彎腰。實際情況是，要讓一名受過專業訓練的格鬥選手彎腰俯身並不是一件容易的事，尤其是當你用雙臂纏抱住他的頭頸時，對方立即就會意識到危險的存在，他會刻意抬頭、保持背部挺直，這是一名MMA選手所具備的基本素質。

在一勢裏介紹的是，在條件尚未成熟的情況下，先不急於用膝蓋攻擊對方的上體，而是用低位的短膝去襲擾對方的下盤，破壞他身體的平衡，摧毀他的根基，創造出進一步攻擊的機會，然後發動更猛烈的攻擊。

（五）泰式纏抱→後腿短膝撞擊→衝頂膝攻擊

【動作說明】

（1）格鬥雙方正面交鋒，彼此纏抱，我用雙臂由對方雙臂內側以手扣拳的方式纏抱住其頭頸。我右腳在前，左腳在後，對方左腳在前，右腳在後（圖 2-1-33）。

圖2-1-33

（2）攻擊時，身體重心先向前過渡至右腿，腰髖沿順時針方向朝右擰轉，帶動左腿順勢向前屈膝提起，以膝

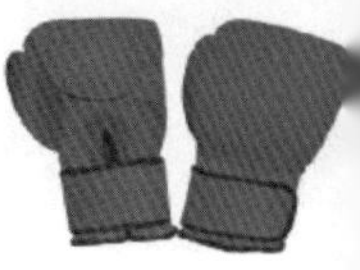

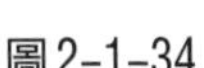

圖2-1-34

圖2-1-35

圖2-1-36

蓋為力點向右前方衝撞對方左大腿內側，迫使其左腿向外翻展（圖2-1-34）。

（3）對手前腿遭受撞擊後，上體會很自然地向右前方傾斜，我抓住戰機，迅速再次以左腿膝蓋向上衝頂對方右腹部（圖2-1-35、圖2-1-36）。

【技術要領】

後腿膝蓋短促衝撞，我們用專業的叫法，稱之為「十字交叉膝蓋攻擊」。實施的前提是，雙方的站架是相反的，即如果我右腳在前，左腳在後，對方則左腳在前，右腳在後。攻擊時，用我的後腿去攻擊對方的前腿，因攻擊路線形成十字交叉形式，故此命名。

用我的後腿膝蓋衝撞對手前腿的目的，是破壞其身體重心的平衡，令其因下盤不穩而被迫向前傾斜上體，為進一步以膝蓋攻擊其中上盤奠定基礎。在兩次起腿用膝蓋衝擊的過程中，雙手要始終牢牢地纏抱住對方的頭頸，並有意識地用力向下拉扯、扣壓，尤其是在第二次用膝蓋攻擊對方腹部時，一定要做到上下肢協調動作。

（六）泰式纏抱→右腿撞膝→破壞平衡→左腿衝膝

【動作說明】

（1）格鬥雙方正面交鋒，彼此纏抱，我左腳在前，右腳在後，用雙臂由對方雙臂內側以手扣手的方式纏抱住其頭頸（圖2-1-37）。

（2）在雙手牢牢地控制住對方頭頸的前提下，我將右腳向前滑動，使右腿儘量靠近對方左腿（圖2-1-38）。

（3）旋即，臀髖前送，身體重心下沉，以右腿膝蓋向前下方擠撞對方左腿膝關節，迫使其向前彎腰（圖2-1-39）。

（4）繼而，我右腳向身體右後方滑動一步，身體沿順時針方向朝右擰轉，帶動雙手夾緊對方頭頸用力向下壓制、旋轉，從而進一步破壞對方的身體平衡（圖2-1-40）。

（5）動作不停，右腳再快速向前

圖2-1-37

圖2-1-38

圖2-1-39

圖2-1-40

滑動一步，雙腳站穩（圖 2-1-41）。

（6）緊接著，雙手用力向下扣壓對方頭頸，同時左腿迅速屈膝向上抬起，以膝蓋為力點猛然衝頂對方面部，予以重創（圖 2-1-42）。

圖2-1-41

【技術要領】

用右腿膝蓋向前下方擠撞對方左腿膝關節的目的是破壞其根基，令其身體重心不穩，導致身體失衡，動作要求短促突然。右腳向右後方滑動，配合雙手的拉扯動作，可以進一步破壞對方的身體平衡。但是，在對方重心顛覆的一剎那，右腳要立即再向前滑動，以確保自己身體重心的穩定。左腿向上衝頂時，右腿要略微屈膝，以保證自身重心的穩定平衡。

圖2-1-42

（七）泰式纏抱→踩踢→膝擊

【動作說明】

（1）格鬥雙方正面交鋒，彼此纏抱，我左腳在前，右腳在後，用雙臂由對方雙臂內側以手扣手的方式纏抱住其頭頸（圖 2-1-43）。

圖2-1-43

（2）在雙手扣壓住對方頭頸的前提下，將自己的身體向對方左側移

動，令我右腳置於對方左腳外側前方（圖 2-1-44）。

（3）旋即，我身體重心移至左腿，右腿屈膝抬起，膝蓋高與腰齊（圖 2-1-45）。

（4）動作不停，右腳猛然由外向內、自上而下使勁踩踏對方左腿膝關節外側位置，迫使其身體重心不穩，上體前傾（圖 2-1-46、圖 2-1-46A）。

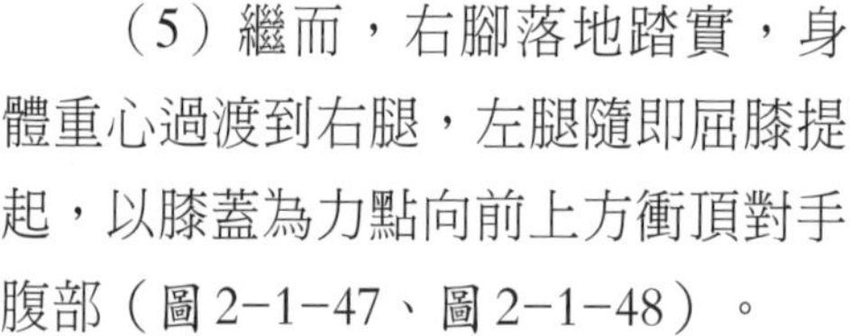

圖 2-1-44

（5）繼而，右腳落地踏實，身體重心過渡到右腿，左腿隨即屈膝提起，以膝蓋為力點向前上方衝頂對手腹部（圖 2-1-47、圖 2-1-48）。

圖 2-1-45

（6）接下來，我身體沿逆時針方向左轉，左腳向身體左後方落步，雙臂伸直；雙手按住對方後腦用力向外、向下推送，以側面纏抱的形式令其放鬆雙手對我頭頸的纏抱，被迫俯

圖 2-1-46

圖 2-1-46A

圖 2-1-47

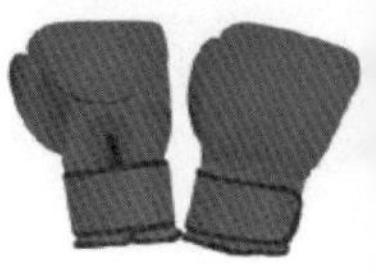

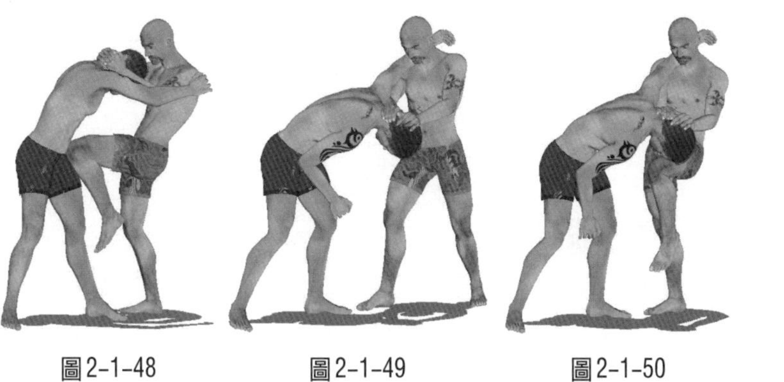

圖2-1-48　圖2-1-49　圖2-1-50

身低頭（圖2-1-49）。

（7）隨即，在雙手下按對方頭部的同時，腰髖猛然左轉，提起左腿，屈膝以膝蓋為力點向前上方衝頂對方面部，予以重創（圖2-1-50）。

【技術要領】

在纏抱狀態下用腳踩踏對方前腿膝關節外側，是一種非常有效地破壞對方身體平衡性的方法，尤其是在近距離的格鬥中，動作完成起來也比較容易。

我身體向對方身體左側移動的目的，是為進一步採取攻擊措施創造一個有利條件，只有與對手站位角度合理，右腳的踩踏才能發揮出其應有的威力。兩次起腿膝擊的時候，支撐腿都要略微彎曲，切勿挺膝，否則會影響自身的重心平穩，同時也會令打擊力度削弱。

另外，動作說明中提及的側面纏抱（Side Clinch），其實就是用雙手由對方身體側面扣按其後腦勺。目的主要是將對方的頭部推開或者壓低，以便後續攻擊動作能夠順利實施。具體是推開對方還是向下按壓，取決於雙臂的伸展程度，根據需求而定。側面纏抱一般都是由正面纏抱轉換過來的，也可以用來破解、逃脫對手的纏抱。

（八）泰式纏抱→側撞膝→衝頂膝攻擊

【動作說明】

（1）格鬥雙方正面交鋒，彼此纏抱，我左腳在前，右腳在後，用雙臂由對方雙臂內側以手扣拳的方式纏抱住其頭頸（圖 2–1–51）。

（2）實施攻擊時，我突然屈膝抬起右腿，將膝蓋提高至與臀齊（圖 2–1–52）。

（3）旋即，腰髖沿逆時針方向左轉，帶動右腿自外向內擺動，以膝蓋為力點狠狠撞擊對方腹部左側，以破壞其身體的平衡，令其上體產生傾斜（圖 2–1–53）。

（4）繼而，在右膝側撞動作結束後，右腳略一著地，便再次迅即屈膝提起，向前上方衝頂對方腹部正中腹神經叢位置（圖 2–1–54、圖 2–1–55）。

圖2-1-51

圖2-1-52

圖2-1-53

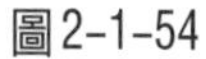

圖2-1-54

圖2-1-55

圖2-1-56

【技術要領】

雙方進行纏抱時，如果對方的雙臂是在我的雙臂外側針對我頭頸進行的纏抱，並且其為了阻礙我雙手的纏抱與按壓，勢必會挺身直背，其上腹部便會暴露無遺，此刻即便對手沒有俯身彎腰，我也可以很方便地用側擺膝撞擊對方的腹部，對其形成威脅。

圖2-1-57

側擺撞膝的動作要由腰髖的轉動帶動發力。前衝膝要抓住戰機，趁對方身體略有傾斜之際，迅捷攻出。

（九）泰式纏抱→連續衝膝

【動作說明】

（1）格鬥雙方正面交鋒，彼此纏抱，我用雙手抓扣的方式纏抱住對方頭頸，準備展開攻擊（圖2-1-56）。

（2）對手出於防禦目的，或許會本能地伸出左手來推抵我的咽喉，迫使我放鬆對他的控制（圖2-1-57）。

圖2-1-58

圖2-1-59

圖2-1-60

（3）我立即低頭，收緊下頜，以防止對方左手手掌對我喉嚨造成傷害，同時雙臂收攏，右腿屈膝提起，以膝蓋為力點猝然向前上方衝頂，攻擊其腹部（圖2-1-58）。

（4）旋即，在右腿攻擊動作結束、右腳落地的瞬間，左手放開對對手後腦的控制，順勢抓住其左手手腕，用力向下拉扯，將其由我頸下拉開；同時右手用力向前下方推按對方頭部，令其與自己拉開一定距離(圖2-1-59)。

（5）繼而，我左手向右下方推送對方左手腕，右臂勾摟住其左臂肘窩部位（圖2-1-60）。

（6）進一步，右手勾摟住對方左臂，並向懷中用力拉扯，同時伸出左手扣按住對方後腦勺（圖2-1-61）。

圖2-1-61

（7）動作不停，身體右轉、重心猛然向前過渡，左腳蹬地向前提起，以膝蓋為力點向前上方衝頂對手臉部或者下頜（圖2-1-62）。

【技術要領】

圖 2-1-62

通常情況下，當你取得了泰式纏抱的優勢時，你的對手並不會坐以待斃，他一定是要進行反抗和掙扎的，在其奮力掙扎的時候，你的雙手一定要牢牢地控制住其頭頸，並且以最快的速度展開攻擊。

如果對方的反抗動作對你形成了威脅，你則應該迅速轉換進攻形式，在確保自身安全的前提下，另闢蹊徑。

本勢中，在第一次膝擊動作結束後，用右手推開對方的頭部，目的就是迅速化解對方左手對我咽喉的威脅。

進一步用左膝進攻時，右手要配合用力將對方左臂向後拉扯，左手用力向下按壓其頭頸，上下肢動作要配合協調。

（十）泰式纏抱→逃脫頭部控制→側面纏抱→衝頂膝

【動作說明】

圖 2-1-63

（1）格鬥雙方正面交鋒，彼此纏抱，我用雙臂由對方雙臂內側以手扣手的方式纏抱住其頭頸，對方用雙臂由我雙臂外側以手扣手的方式纏抱住我的頭頸（圖 2-1-63）。

（2）我雙手扣緊對方頭頸，用力向右側扳壓，迫使其上體向左側傾斜

圖2-1-64

圖2-1-65

圖2-1-66

（圖2-1-64）。

（3）動作不停，身體略右轉，右腳向右後方滑動一步，右手用力向下推按對方左大臂上方，迫使其左手放鬆對我頭頸的纏抱（圖2-1-65）。

圖2-1-67

（4）旋即，左臂用力向下、向內扳壓對方的後腦勺，上體向左擰轉，轉髖擺肩，帶動右臂屈肘、以肘尖「鷹嘴」部位為力點向前上方勾挑，襲擊對方頭部太陽穴位置（圖2-1-66、圖2-1-67）。

（5）緊接著，我右手扣按住左手手背，形成側面纏抱形式，雙手用力向下按壓對方後腦，令其俯身低頭（圖2-1-68）。

（6）隨即，我左腳略向後滑動，與對方拉開一定距離（圖2-1-69）。

（7）身體重心向前過渡至左腿，右腿隨勢屈膝向前上方提起，以膝蓋為力點衝頂對方面門（圖2-1-70）。

圖2-1-68

圖2-1-69

圖2-1-70

【技術要領】

當雙方纏抱在一起的時候，如果對方的雙臂是在我的雙臂外側針對我頭頸進行的纏抱，而且其體力、素質都優越於我的情況下，我打算將對方的頭頸強制壓低、令其身體前傾，事實上是存在一定難度的。

本勢介紹的轉入側面纏抱的攻擊方法，應對這種局面則是比較靈活有效的。

右挑肘出擊時，要藉助上體向左轉動的動勢發力，不能僅憑手臂的單一力量實施打擊。右腿起膝攻擊之前，雙手一定要將對方的頭部控制在一個可攻擊的高度上，同時左腳要略微向後滑動，調整一下與對方之間的距離，為右腿的膝擊營造一個適合的空間。作為一名MMA選手要具有強烈的空間感，以及對格鬥距離的掌控能力。

（十一）泰式纏抱→推擊→膝擊

【動作說明】

（1）格鬥雙方正面交鋒，我以手扣手的方式纏抱住

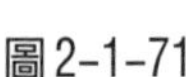
圖2-1-71

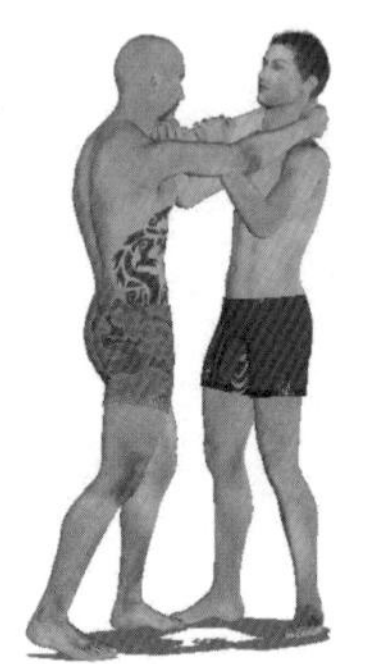

圖2-1-72

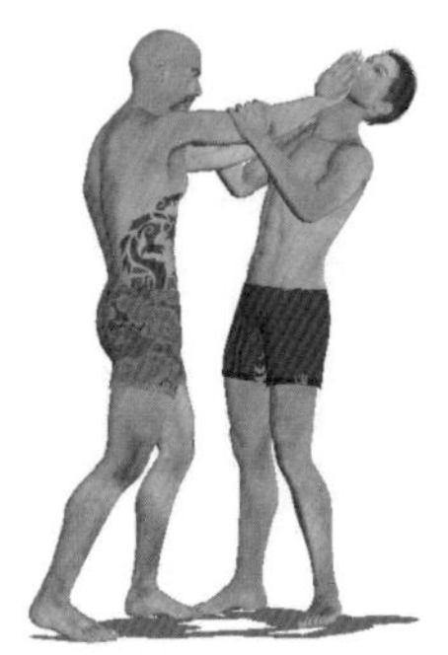

圖2-1-73

了對方的頭頸，佔據了一定優勢（圖2-1-71）。

（2）對方並不甘於就範，而是用力向後仰頭、試圖掙脫（圖2-1-72）。

（3）這種情況下，我可以順勢伸展右臂，以右掌掌根為力點向前猛推對方下巴，借力打力（圖2-1-73）。

圖2-1-74

（4）旋即，再乘勝追擊，腰髖猛然向左擰轉，右腿屈膝提起，以膝蓋為力點攻擊對方腰腹部（圖2-1-74）。

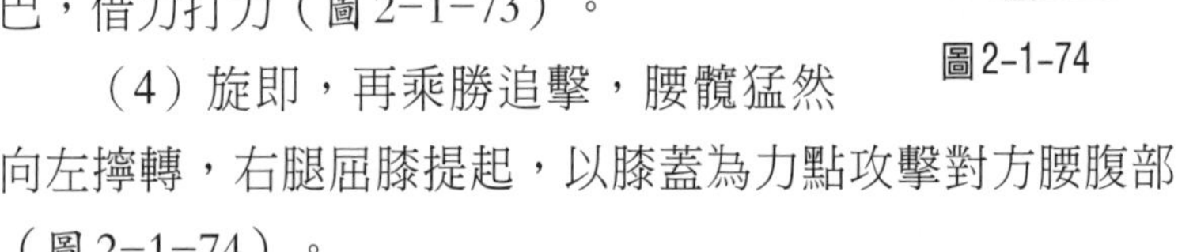

【技術要領】

實戰中，你一旦纏抱住對方的頭頸，他勢必是要進行掙脫和反抗的。在這個過程中，我們要學會因勢利導，借勢打勢，尤其是在面對力量、素質都要強悍於我們的對手時，切勿使用蠻力與之對抗。

右手推撐對方下巴時，左手不要放鬆對其頭頸的控制，要始終牽制住對方的上盤，這樣也便於後續膝擊動作

的實施。

（十二）泰式纏抱→突破身體鎖抱→直膝攻擊

【動作說明】

（1）格鬥雙方正面交鋒，我以手扣手的方式纏抱住了對方的頭頸，佔據了一定優勢。但是，對手為了防禦我用膝蓋攻擊他，會迅速用雙臂摟抱我的腰身，意欲上步進身、縮短與我之間的距離（圖2-1-75）。

（2）為了阻止對方貼近，我在雙臂牢牢纏抱住對方頭頸的前提下，迅速抬起右腿，以小腿脛骨部位向前抵頂住對方左大腿內側，以遏制其靠近的意圖（圖2-1-76）。

（3）緊接著，右腿立即向後撤退、落步，腰髖使勁向後掙脫，同時身體重心向前壓制，雙臂用力向前下方抵頂，迫使對方俯身彎腰，放鬆雙手對我腰部的鎖抱（圖2-1-77）。

圖2-1-75

圖2-1-76

圖2-1-77

（4）旋即，右腿蹬地，猛然向前上方提起，屈膝以膝蓋為力點衝頂對方胸部，予以重創（圖 2-1-78）。

圖 2-1-78

【技術要領】

當你用雙臂纏抱住對方的頭頸，形成泰式纏抱時，對方的本能反應一是用雙臂去纏抱你的頭頸，再就是用雙臂去摟抱你的腰身，也就是我們常說的身體鎖抱（Body lock）。一旦你的腰身被對方用雙臂鎖抱住，你便與他拉近了距離，很難再起膝攻擊對方，同時如果對手是一名擅長摔跤的選手，你也極易被他破壞重心而摔倒在地。

右腿阻遏對方貼近的同時，雙臂一定要以肘部抵頂住對方雙肩前側，迫使其上體也無法靠近我方。右腿抬起時，左腿要適當彎曲，以控制自身的平衡。

（十三）泰式纏抱→反擊抱腿→衝頂膝攻擊

【動作說明】

（1）格鬥雙方正面交鋒，我以手扣手的方式纏抱住了對方的頭頸，佔據了一定優勢。但是，對手反應很快，在我未及採取膝蓋攻擊時，其迅速用雙臂摟抱住我的右腿，意欲用單腿抱摔對付我（圖 2-1-79）。

（2）我在其雙手尚未抱緊我右腿的瞬間，順勢將右腿向上抬起，腳尖向上勾起，腳底指向其前腿膝蓋方向（圖 2-1-80）。

（3）旋即，右腿猛然挺膝，以前腳掌為力點向前下

圖2-1-79　圖2-1-80　圖2-1-81

圖2-1-82　圖2-1-83

方蹬踏對方左腿膝關節部位（圖2-1-81）。

（4）緊接著，右腿立即向後回盪、落步，掙脫對方雙手的摟抱，同時身體重心向前壓制，雙臂用力向前下方抵頂，迫使對方俯身彎腰（圖2-1-82）。

（5）繼而，右腳蹬地，右腿猛然向前上方提起，屈膝以膝蓋為力點衝頂對方頭部，予以重創（圖2-1-83）。

【技術要領】

對方要實施抱腿摔，勢必是要向下降低身體重心的，但是如果對方是一名有經驗的格鬥選手，他並不會過度地

俯身低頭，我用右腳蹬踏對方前腿膝蓋的目的，不僅僅是要掙脫其雙手的摟抱，另一意圖就是逼迫他俯身彎腰，以便為後續的攻擊奠定基礎。蹬踏動作結束後，右腿要立即用力向後回盪，以掙脫束縛。

三、針對泰式纏抱的防禦與反擊方法

在格鬥過程中，你善於使用泰式纏抱技術控制對手、攻擊對手，對手同樣也可能是這方面的高手，那麼要想始終立於不敗之地，就必須掌握相應的對付泰式纏抱的防禦與反擊手段。格鬥運動本身就是有攻有防的競技遊戲，正如中國古代哲學家告訴我們的，有立就有破。

處於相持階段時，如何應對對手的打擊與扭摔，往往是初學者容易忽視的方面。前文中我們用很大的篇幅給大家介紹了如何利用完美的泰式纏抱技術來控制對手，並在控制對手的前提下展開毀滅性的打擊。下文我們則要反其道而行之，著重講解一下如何防禦、擺脫泰式纏抱控制。

（一）偏轉手臂→衝頂膝攻擊

【動作說明】

（1）格鬥雙方正面交鋒，彼此以左前格鬥站架應敵，伺機而動（圖 2-1-84）。

（2）對手突然向前伸出雙臂，意欲用雙手纏抱我的頭頸。當對方雙手迫近的一剎那，我迅速用雙手推擋其兩小臂前下方（圖 2-1-85）。

（3）旋即，上體略後仰，右手托住對方左小臂用力

圖2-1-84 　圖2-1-85 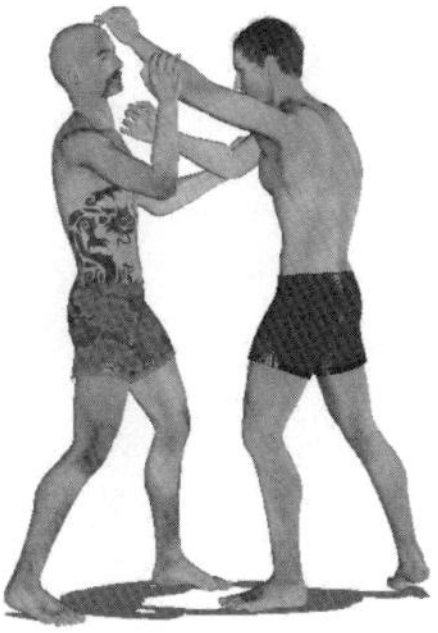　圖2-1-86

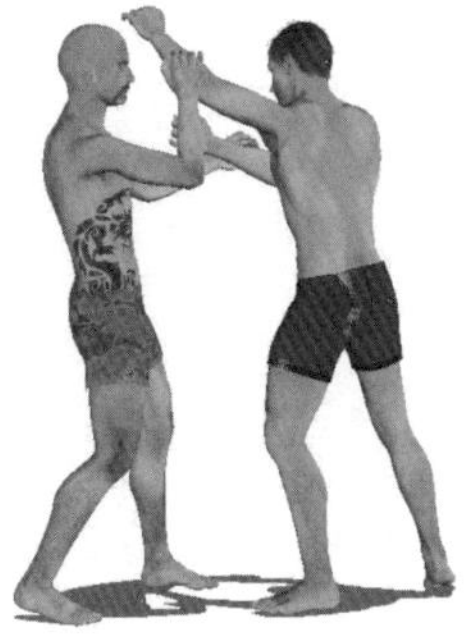

圖2-1-87 　圖2-1-88 　圖2-1-88A

向我身體左前方推送，迫使對方身體朝右轉動，令其攻擊動作落空（圖 2-1-86、圖 2-1-87）。

（4）動作不停，在對方身體轉向右側時，我立即用左手扣按住其後腦勺，並用力向下壓制，令其低頭俯身（圖 2-1-88、圖 2-1-88A）。

（5）繼而，在我左手控制住對方頭頸的前提下，身體猛然右轉，左腿蹬地提起，屈膝隨身體轉動出擊，以膝蓋為力點衝頂對手腹部，予以反擊（圖 2-1-89、圖 2-1-89A）。

圖2-1-89　　圖2-1-89A　　圖2-1-90

【技術要領】

本勢是在破壞對方纏抱意圖的前提下展開的反擊技術，攔截、推送對手雙臂的時機要準確、恰當，過早會被對方發覺，過晚則攔阻不住，時機的拿捏要在日常訓練當中反覆琢磨、掌握。左膝的反擊，要在對方身體轉過去的時候才起動，而且前提必須是左手牢牢壓制住對方的後腦，為攻擊創造恰當的空間距離。

（二）上挑肘防禦泰式纏抱

【動作說明】

（1）格鬥雙方正面交鋒，彼此以左前格鬥站架應敵，伺機而動（圖2-1-90）。

（2）對方率先用右手勾拳針對我的頭部發動襲擊，我迅速抬起左臂，屈肘向外格擋對方右拳，以化解其攻勢（圖2-1-91）。

圖2-1-91

（3）對手右拳攻擊失敗後，會順勢用右手勾攬我脖頸左側，並伸出左手欲勾攬我脖頸右側，準備實施泰式纏抱。此刻，我迅速向左轉動身體，右臂屈肘，隨身體轉動向前上方挑肘，以肘尖為力點攻擊對方下頜，瞬間破壞對方纏抱意圖（圖2-1-92）。

圖2-1-92

【技術要領】

右手勾拳接泰式纏抱，然後展開近身攻擊，是初學者經常採用的一種攻擊策略。在防禦時，左臂一定要有效地阻擋住對方勾拳。進一步實施反擊、破壞對方纏抱意圖時，左臂要始終屈肘護住上體與頭部。右挑肘出擊時，要充分利用腰髖轉動來帶動手臂發力。

（三）抵頸拉臂→衝頂膝反擊

【動作說明】

（1）格鬥雙方正面交鋒，彼此以左前格鬥站架應敵，伺機而動（圖2-1-93）。

（2）對方率先用泰式纏抱控制住我的頭頸，搶佔優勢。我迅速抬起右臂，將右臂由對方左臂內側穿過，以前小臂抵頂住對方左肩前位置（圖2-1-94）。

（3）繼而，我左臂向上抬起，屈肘扣壓在對方左臂肘上方，

圖2-1-93

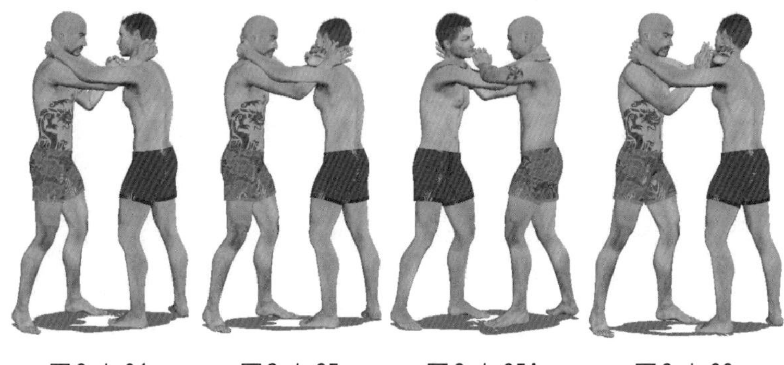

圖2-1-94　圖2-1-95　圖2-1-95A　圖2-1-96

左手置於其臉部左前方（圖 2-1-95、圖 2-1-95A）。

（4）動作不停，我右臂用力向外撥撐對方左大臂，左掌順勢向左前下方砍擊對方脖頸左側，力達掌刃（圖 2-1-96）。

圖2-1-97

圖2-1-98

（5）緊接著，我左手扣按住對方左側肩頭，以左前臂抵頂住對方的脖頸，迫使其無法拉近與我之間的距離；同時我右手抬起，置於對方左臂上方（圖 2-1-97）。

（6）動作不停，在我用左臂控制住對方肩頸的前提下，右臂用力向下壓制對方左臂，右手抓住其右大臂外側肱三頭肌處，順勢下拉，令其左臂離開我的頭頸，置於我的右腋下（圖 2-1-98）。

（7）然後，身體略右轉，左臂用力繼續向下壓制，

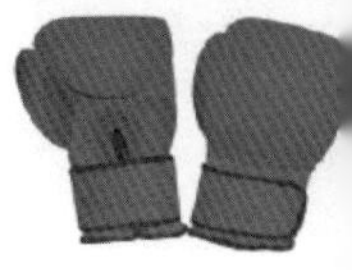

圖2-1-99

圖2-1-100

圖2-1-100A

右手使勁向右下方拉扯對方右臂，迫使其上體傾斜（圖2-1-99）。

（8）旋即，腰髖右轉，飛起左腿，屈膝，以膝蓋為力點衝頂對方胸腹部，予以重創（圖2-1-100、圖2-1-100A）。

【技術要領】

對手用泰式纏抱控制住我方的頭頸後，勢必要拉近距離，展開近身攻擊，這個時候我方首要的反應就是保持彼此間的距離，破壞對方拉近的意圖。

左臂抵頂住對方脖頸的目的，就是迫使對方無法貼近我方。起膝反擊時，一定要先將對方身體平衡破壞掉，令其上體傾斜後再展開攻擊。

（四）抵頸撐臂→橫擊肘

【動作說明】

（1）格鬥雙方正面交鋒，對方率先用泰式纏抱控制住我的頭頸，搶佔優勢（圖2-1-101）。

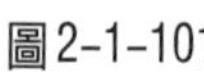
圖2-1-101　圖2-1-102　圖2-1-103　圖2-1-104

（2）為了防止對方雙手拉扯我頭頸，我迅速抬起左臂，屈肘扣壓在對方右臂肘上方，左手扣壓住其左肩部位，左小臂抵頂住對方的脖頸，迫使其無法拉近與我之間的距離（圖 2-1-102）。

圖2-1-105

（3）旋即，我右臂由對方左臂內側屈肘抬起，並用力向外別撐對方左臂，迫使其左手放鬆對我脖頸的纏抱（圖 2-1-103、圖 2-1-104）。

（4）動作不停，在對方纏抱鬆懈的瞬間，我身體猛然向左擰轉，右臂迅速屈肘夾緊，隨勢向左前方用橫肘攻擊，以肘尖為力點襲擊對方下頜，予以反擊（圖 2-1-105）。

【技術要領】

近身格鬥過程中被對方纏抱住時，首要防禦措施就是控制好彼此間的距離，儘量避免對方貼近。左臂抵頂對方脖頸的動作一定要及時，否則一旦頭頸被對方拉緊，就錯

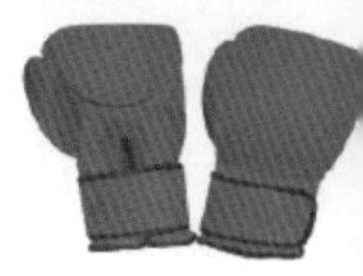

過了防禦反擊的最佳時機。在破壞了對方纏抱的那一刻，要立即實施反擊，橫擊肘動作要起動突然，令其猝不及防，並注意要以腰髖的轉動來帶動肘擊動作的實施。

（五）推臉防禦→橫擊肘

【動作說明】

（1）格鬥雙方正面交鋒，對方率先用泰式纏抱控制住我的頭頸，搶佔優勢（圖 2-1-106）。

（2）為了防止對方雙手拉扯我的頭頸，我迅速抬起左臂，由對方右臂上方繞過，以左手掌根為力點，自左向右猛推對方下巴，迫使其頭部向左側扭轉（圖 2-1-107）。

（3）旋即，在對方頭部向左側偏轉的瞬間，我左臂立即屈肘回收（圖 3-1-108）。

（4）動作不停，上體猛然右轉，左肩內扣，左臂夾緊，以肘尖為力點自左向右橫掃對方頭部，予以重創，即可迫使其放鬆對我的纏抱（圖 2-1-109）。

圖2-1-106

圖2-1-107

圖2-1-108

圖2-1-109

【技術要領】

被對方用泰式纏抱糾纏時，用手掌推撐對方下巴是非常簡單有效的防禦手段，不僅可以阻止對方貼近，而且可以令其視線偏轉，令其無法察覺我方的攻擊動作，為實施反擊創造優越條件。左掌的推擊動作要有力度，隨後的橫擊肘要順勢而為，流暢自然。

（六）抵頸防禦→手臂降服

【動作說明】

（1）格鬥雙方正面交鋒，對方率先用泰式纏抱控制住我的頭頸，搶佔優勢（圖2–1–110）。

圖2–1–110

（2）為了防止對方雙手拉扯我的頭頸，我迅速抬起左臂，屈肘扣壓在對方右臂肘上方，左手扣壓住其左肩部位，左小臂抵頂住對方的脖頸，迫使其無法拉近與我之間的距離。同時身體重心略下沉，右手自下而上托住對方左臂肘關節外側（圖2–1–111）。

圖2–1–111

（3）旋即，身體重心猝然提起，上體左轉，左手扣按住對方左側肩頭，右手托住對方左臂肘關節外側順勢向左側推托，雙臂協同動作，針對其左臂肘關節實施反關節降服，令其產生劇痛而放鬆對我的纏抱（圖2–1–112至圖2–1–113A）。

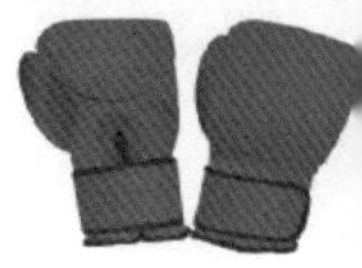

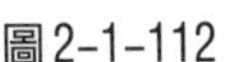

圖2-1-112

圖2-1-113

圖2-1-113A

【技術要領】

站立狀態下，尤其是由正面實施的降服技術並不多見，但是在泰式纏抱狀態下運用卻不失為一種簡單有效的防禦手段。實施的關鍵在於動作的嫻熟程度，流暢自如的降服動作，可以令對手措手不及。實施手臂降服時，重心上提、上體轉動與雙臂的動作要配合協調，才可以令其肘關節超出其伸展範圍。

（七）抵頸推肘→衝頂膝反擊

【動作說明】

（1）格鬥雙方正面交鋒，對方率先用泰式纏抱控制住我的頭頸，搶佔優勢，並用力向下拉扯，欲破壞我身體的平衡（圖2-1-114）。

圖2-1-114

（2）出於防禦，我迅速伸出左臂，屈肘扣壓在對方右臂肘上方，左手扣壓住其左肩部位，左小臂抵頂住對方的脖頸，迫使其

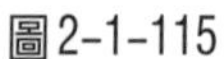

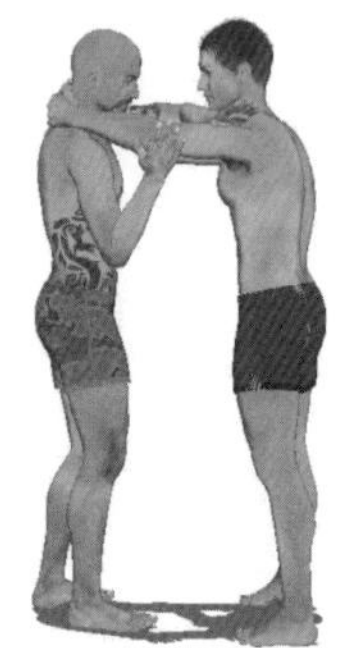

圖2-1-116

圖2-1-117

圖2-1-117A

圖2-1-118

圖2-1-118A

雙臂無法收攏（圖 2−1−115）。

（3）幾乎同時，右手自下而上托住對方左臂肘關節外側（圖 2−1−116）。

（4）動作不停，右手用力向上、向前推動對方左臂，令其左臂被迫離開我的脖頸處，同時我左手離開對方左肩處，左臂屈肘勾攬、控制住對方左臂（圖 2−1−117、圖 2−1−117A）。

（5）旋即，腰髖猛然右轉，左腳蹬地提起，屈膝以膝蓋為力點向前衝頂對方腹部，予以重創（圖 2−1−118、圖 2−1−118A）。

【技術要領】

右手推送對方左臂的目的不僅僅是為了擺脫對方的泰式纏抱，同時也可以迫使對方的上體後仰，導致其身體重心失衡，為進一步的反擊創造空間和條件。左膝攻出時，右腿要略微彎曲，以保持自身的重心平穩。

（八）聳肩逃脫→後擊肘→橫擊肘

【動作說明】

（1）格鬥雙方正面交鋒，對方率先用泰式纏抱控制住我的頭頸，搶佔優勢，我迅速用左手扣壓住對方右臂肘部（圖2-1-119）。

（2）旋即，上體猛然向左轉動，右肩向上聳起，右臂順勢向左上方抬起（圖2-1-120）。

（3）動作不停，我右臂用力向左下方擺動、扣壓對方雙臂大臂位置，對其雙臂形成向下的擠壓之勢（圖2-1-121）。

（4）繼而，上體再猝然右轉，右臂順勢向右後方擺

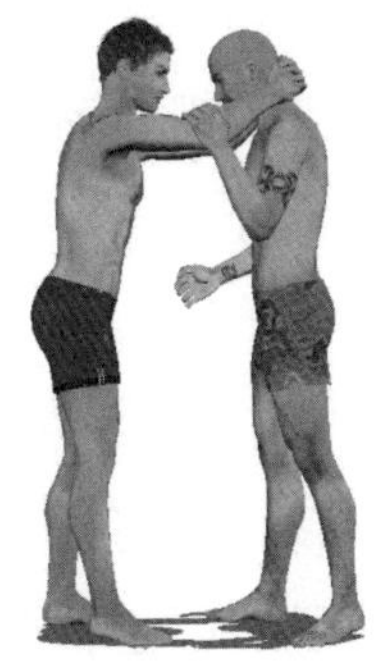

圖2-1-119

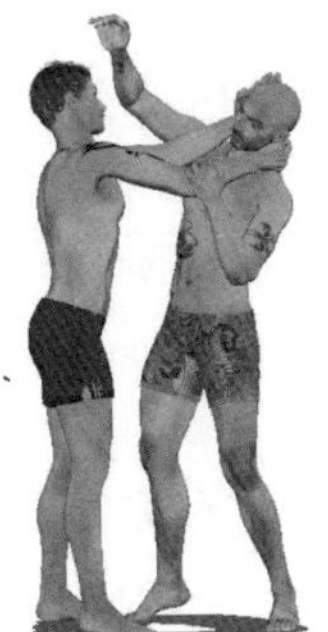

圖2-1-120

圖2-1-121

圖2-1-122

圖2-1-123

圖2-1-124

圖2-1-124A

動，以肘尖為力點回盪、磕擊對方頭部及臉部右側（圖2-1-122）。

（5）動作不停，身體繼續右轉，右臂攻擊動作結束後迅速回收，護住頭部；同時左臂屈肘，隨身體的轉動順勢自左向右橫掃對方下巴，力達肘尖（圖 2-1-123 至圖2-1-124A）。

【技術要領】

右臂的大幅度揮舞擺動，配合右肩的聳動，可以瞬間令對方的雙手離開我的後腦，迫使其放鬆對我的纏抱。手臂的揮舞要以上體、腰髖的轉動為基礎，整體動作要協調、順暢。左右兩臂的兩次肘擊，也是藉助腰身轉動之力順勢而為。

（九）裹頸突破→衝頂膝反擊

【動作說明】

（1）格鬥雙方正面交鋒，對方率先用泰式纏抱控制住我的頭頸，搶佔優勢，並用力向下拉扯，欲破壞我身體的平衡（圖 2-1-125）。

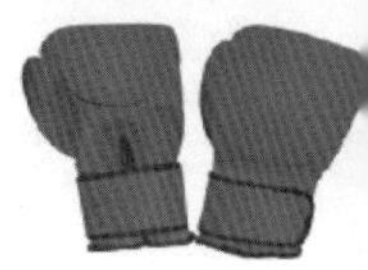

（2）我上體猛然右轉，左肩向上聳起，左臂順勢向右上方抬起（圖2-1-126）。

（3）繼而，我左臂向左伸展，置於對方頸部左側（圖2-1-127）。

（4）動作不停，我上體左轉，左臂用力向左下方裹壓對方脖頸，迫使其低頭俯身（圖2-1-128）。

（5）緊接著，我右腳向後撤退一步，同時迅速伸出右手推撐對方左側髖部，防止其下肢靠近我（圖2-1-129、圖2-1-129A）。

圖2-1-125

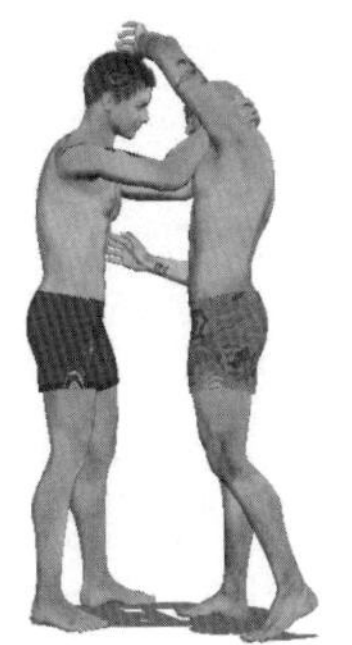

圖2-1-126

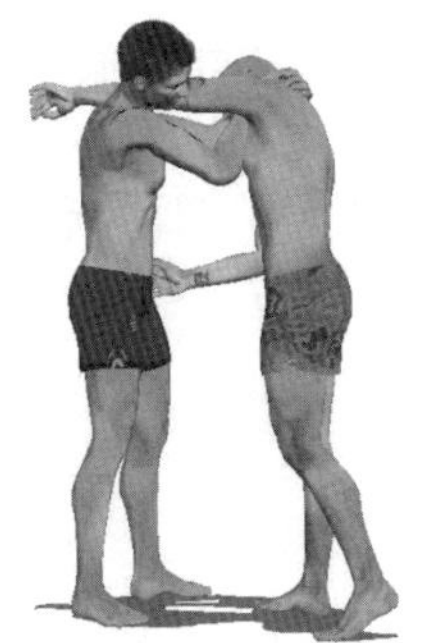

圖2-1-127

圖2-1-128

圖2-1-129

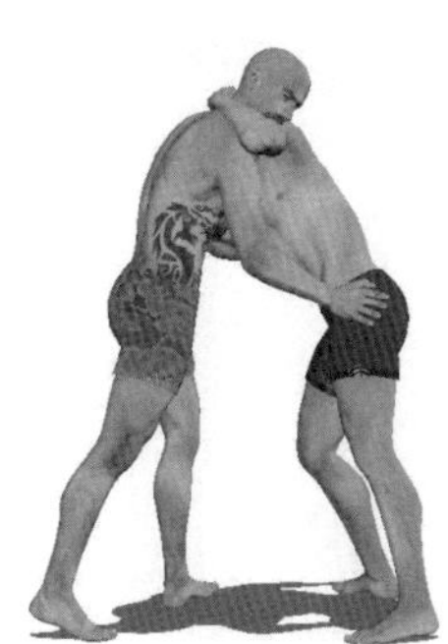

圖2-1-129A

（6）旋即，在左臂牢牢壓制住對方後脖頸的前提下，右腳蹬地提起，屈膝，以膝蓋為力點向前衝頂對方腹部，予以攻擊(圖2-1-130)。

圖2-1-130

【技術要領】

左臂向左下方裹壓對方脖頸時，上體需向前俯身擠靠，可以加大對其脖頸的壓制力度。在發動膝擊之前，右腳一定要向後撤退一步，為攻擊動作創造合適的空間。

（十）翻臂突破→橫擊肘

【動作說明】

（1）格鬥雙方正面交鋒，對方率先用泰式纏抱控制住我的頭頸，搶佔優勢（圖2-1-131）。

（2）我迅速抬起左臂，屈肘向下扣壓住對方右臂，並向右側伸展，左手由對方左臂肘下方穿過(圖2-1-132、圖2-1-133)。

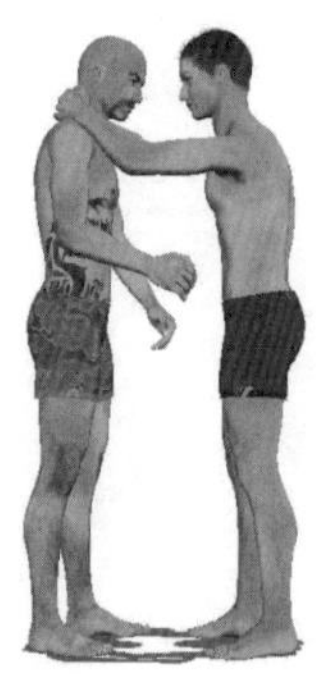

圖2-1-131

圖2-1-132

圖2-1-133

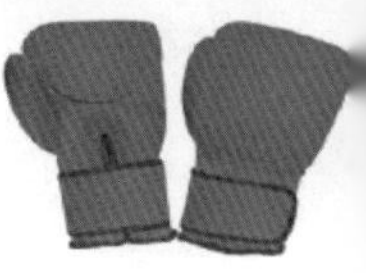

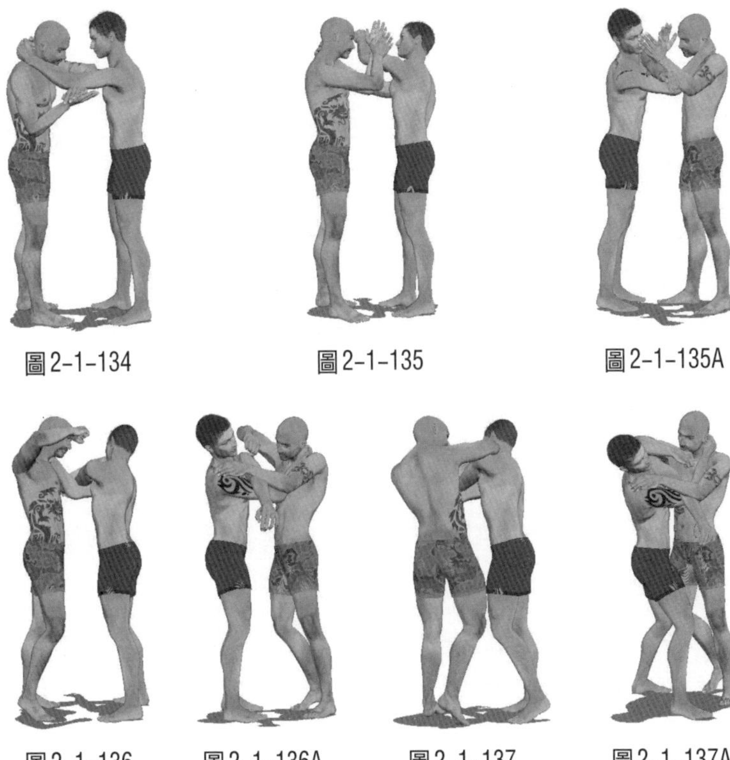

圖2-1-134　圖2-1-135　圖2-1-135A

圖2-1-136　圖2-1-136A　圖2-1-137　圖2-1-137A

（3）旋即，我右手向上抬起，與左手合併，以右手掌托住左手掌（圖 2-1-134）。

（4）動作不停，我右手用力向左上方推托左手掌，雙手協調動作，沿逆時針方向一併向上、向左翻托對方左臂，令對方左手脫離我後腦勺位置，左臂橫置於胸前，從而成功突破對方的纏抱（圖 2-1-135、圖 2-1-135A）。

（5）在對方放鬆對我纏抱的一剎那，我右臂屈肘揚起，身體猛然向左擰轉，帶動右臂以肘尖為力點自右向左橫掃對方頭頸部（圖 2-1-136 至圖 2-1-137A）。

【技術要領】

左右兩臂與雙手協同動作，同時發力，才可以順利地將對方的左臂翻轉撬開。跟進的肘擊動作要迅猛、突然，藉助身體的轉動催動臂肘發力。

右肘實施攻擊過程中，左手要牢牢抓按住對方左側肩頭，左臂壓制住其左臂，令其無法抽脫，在雙臂無法及時保護頭部的情況下，你的肘擊動作才可以肆無忌憚。

（十一）翻臂突破→磕肘攻擊

【動作說明】

（1）格鬥雙方正面交鋒，對方率先用泰式纏抱控制住我的頭頸，搶佔優勢（圖 2-1-138）。

（2）我迅速抬起左臂，屈肘向下扣壓住對方右臂，並向右側伸展，左手由對方左臂肘下方穿過（圖 2-1-139、圖 2-1-140）。

（3）繼而，我右手向上抬起，與左手合併，以右手掌托住左手掌（圖 2-1-141、圖 2-1-141A）。

圖2-1-138

圖2-1-139

圖2-1-140

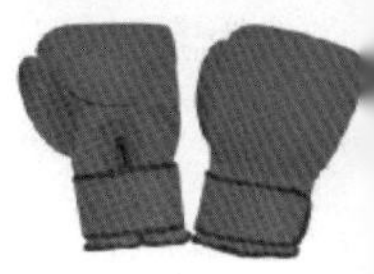

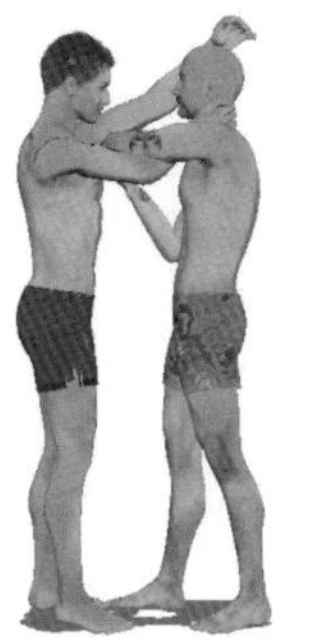

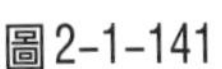

圖2-1-141　圖2-1-141A　圖2-1-142　圖2-1-142A

（4）動作不停，我右手用力向左上方推托左手掌，雙手協調動作，沿逆時針方向一併向上、向左翻托對方左臂，令對方左手脫離我後腦勺位置，左臂橫置於胸前（圖2-1-142、圖2-1-142A）。

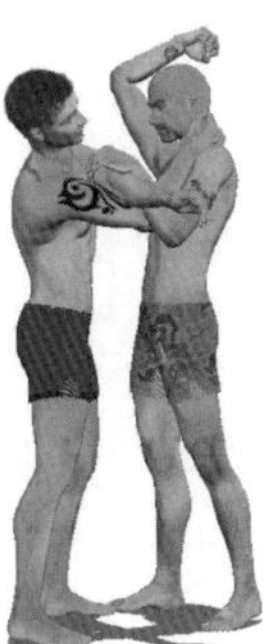

圖2-1-143

圖2-1-144

（5）在對方放鬆對我纏抱的一剎那，我左手扣按住對方右大臂，右臂順勢向右側揚起（圖2-1-143）。

（6）旋即，身體猛然向左轉動，重心前移，在左手牢牢壓制住對方左臂的前提下，右肩內扣，右臂屈肘，猝然以肘尖為力點自外向內磕擊對手頭面部（圖2-1-144）。

【技術要領】

雙手合力將對方左臂翻轉撬開後，左手要立即扣壓住對方左大臂位置，從而在逃脫纏抱的同時破壞其對上盤的防護。右臂向頭右側方揚起時，要挺胸抬頭，身體重心略上提，為進一步的砸肘奠定基礎。右肘的攻擊方向是自外向內、自右向左的橫向或斜向攻擊，而非直上直下的垂直攻擊，因為賽制規定中禁止垂直肘擊。

（十二）纏臂突破→橫擊肘

【動作說明】

（1）格鬥雙方正面交鋒，對方率先用泰式纏抱控制住我的頭頸，搶佔優勢（圖2-1-145）。

（2）我迅速抬起左臂，屈肘向下扣壓住對方右臂（圖2-1-146）。

（3）旋即，我左臂猛然伸直，揮動左掌，以掌刃為力點猛砍對方左側腋下（圖2-1-147）。

（4）動作不停，我身體猝然向右擰轉，左臂用力伸展挺直，從而針對對方右臂形成纏別之勢，巨大的壓力迫使其身體向右側傾斜，同時放鬆雙手對我的纏抱（圖2-1-148）。

（5）緊接著，我右臂迅速屈肘抬起，身體突然左

圖2-1-145

圖2-1-146

圖2-1-147

圖2-1-148

轉，以右肘肘尖為力點橫掃對方頭頸部位（圖 2-1-149、圖 2-1-150）。

【技術要領】

左臂伸展挺直時，左手要儘量向上撬起，勾住對方左臂腋窩外側，這樣不僅可以針對其右手臂實施別壓，也可以對其左肩形成壓力。肘擊動作要以腰髖轉動帶動完成，出擊迅猛，一蹴而就。

（十三）破壞平衡→衝頂膝攻擊

【動作說明】

（1）格鬥雙方正面交鋒，對方率先用泰式纏抱控制住我的頭頸，搶佔優勢。我迅速伸出左手，自對方右臂外側繞過，勾摟住其後脖頸（圖 2-1-151）。

（2）旋即，我身體左轉，左手用力向左側扳拉對方脖頸，同時右手托住其左側腋窩位置，一併發力推動，令其身體向右側傾斜（圖 2-1-152）。

（3）繼而，在成功破壞了對方身體平衡的前提下，

圖2-1-149

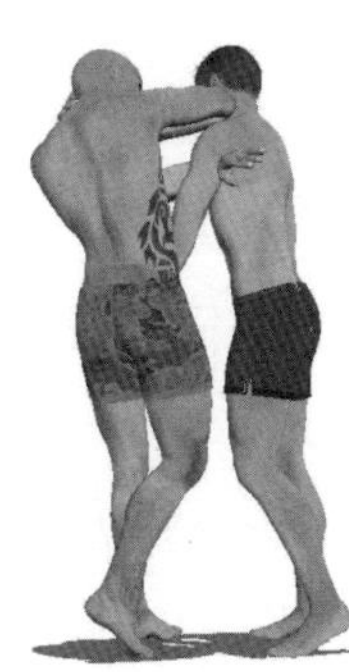

圖2-1-150

圖2-1-151

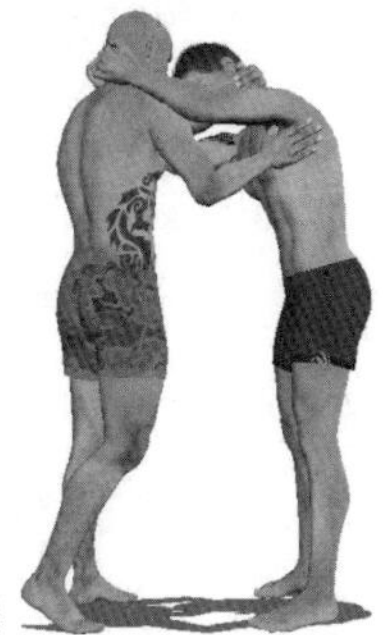

圖2-1-152

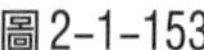

圖2-1-153　　圖2-1-154　　圖2-1-155

腰髖左轉，猝然屈膝抬起右腿，以膝蓋為力點向前衝頂對方腹部（圖2-1-153）。

【技術要領】

對方使用泰式纏抱控制我頭頸的一個主要目的就是破壞我的身體平衡，在對方雙臂尚未收緊的一剎那，我先發制人，搶先一步破壞對方的重心平衡，這點是非常必要的，隨後的反擊手段可以靈活運用。

（十四）蹬踏膝蓋→衝膝反擊

【動作說明】

（1）格鬥雙方正面交鋒，對方率先用泰式纏抱控制住我的頭頸，搶佔優勢。我迅速伸出雙手，自對方雙臂外側繞過，雙手以手扣拳方式勾摟住其後脖頸（圖2-1-154）。

（2）我雙臂用力向下扣壓，令對方頭頸儘量壓低，同時右腳向後移動一步，拉開與對方的距離（圖2-1-155）。

圖2-1-156

圖2-1-157

圖2-1-158

（3）旋即，我右腿屈膝抬起，右腳高過對方膝蓋，腳尖勾起，朝向對方左腿方向（圖2-1-156）。

（4）動作不停，右腿猛然挺膝伸直，右腳以腳底為力點向前下方狠狠蹬踏對方左腿膝蓋部位（圖2-1-157）。

圖2-1-159

（5）緊接著，右腳向後撤步，身體重心下沉，雙臂使勁向下壓制，迫使對方俯身（圖2-1-158）。

（6）在對方俯身低頭的一瞬間，右腳用力蹬地，身體猛然向前躍動，右腿順勢屈膝向前抬起，以膝蓋為力點衝頂對方面部（圖2-1-159）。

【技術要領】

在這一勢中，無論是蹬踏對方膝蓋，還是用膝蓋發動攻擊，前提都是要用雙臂牢牢控制住對方的頭頸，並儘量將其向下壓制，使其頭部低於我的頭部，這樣才能削弱對方纏抱的力度。兩次攻擊動作，大開大合，要因勢而定，順其自然。

第二節　身體鎖抱

身體鎖抱，也就是我們在街頭打鬥中常說的「熊抱」，在近身纏鬥過程中，應用的頻率也非常高。尤其是那些摔跤手出身的選手，都願意以這種手段來控制對方的身體，從而達到顛覆重心、將對手摺倒於地的目的，所以，也有人習慣稱之為摔跤式纏抱。

一、身體鎖抱的基本方法

在近身纏鬥過程中，身體鎖抱的方法很簡單，就是將雙臂由對方雙側腋下穿過，鎖抱住對方的腰身。當雙臂向上提抱，針對其肩背形成控制時，用摔跤中的術語叫作「下雙鬥（Double Under hooks）」，或者「下雙勾」。動作一旦成功，可以輕鬆地破壞對手的身體重心平衡，實施有效的投摔。

【動作說明】

（1）雙方面對面站立，正面交鋒（圖 2–2–1）。

（2）我向前移動腳步，靠近對方，同時伸出雙臂，由對手

圖2–2–1

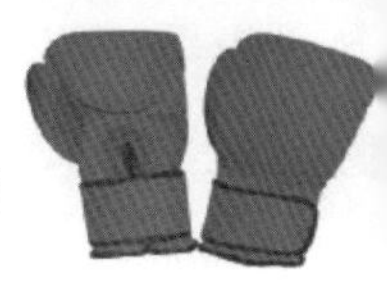

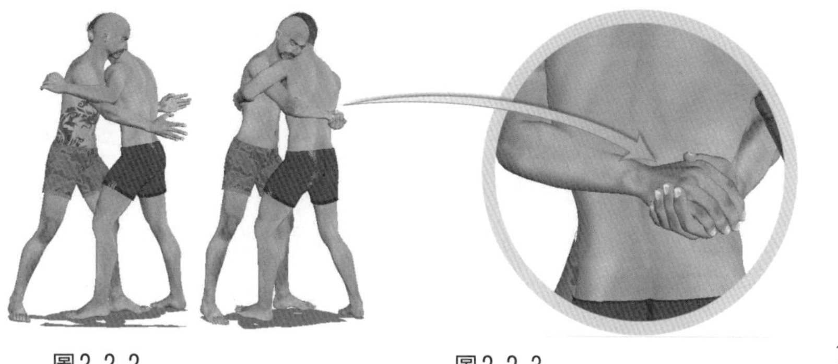

圖2-2-2　　圖2-2-3

雙側腋下穿過，雙手伸展至其背後（圖2-2-2）。

（3）旋即，雙臂屈肘收攏，雙手相互扣握在一起，針對其腰背形成鎖抱之勢（圖2-2-3）。

【技術要領】

形成鎖抱時，胸部緊貼對方胸部，頭部以側面抵靠對方頭部側面位置，雙方上盤儘量貼靠在一起。雙手扣握要牢固，雙臂要收攏夾緊。

雙手扣握的方式，因個人習慣不同會有好幾種，除了手扣手方式外，還有雙手勾扣、蝶形抓握等形式，具體做法將在本書「投摔技術」一章中著重介紹。

二、由身體鎖抱展開的投摔技術

在身體鎖抱狀態下使用拳腳發動攻擊是不明智的，因為彼此距離太近了，選手很難將擊打動作發揮出應有的威力。在這種膠著的形勢下，摔倒對方才是最佳選擇。

事實上，選手之所以要靠近對手，鎖抱其腰身，主要目的大多也是為了摔倒對方，以贏得裁判的青睞，或者是

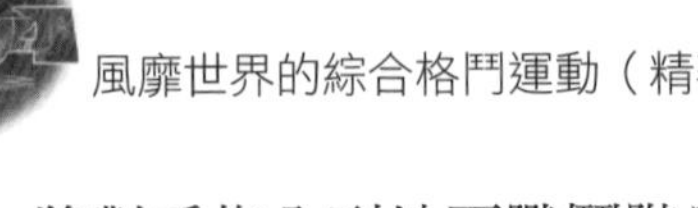

將對手拖入到地面戰鬥階段，發揮自己在這方面的優勢和長處，為最終贏取勝利另闢蹊徑。

鎖抱對手身體後展開的投摔，屬力量型的摔法，適合於身體強壯的選手運用。從技術角度來講，更簡單、更安全，不會像下潛抱摔那樣存在被對手用斷頭台、木村鎖降服的危險，更可以有效地避免遭受迎面痛擊。

（一）身體鎖抱→扭抱摔倒

【動作說明】

（1）格鬥雙方正面交鋒，我突然靠近對手，雙臂由對手雙側腋下穿過，雙手勾扣其腰背，形成鎖抱之勢（圖2-2-4）。

（2）在雙臂收攏抱緊對手腰身的前提下，左腳向左側上步，落腳於對手右腳後側，右腳隨之向右後方滑動半步，帶動身體向右轉動，儘量令雙方身體緊貼在一起（圖2-2-5、圖2-2-6）。

（3）旋即，身體重心下沉，雙腿屈膝下蹲，以左腿

圖2-2-4

圖2-2-5

圖2-2-6

圖2-2-7

大腿部位別絆住對手右腿後方，在雙臂鎖緊對手上體的前提下，上體猛然向左側翻轉，周身上下協調動作，瞬間顛覆對手重心平衡，成功將其扭翻在地（圖2–2–7、圖2–2–8）。

圖2-2-8

（4）將對手掀翻倒地的一剎那，我身體迅速於地面上沿順時針方向翻滾，搶佔優勢位置，對其實施側面控制（圖2–2–9）。

圖2-2-9

【技術要領】

注意身體轉動的次序，先是向右轉動，然後再驟然向左翻轉，動作要流暢、自然，腳步配合協調。雙腿下蹲時，姿態彷彿是坐在一把椅子上面。一定要在用左腿別住

對手右腿的基礎上，再朝左側翻轉身體，上下肢交錯發力，才可以順利地將對手掀翻。

（二）身體鎖抱→提抱摔倒

【動作說明】

（1）格鬥雙方正面交鋒，我突然靠近對手，雙臂由對手雙側腋下穿過，雙手勾扣其腰背，形成鎖抱之勢（圖2-2-10）。

（2）在雙臂收攏抱緊對手腰身的前提下，左腳向左側上步，落腳於對手右腳後側，身體隨之右轉，儘量令雙方身體緊貼在一起（圖2-2-11）。

（3）旋即，上體猛然後仰，腰髖向前、向上抵頂對方腰髖，雙臂用力向上提抱其腰身。同時右腿屈膝向上提起，自對方襠內穿過、以右大腿上方為力點向上提頂其腹股溝位置。上下肢動作配合協調，周身發力，瞬間可將對手雙腳提離地面、身體懸於空中（圖2-2-12）。

（4）將對手身體提舉到一定高度時，我左側肩頭向身

圖2-2-10

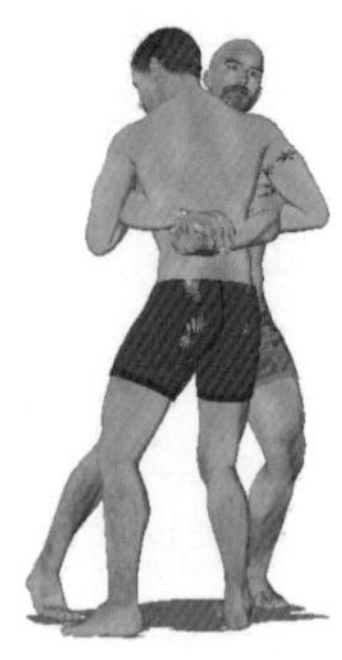

圖2-2-11

圖2-2-12

圖2-2-13

體左下方傾斜，左手放開右手、順勢向下勾摟住對手右大腿外側（圖2-2-13）。

圖2-2-14

（5）動作不停，我身體驟然向左側翻轉，左手後拉，右臂隨身體的翻轉用力向左下方勾摟對手上體，瞬間將對手掀翻，令其仰摔在地（圖2-2-14、圖2-2-15）。

【技術要領】

圖2-2-15

實施提抱動作時，一定要雙臂收緊，令雙方身體儘量貼近，彼此間不要存留空襲。在提抱對手的時候，不要單單使用雙臂的力量硬抱，而是應該在抱緊對手上體的同時，挺髖送胯，身體呈反弓形向後傾仰，利用身體動作的完整力量將其「拔」起。

右腿屈膝向上的提頂動作，可以有效地幫助抱起對手

的身體，儘量提高其距離地面的高度。對手身體距離地面的高度越高，跌落下來時撞擊地面產生的傷害就越大。

三、針對身體鎖抱的防禦與掙脫方法

針對身體鎖抱的防禦技術大致可以畫分為兩種類型，即防禦方法和掙脫方法，這是根據選手運用身體鎖抱技術的進展階段而定的。當對手剛剛萌生進攻念頭，雙臂伸展過來的一剎那，我們可以使用各種肢體攻擊動作來阻止他的攻勢；如果對手已經用雙臂鎖抱住了我方的腰身，就必須採用一些更加複雜的手段來化解危機了。

具體如何防禦和掙脫對手的身體鎖抱，我們將在以下文章中為大家詳細舉例說明。

（一）偏轉推阻→膝蓋攻擊

【動作說明】

（1）格鬥雙方正面交鋒，對手採用左前式格鬥站姿，我採用右前式格鬥站姿，嚴陣以待（圖 2-2-16）。

（2）對手突然向前移動腳步，同時降低身體重心，伸出雙臂，意欲用雙手攔腰將我鎖抱住（圖 2-2-17）。

（3）在對方雙手即將逼近我腰部時，我右腳略向後撤步，伸展右臂，以右手向右側撥擋對手右臂外側，令其雙臂撲抱的進攻方向發生偏轉（圖 2-2-18）。

（4）旋即，身體右轉，右手向外撥擋對手手臂的同時，左手扣按住對手後脖頸（圖 2-2-19）。

（5）為了防止對方繼續靠近我，我身體繼續右轉，

圖2-2-16

圖2-2-17

圖2-2-18

圖2-2-19

圖2-2-20

圖2-2-20A

右腳順勢向右後方滑動一步，同時右手一併扣按住對手後腦，並用力向下推壓（圖 2-2-20、圖 2-2-20A）。

圖2-2-21

圖2-2-22

（6）繼而，在用雙手控制住對手頭部的情況下，調整腳步，在距離恰當的情況下，突然屈膝抬起左腿，以膝蓋為力點向前上方頂撞對手面部（圖 2-2-21、圖 2-2-22）。

【技術要領】

本勢是在破壞對方「下雙勾」意圖的前提下展開的反擊技術，改變對手雙臂撲抱的運動方向是既簡單又有效的方法。隨後左膝的反擊，要在對方低頭俯身的時候才起動，而且前提必須是雙手牢牢壓制住對方的後腦，為攻擊創造恰當的空間距離。

（二）鎖控手臂→膝蓋攻擊

【動作說明】

（1）格鬥雙方正面交鋒，嚴陣以待，均以左前勢格鬥站姿應對（圖 2-2-23）。

圖2-2-23

（2）對手突然向前移動腳

步，同時降低身體重心，伸出雙臂，意欲用雙手攔腰將我鎖抱住。為了及時地遏制對手的進攻勢頭，必須有效地控制彼此間的距離。在對手撲近的一剎那，我迅速抬起左臂，屈肘以肘尖部位抵頂住對手右側肩前位置，左手扣按住其後脖頸，令其無法進一步貼近我（圖2-2-24）。

圖2-2-24

（3）旋即，左腳向後撤退一步，同時右臂屈肘，右手順勢扣按住自己左手手背，雙臂夾緊，針對其脖頸形成夾持控制（圖2-2-25）。

圖2-2-25

（4）繼而，在用左手牢牢控制住對手脖頸、並用力向下壓制的前提下，右臂自內向外、向上撩撥對手左臂，將其左臂撩至我右肩上方，以右肩扛住對手左小臂位置。右臂隨即屈肘，右手扣抓住自己左手腕部，針對對手右臂形成鎖控之勢（圖2-2-26至圖2-2-28）。

圖2-2-26

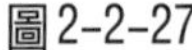

圖2-2-28

（5）接著，左腳向前移動一步，拉近與對手間的距離。進一步，可以提起右腿，以膝蓋為力點攻擊對手頭部（圖2-2-29、圖2-2-30）。

圖2-2-29

【技術要領】

左手扣按對手後脖頸時，要注意用左肘抵住對手的右肩位置，小臂緊貼其脖頸。隨後右臂也要同樣用肘部抵住對方的左肩位置，這樣不僅可以有效地控

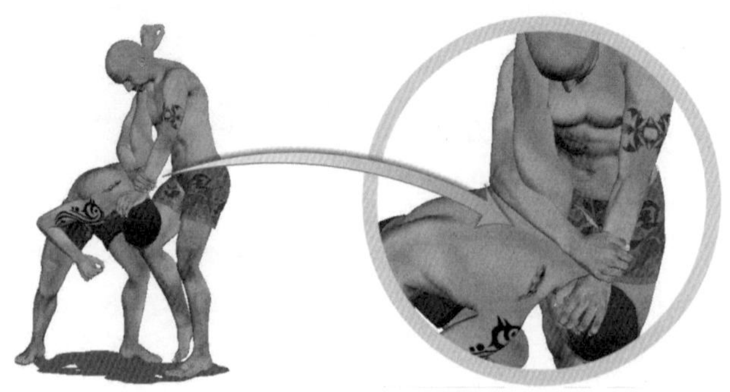
圖2-2-30

制住對手的頭頸，同時也可以保持與對手之間的距離，將主動權掌握在自己手中。右臂圈鎖住對手左臂，實施「4」字形手臂降服，可以予以其肘關節形成壓迫，產生疼痛，從而迫使其進一步俯身低頭，為發動膝蓋攻擊奠定基礎。

（三）控制手臂→勾拳→肘擊

【動作說明】

（1）格鬥雙方正面交鋒，對手持左前勢格鬥站姿，我以右前勢格鬥站姿應對，嚴陣以待（圖2-2-31）。

（2）對手率先向前移動腳步，伸出雙臂，意欲用雙手鎖抱我的身軀。我由對手雙臂內側向前伸展雙臂，阻遏其進攻勢頭。然後，身體略右轉，右臂推阻對手左臂的同時，左臂自其右側腋下穿過，以「單下勾」勾摟住對手後背（圖2-2-32、圖2-2-33）。

圖2-2-31

圖2-2-32

圖2-2-33

（3）繼而，右手抓住對手左臂腕部，用力朝其身體左後方推送（圖 2-2-34）。

（4）動作不停，左腳上步，身體右轉，左臂勾摟控制住對手腰背（圖 2-2-35）。

（5）身體繼續右轉，將身體移至對手右側，左手由對手背後向前伸展、扣抓住對手左小臂，與右手一併牢牢地控制住其左臂（圖 2-2-36）。

（6）隨即，在左手控制住對手左臂的前提下，右手鬆開其腕部，以上勾拳襲擊其頭部（圖 2-2-37、圖 2-2-38）。

圖 2-2-34

圖 2-2-35

圖 2-2-36

圖2-2-37

圖2-2-38

圖2-2-39

圖2-2-40

（7）也可以右臂屈肘，以肘尖為力點攻擊對手頭部（圖2-2-39、圖2-2-40）。

【技術要領】

左手由對手右側腋下穿插、勾摟後背，然後抓握其左小臂，可以有效地控制住對手上體與上肢，這一系列動作要靈活順暢地完成。一定要在左手抓住對手左臂之後，右手才可以放鬆對其左腕的控制。在對手上體和上肢受到束縛的情況下，展開的打擊可以根據個人喜好隨意發揮，只要不錯過進攻時機就行。

（四）纏頸推胯→衝膝反擊

圖2-2-41

【動作說明】

（1）實戰中，對手突然向前逼近，並伸出雙臂，用雙手攔腰將我鎖抱住（圖2-2-41）。

（2）此刻，為了防止被對方摔倒，我需迅速做出反應，左腳向後撤退半步，身體左轉，帶動右臂抬起，自外向內、自右向左揮舞手臂，以右大臂肱二頭肌為力點猛烈撞擊對手面部、鼻子（圖2-2-42、圖2-2-43）。

圖2-2-42

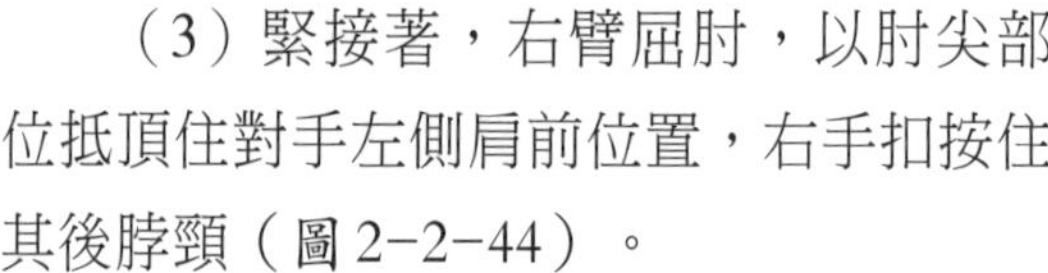

（3）緊接著，右臂屈肘，以肘尖部位抵頂住對手左側肩前位置，右手扣按住其後脖頸（圖2-2-44）。

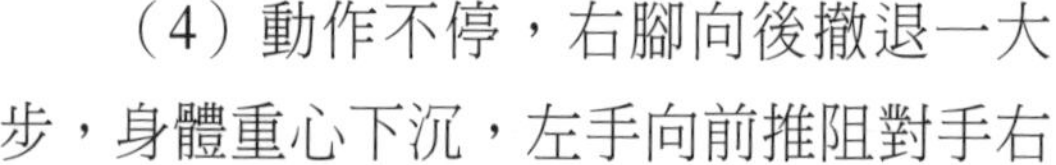

（4）動作不停，右腳向後撤退一大步，身體重心下沉，左手向前推阻對手右

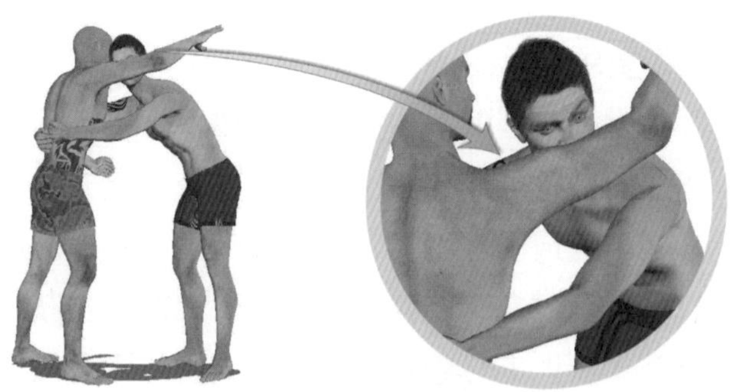

圖2-2-43

圖2-2-44

圖2-2-45

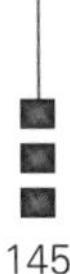

圖2-2-45A

圖2-2-46

側胯部（圖2-2-45、圖2-2-45A）。

（5）旋即，在與對方拉開距離後，突然右腿屈膝提起，以膝蓋為力點向前上方衝頂，攻擊對手胸部或者腹部神經叢（圖2-2-46）。

【技術要領】

實戰中，一旦不慎被對手鎖抱住了腰身，要立即尋找突破口，運用恰當的手段與對手拉開距離，若動作遲緩，就會被對手摔倒，使自己處於被動局面。

右臂針對對手面部的撞擊、屈肘勾摟脖頸、左手推胯，這一系列動作的目的，都是迫使對手遠離自己，使彼此間產生距離。只有相互間創造出恰當的空間來，才可能成功地擺脫對手的纏抱，並實施反擊。

（五）撬別手臂→拳肘攻擊

【動作說明】

（1）實戰中，對手突然向前逼近，並伸出雙臂，用雙手攔腰將我鎖抱住，令我處於相對被動的局面（圖2-2-47）。

（2）我迅速抬起左臂，屈肘由對手右臂下方穿過，朝右側伸展，並用左手扣抓住對手左臂肱二頭肌位置（圖2-2-48）。

（3）緊接著，我左側大臂與肘部用力向上提拉，左手向下扣壓，利用槓桿原理撬動對手雙臂，迫使其放鬆對我腰身的鎖抱，並使彼此之間產生一定的距離（圖2-2-49）。

（4）旋即，揮舞右臂，以右手上勾拳或者上擊肘連續攻擊對手頭面部，予以重創，從而掙脫對手的束縛（圖

圖2-2-47

圖2-2-48

圖2-2-49

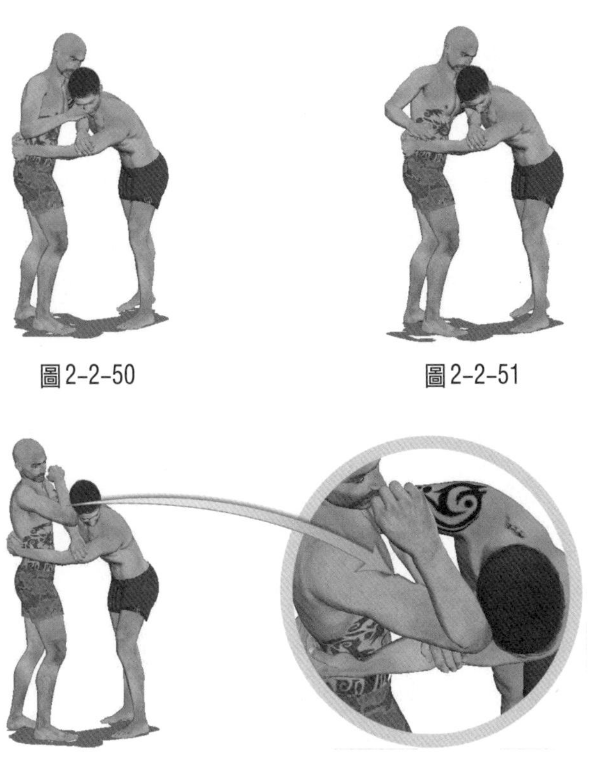

圖2-2-50

圖2-2-51

圖2-2-52

2-2-50至圖2-2-52）。

【技術要領】

與上一勢中介紹的原理相同，要想成功地逃脫對手的身體鎖抱，首先要拉開彼此間的距離，尤其是上體間的距離。要在上體之間創造出空間來，才能夠避免被對手摺倒，也才有可能在被動的局面下展開反擊。

在近距離的纏抱過程中，使用上勾拳和上擊肘攻擊對手是非常有效的打擊手段，在攻擊距離恰當的前提下，儘量連續出擊，讓對手疲於招架，自然會放鬆對你的糾纏。

（六）撩撥手臂→挑肘攻擊

【動作說明】

（1）實戰中，對手突然向前逼近，並伸出雙臂，用雙手攔腰將我鎖抱住（圖2-2-53）。

（2）在對手上體即將貼近我上體之前，我迅速將右臂自對手左臂內側插入，並由其左側腋下朝他後背伸展，同時左手扣攬住對手右大臂外側（圖2-2-54、圖2-2-54A）。

（3）動作不停，我身體猛然向左擰轉，右臂向上抬起，隨身體的轉動沿逆時針方向朝左上方揮舞撩動，迫使對手左臂隨之抬起，同時左手用力向下扳拉其右臂，致使其上體不由自主地向右側傾斜（圖2-2-55）。

（4）旋即，上體驟然向左轉動，帶動左臂屈肘快速揚起，以肘尖為力點，自下而上挑擊對手下頜，予以重創（圖2-2-56、圖2-2-56A）。

【技術要領】

右臂向左上方揮動時，要以右大臂外側肌肉為力點撩

圖2-2-53

圖2-2-54

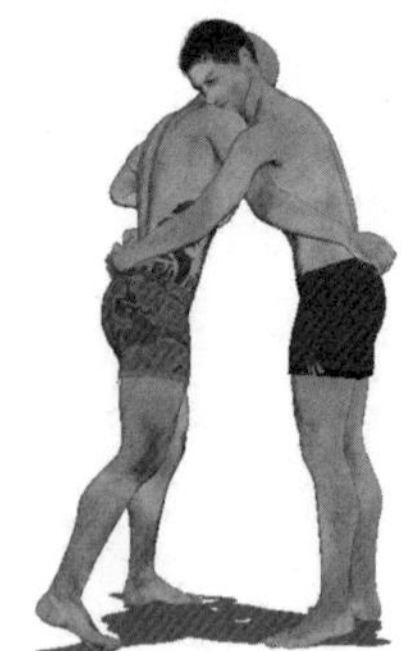

圖2-2-54A

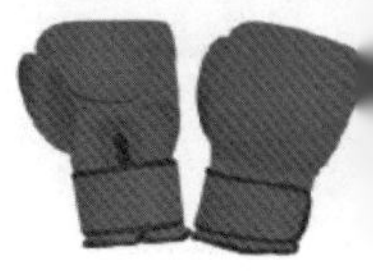

圖2-2-55

圖2-2-56

圖2-2-56A

撥對手左大臂內側位置，左手同時配合右臂的動作。在對手身體傾斜的一剎那，迅疾出肘，打對手個措手不及。左肘出擊的同時，右臂要勾摟住對手左側肩臂，防止其向後逃脫躲避。

第三節　消極纏抱

「消極纏抱」這個概念的提出，源自傳統的西方拳擊運動。在拳擊比賽過程中，選手由於身體疲勞或者為了避免遭受打擊而一味地與對手纏抱在一起的行為，被稱作「消極纏抱」。

一旦出現這種局面，裁判會果斷責令雙方分開，重新開打。如果選手屢屢纏抱對手，會使比賽的流暢度和觀賞性大打折扣，往往會招致觀眾們的噓聲一片，大家會認為在拳擊擂台上的這種行為是令人不齒的耍賴行徑。

然而，在全方位技術運用的MMA比賽中，一手控制頭頸、一手拉扯肘臂的「消極纏抱」卻是近身格鬥中順理成章的行為，並且逐漸形成了一種合理的內圍纏鬥戰術。選手採用「消極纏抱」技術來對付對手的目的，也大都是積極的，或是為了控制比賽節奏、緩解體力消耗，或是為了破壞對方的身體平衡，或是尋機針對對手頭部和身體發動有效的打擊。

這一節內容裏，我們針對「消極纏抱」的攻防運用進行一些介紹。

一、基本方法

「消極纏抱」的動作是比較簡單的，與前文介紹的兩種纏抱方式不同之處在於，「箍頸」與「熊抱」是一方針對另一方實施的控制手段，有主動與被動的區別，而「消極纏抱」則是格鬥雙方相互實施的，你纏抱我的同時，我也對你形成相應的纏抱，雙方勢均力敵。

【動作說明】

（1）格鬥雙方正面交鋒，近距離展開纏抱。我左腳

圖2-3-1

圖2-3-2

在前，右腳在後，左臂伸向對方頭頸右外側，用左手勾摟住對方脖頸後方；同時，對方也是左腳在前，右腳在後，左臂伸向我頭頸右外側，用左手勾摟住我脖頸後方（圖2-3-1）。

（2）幾乎同時，我右臂屈肘抬起，用右手向下扣按住對方左臂肘窩位置；對方同樣用右手扣按住我左臂肘窩位置。此時，雙方即彼此形成了一種纏抱狀態（圖2-3-2）。

【技術要領】

形成纏抱狀態時，雙手勾纏對手後頸與手臂的力量要均勻、牢固，盡量將主動權掌握在自己一方；同時要注意身體重心一定要保持穩定、紮實，重心平均分配於兩腿之間；而且要注意與對手的距離要恰當，要有防範對方下肢攻擊的意識。

二、消極纏抱下展開的攻擊

在「消極纏抱」狀態下施展的打擊動作，一般要求短促、連續、準確，出擊時儘量不要向後仰身，手臂揮舞的幅度也不要過大，要在保持自己身體重心平穩的前提下實施打擊。一般常見的打擊方式是拳擊、肘擊、踩踏，也可以用膝蓋攻擊。

（一）消極纏抱→拳擊

【動作說明】

（1）雙方近身格鬥中形成了「消極纏抱」，相互牽制，勢均力敵（圖2-3-3）。

（2）在時機成熟的情況下，我右手放鬆對其左臂的控制，迅速攥緊拳頭（圖2-3-4）。

（3）發動攻擊時，揮舞右臂，由對方左臂上方經過，以拳峰為力點，自外向內擊打對手左側臉頰（圖2-3-5）。

圖2-3-3

圖2-3-4

圖2-3-5

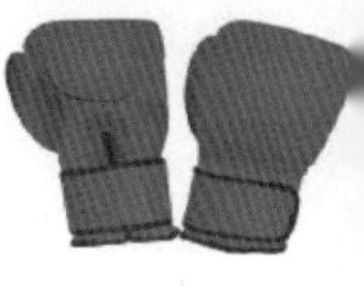

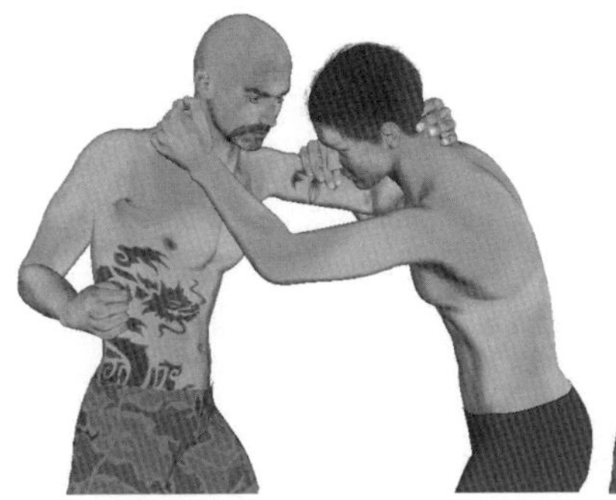

圖2-3-6

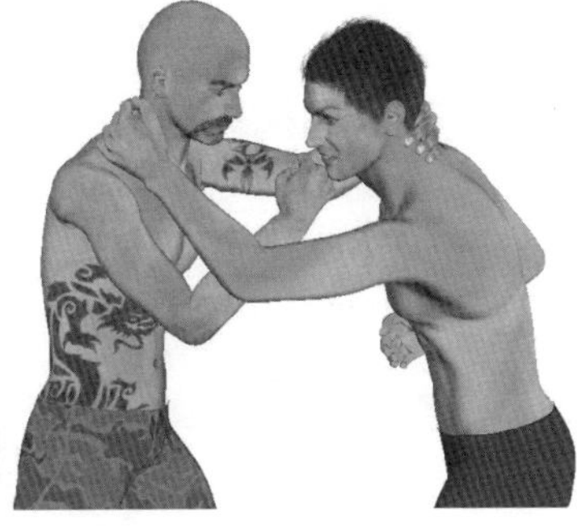

圖2-3-7

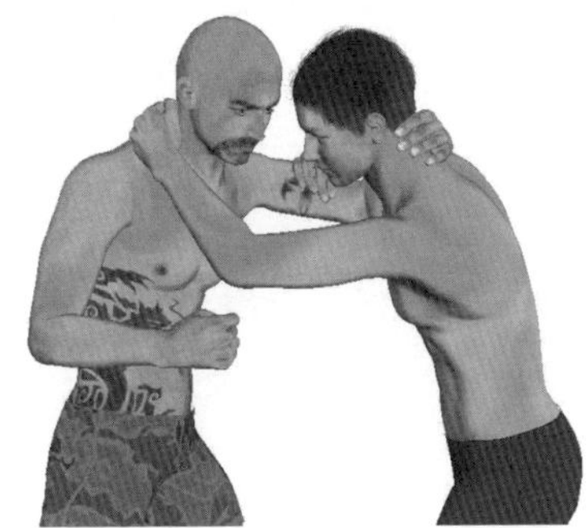

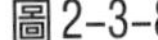

圖2-3-8

圖2-3-9

（4）也可以用右手拳頭由對方左臂下方穿過，以拳峰為力點，自下而上勾擊對手下頜（圖2-3-6、圖2-3-7）。

（5）或者用右手勾拳擊打對手的軀體（圖2-3-8、圖2-3-9）。

【技術要領】

無論你是用直拳還是勾拳發動攻擊，在右手發動攻擊時，左手針對對手脖頸的控制都不能鬆懈，這樣才能保證打擊有力、準確。在揮舞手臂時，身體可以配合轉腰擰胯動作，但幅度不要過大，重要的是保持身體的平衡。

（二）消極纏抱→肘擊

【動作說明】

（1）雙方在近身格鬥中形成了「消極纏抱」，相互牽制，勢均力敵（圖2-3-10）。

（2）在時機成熟的情況下，我右手放鬆對其左臂的控制，旋即，肩髖向左擰轉，右臂屈肘、夾緊，由對方左臂下方穿過，以肘尖為力點，自下而上挑擊對手下頜（圖2-3-11）。

（3）或者擰轉上體，揮舞右臂，由對方左臂上方經過，以肘尖為力點，自外向內橫擊對手左側臉頰（圖2-3-12）。

【技術要領】

實施上擊肘時，手臂要快速畫弧上揚，突襲目標，

圖2-3-10

圖2-3-11

圖2-3-12

令對方猝不及防；橫肘出擊時，身體要配合向左擰轉，藉助肩、腰回轉之合力攻擊目標。

無論哪種肘擊方式，在臂肘擊中目標之前，肩部與臂部都要自然放鬆，切勿過於僵硬、呆滯。這樣才能保證驚人的快速度的發揮，否則很難充分發揮瞬間爆發的威力，勢必影響打擊效果。

（三）消極纏抱→短膝攻擊

【動作說明】

（1）在雙方形成「消極纏抱」的情況下，可以在條件成熟時腰髖略向右擰轉，同時屈膝提起左腿，以膝蓋為力點向右前方衝撞對方左大腿內側，迫使其左腿向外翻展（圖 2-3-13）。

（2）也可以身體重心先向前過渡至左腿，腰髖沿逆時針方向朝左擰轉，帶動右腿順勢向前屈膝提起，以膝蓋為力點狠狠磕撞對方左大腿前方，以破壞其根基的穩定（圖 2-3-14）。

圖2-3-13

圖2-3-14

【技術要領】

用膝蓋短促衝撞對手前腿的目的，是破壞其身體重心的平衡，令其因下盤不穩而被迫向前傾斜上體，為進一步實施攻擊其上盤奠定基礎。

起腿用膝蓋衝擊的過程中，雙手要始終牢牢纏抱住對方的上盤，要做到上下肢協調動作。同時，支撐腳要穩固，膝關節略微彎曲，以保持自身的重心穩定。

（四）消極纏抱→踩踏

【動作說明】

（1）在雙方形成「消極纏抱」的情況下，可以將身體重心向前過渡，並抬起右腿，然後右腳猛然由外向內、自上而下使勁踩踏對方左腿膝關節外側位置，迫使其身體重心不穩，上體前傾(圖 2-3-15)。

（2）也可以在適當的時候，用腳自上而下狠狠踩踏對手的腳背（圖 2-3-16）。

圖2-3-15

圖2-3-16

【技術要領】

用腳踩踏對方前腿膝關節外側，可以有效地破壞對方身體的平衡性，尤其是在近距離的格鬥中，動作完成起來也比較容易。向下的踩踏，可以給對手的腳背造成創傷，雖然不是致命的攻擊，但一旦攻擊成功，會導致對手行動不便，為自己帶來更多取勝的機會。

三、掙脫消極纏抱

由於「消極纏抱」狀態是格鬥雙方幾乎同時取得的姿勢，彼此用一條手臂勾住對方的脖頸，彼此的另一條手臂都處於自由的、一觸即發的狀態，敵我雙方都可以在發現對手弱點和空檔的一刻果斷出擊，給予對方重創。因此，在這種相對平等的局面下，誰更善於近身纏鬥、貼身肉搏，誰更善於控制平衡、擊打到位，誰就會勝出一籌。

但是，如果你纏抱狀態下的格鬥技術明顯欠缺，並不願意停留在這種總是處於被動挨打的局面下，那就要迅速擺脫這種尷尬處境，回到你喜歡的中遠距離打鬥或者地面打鬥階段。

（一）聳肩別肘

【動作說明】

（1）雙方近身格鬥中形成了「消極纏抱」，相互牽制，勢均力敵（圖 2-3-17）。

圖2-3-17

（2）如果我打算擺脫這種局面，可以將右側肩膀向上聳起，同時頭部向右側歪，以肩頭和右側臉頰、下頜夾住對方左手腕部（圖2-3-18）。

（3）旋即，身體猛然向左轉動，右手用力扣壓對方左臂肘，令其手臂遭受別折，從而放鬆對我的控制與糾纏（圖2-3-19、圖2-3-19A）。

（4）進一步，可以在擺脫對手糾纏的瞬間，再突然向右擰轉身軀，掄動左拳攻擊對手頭部，展開有效打擊（圖2-3-20）。

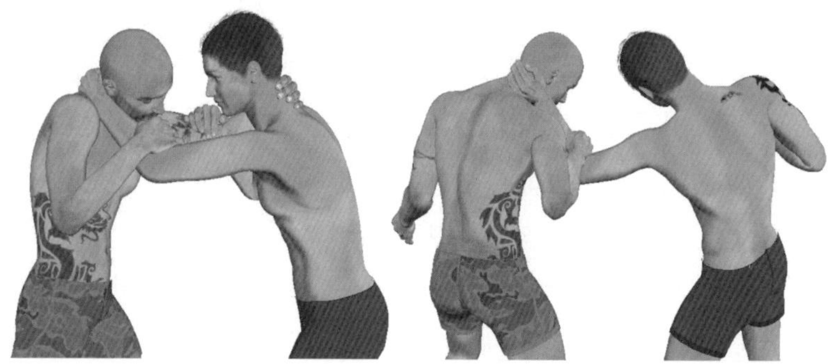

圖2-3-18　圖2-3-19

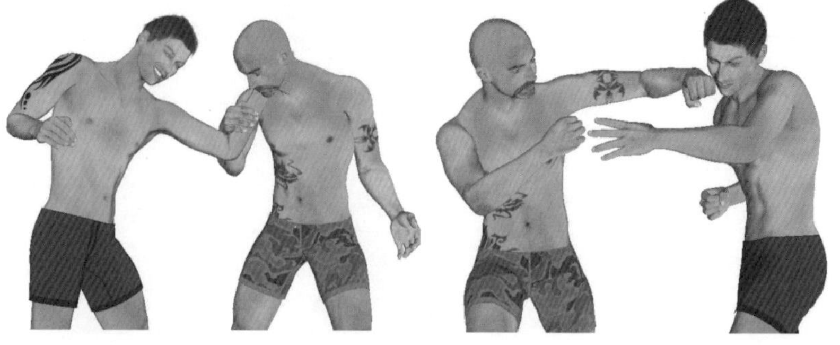

圖2-3-19A　圖2-3-20

【技術要領】

肩膀和頭部夾持對手左側手臂的時候，右手要牢牢地扣按住對方的左臂肘；轉身的動作要突然、迅速，身體的轉動與右手的扣壓動作要配合協調，同步進行。

（二）托臂抱腰

【動作說明】

（1）雙方在近身格鬥中形成了「消極纏抱」，相互牽制，勢均力敵（圖2-3-21）。

（2）如果我打算擺脫這種局面，可以用右手手掌自下而上托住對手左臂肘關節下方(圖2-3-22)。

（3）然後，雙腿屈膝下蹲，身體重心突然下沉，同時右手托住對方左臂向上托起。使頭頸順利脫離對方左手的控制，移動至對方左側腋下。身體重心下沉的瞬間，左手由對方脖頸部位移開，向下移至對方腰部，屈肘勾摟住其左側腰背位置（圖2-3-23）。

（4）動作不停，身體重心上提，右臂環抱住對方右

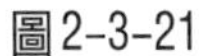

圖2-3-21

圖2-3-22

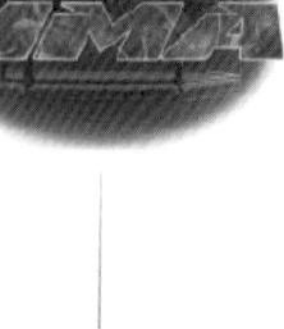

圖2-3-23

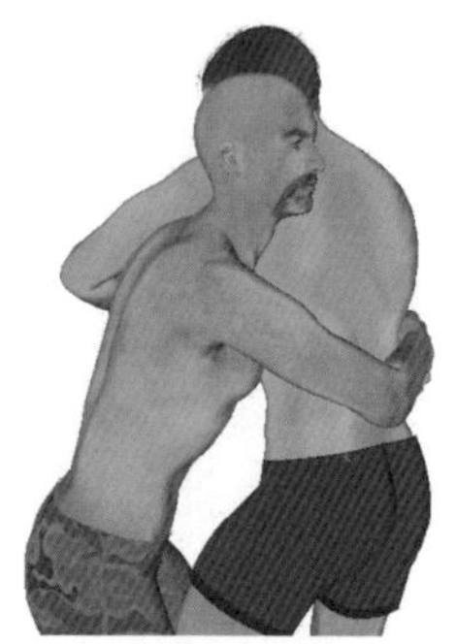

圖2-3-24

側腰背位置，與左臂一併摟抱住對方的腰身。成功擺脫「消極纏抱」局面後，進入對自己相對有利的身體鎖抱狀態（圖 2-3-24）。

【技術要領】

右手向上推托與身體重心下沉動作要同步進行，更重要的是，在完成這些動作的同時頭部一定要及時移動到對方的左側腋下。身體重心再次向上提起時，頭部要迅速移動到對方左側肩背後方，並以左側肩頭扛住對方左側腋窩位置。整體動作一定要流暢、靈活，避免被對方用左臂圈鎖脖頸，陷入「斷頭台」。

（三）托臂逃脫→下潛抱摔

【動作說明】

（1）雙方在近身格鬥中形成了「消極纏抱」，相互牽制，勢均力敵（圖 2-3-25）。

（2）如果我打算擺脫這種局面，可以用右手手掌自下而上托住對手左臂肘關節下方（圖 2-3-26）。

圖2-3-25

圖2-3-26

圖2-3-27

圖2-3-28

（3）然後，雙腿屈膝下蹲，身體重心突然下沉，同時右手托住對方左臂向上托起，使頭頸順利脫離對方左手的控制，移動至對方左側腋下（圖2-3-27）。

（4）動作不停，我左腳突然向對方身前邁進半步，落步於對手兩腳之間，同時身體重心繼續下沉，以左側肩頭抵頂對方腹部，頭頸左側貼靠其身軀左側腰胯位置，雙臂順勢向前伸展，雙手順勢摟抱住對方的雙腿（圖2-3-28）。

圖2-3-29

圖2-3-30

（5）繼而，右腳蹬地，雙手攬緊對方雙腿後側大腿接近膝窩部位，用力向後上方提拉，左肩配合手臂動作，一併向前使勁推頂對方腹部及左側腰胯，周身協調動作，瞬間將對手摺倒在地（圖2-3-29、圖2-3-30）。

【技術要領】

擺脫纏抱後身體自然下沉，果斷出擊，上步、下潛的動作必須要快速、突然，若出擊速度遲緩，便容易被對方察覺到你的攻擊意圖。抱摔時一定要用頭頸和肩膀抵緊對方腰胯，這個位置較低，對方難以用手臂實施降服。

第三章　MMA 摔跤技術

在MMA比賽中，如果你始終保持站立姿態進行打鬥，並不一定保證能夠贏得一場戰鬥。很多時候，你必須在地面纏鬥中終結戰鬥，尤其是你如果出身於柔術選手，你勢必想儘快將對手拖入到地面戰中，那樣才能充分發揮你的優勢與強項。

但是，你的對手可能是一名站立系選手，他的強項恰恰是站姿狀態下的拳打腳踢，他並不願意輕易進入地面打鬥階段。這個時候，你就應該考慮利用什麼手段才能將他拖入地面戰。唯一的答案就是，摔倒他。

並且，按照MMA的比賽規則，摔倒對手的本身，就是贏得分數。如果你能在一節比賽當中，屢屢成功摔倒對手，裁判就會對你另眼相看的。

在MMA比賽的評分規則裏，摔法佔據了很高的評分比例，幾乎能與用拳腳擊倒對手的評分相當。正是由於摔跤技術對於MMA比賽節奏的主導作用，越來越多的選手傾向於採用摔跤戰術，這樣能避免正面拳腿強攻的風險，用投摔和抱摔來掌控局勢可以獲得分數上的優勢。同時，摔倒對方還可以有效地消耗他的體力。

MMA發展的初級階段，擅長柔道或柔術等技術的纏鬥型選手在比賽中佔了很大的優勢，其中以格雷西家族為代表的巴西系選手出盡了風頭。後來，隨著一大批強力自由式摔跤選手的加入，這一趨勢便逐漸轉變到血雨腥風的GNP（強力捶擊）時代。

自由式摔跤手藉助他們強壯的體魄和簡單有效的下潛抱摔將他們的對手壓在身下，然後在取得騎乘位置後肆無

忌憚地實施地面捶擊（Groun dand Pound，簡稱 GNP），MMA的戰場自此被自由跤手們統治了，他們將MMA運動推向了更加血腥、更加刺激荷爾蒙的時代。

在MMA歷史上，有許多摔跤手出身的著名選手。比如UFC重量級冠軍凱恩・維拉斯奎斯(Cain Velasquez)曾經是全美專科大學摔跤冠軍；布洛克・萊斯納爾(Brock Lesnar)曾經兩次獲得NCAA全美重量級摔跤冠軍，轉戰MMA後，僅用四場比賽就拿到了UFC重量級冠軍桂冠；擁有三次UFC重量級冠軍、兩次輕量級冠軍頭銜的蘭迪・寇楚（Randy Couture）曾入選美國古典式摔跤隊；丹・亨德森（Dan Henderson）曾經代表美國隊參加過巴塞隆納和亞特蘭大兩屆奧運會的古典式摔跤比賽，在MMA領域，他是歷史上唯一一名同時囊括UFC、Pride和Strike Force三家賽事組織比賽冠軍腰帶的選手；麥特・休斯（Matt Hughes）曾兩次入選全美大學生摔跤最佳陣容，進入UFC後，曾七次衛冕次中量級冠軍，以其驕人戰績入駐「UFC名人堂」；就連「大嘴巴」切爾・松恩（Chael Sonnen）也曾經入選過全美大學生摔跤最佳陣容，並且是2001年世界摔跤錦標賽的銀牌獲得者。

這些曾經笑傲跤壇的鬥士，如今改旗易幟，叱咤鐵籠，自成一派，被格鬥愛好者們稱作「摔跤系」，與拳擊、泰拳手出身的「打擊系」和以巴西柔術為代表的「纏鬥系」並稱MMA三大格鬥派系。

本章內容中，將著重為大家介紹MMA比賽中常見的一些摔跤方法，以及針對摔技的防禦手段。

第一節　MMA常用摔法

摔跤技術是MMA比賽中的重頭戲，它是由站立階段進入地面階段的關鍵銜接。在MMA選手中，特別是美國選手，大多從小學起就開始練習摔跤，經過初中、高中各個階段的比賽洗禮，到大學時期許多人都已經成為職業摔跤手了，進入MMA鐵籠後，扭倒抱摔幾乎成了他們條件反射般的本能。

MMA比賽中，可以見到的摔跤方式是比較繁雜的，除了大家熟知的扭倒抱摔技術以外，還有許多形式的摔法，比如後翻投、強力摔等，這些摔技由於技術難度相對較高，大家雖然不多見，但往往因其具有強悍的破壞力和視覺震撼力，而備受觀眾的喜愛。

很多選手酷愛這類怪異摔法，並且將其當作看家絕技，在自己的MMA生涯中頻頻上演。例如前UFC重量級冠軍喬許·巴內特（Josh Barnett）就常常利用後翻投技術，在重創對手的同時引得觀眾無數掌聲、尖叫聲，使MMA的舞台愈發異彩紛呈。

MMA比賽中允許你使用各種類型的摔跤技術，並不限制流派，自由式、古典式皆可，只要你能將對手放倒，就算你狠，有點「黑貓白貓，逮住耗子就是好貓」的意思。但事實上，有些摔跤技法在MMA比賽中並不實用，像蒙古摔跤、桑搏、柔道中的許多跤技，儘管華麗、優美，卻

很難在八角籠裏派上用場。原因在於，這些搏擊門類在比賽時都要求選手穿著寬大的跤服或者道袍，以利於彼此抓把。故而，它們的投摔技術大都是利用抓握衣領或袖口來引導、完成動作的，這就是侷限性所在。

在MMA比賽中，選手幾乎赤膊上陣，渾身上下只有一塊遮羞布，且在雙手佩戴拳套的情況下，是很難完成那些利用道袍才能實現的細膩動作的。

這也就是為什麼我們在MMA比賽中看到的摔跤技法，大多是抱摔、絆摔的原因所在，因為它們更具有實用性，確切地講是更適合赤膊格鬥。

一、抱雙腿摔

抱雙腿摔，確切的叫法應該是下潛抱雙腿扭摔，在柔道中稱之為「雙手刈」，是在MMA比賽中運用頻率最高的一種摔法。與柔道和柔術中那些四兩撥千斤的摔技不同，下潛抱雙腿摔是速度和力量的完美結合，一般是在雙方採用相同方向站姿的情況下實施。

攻擊者率先降低身體重心前衝，用肩膀衝撞對手的腹部，然後用雙手抄抱其雙腿，顛覆重心，再將其重重摔倒在地。這一系列攻擊動作，不僅可以給對手的肉體造成沉重的打擊，同時也可以瞬間摧毀對手的信心，而且還會給裁判留下極佳的印象。

MMA偶像級選手、UFC中量級冠軍、擁有空手道和巴西柔術兩條黑帶的喬治・聖皮埃爾，就曾以其精湛優美的扭倒抱摔技術贏得了千萬MMA粉絲的擁捧。

（一）抱雙腿摔的基本應用

【動作說明】

（1）格鬥雙方交手，均以左前式格鬥站姿應對（圖3-1-1）。

（2）我在發動攻擊時，先將身體重心下沉，雙腿屈膝由擊打站架轉換為摔跤站架（圖3-1-2）。

（3）看準時機，我左腳突然向對方身前邁進半步，落步於對手兩腳之間，同時以左側肩頭衝頂對方腹部，頭頸左側抵頂其身軀左側腰胯位置，雙臂順勢向前伸展，雙手撲抱對方雙腿（圖3-1-3、圖3-1-3A）。

（4）動作不停，右腳蹬地，雙手攬緊對方雙腿後側大腿接近膝窩部位，用力向後上方提拉，左肩配合手臂動作，一併向前使勁抵頂對方腹部及左側腰胯，周身協調動作，瞬間將對手摺倒在地（圖3-1-4、圖3-1-5）。

【技術要領】

抱雙腿摔這種摔技，在出擊時間和動作要領準確的情

圖3-1-1

圖3-1-2

圖3-1-3

圖3-1-3A

圖3-1-4

圖3-1-5

況下，是非常實用和有效的。但是，這種技術也存在一定危險。如果你沒有掌握正確的出擊時間，技術動作不準確、不規範，頭頸極易被對方手臂鎖住，事實上也的確有許多人在使用此技時被對手以「斷頭台」技術降服。

為了能夠成功地摔倒對手，而不被其反制，前提是你必須在戰機出現時，果斷出擊，動作必須要快。你的上體接觸對方身軀時，一定要用頭頸和肩膀抵緊對方腰胯，這個位置較低，對方難以用手臂實施降服。特別需要強調的是，抱腿摔其實不是低頭彎腰去抱的，是屈腿降低重心去

抱的，而上半身則要保持正常姿勢，儘量昂頭直背。

（二）抱雙腿摔的變通應用

【動作說明】

（1）格鬥雙方交手，均以右前式格鬥站姿應對（圖3-1-6）。

（2）我在發動攻擊時，先將身體重心下沉，雙腿屈膝由擊打站架轉換為摔跤站架（圖3-1-7）。

（3）趁對手不備，我右腳突然向對方身前邁進半步，落步於對手兩腳之間，同時以右側肩頭衝頂對方腹部，頭頸右側抵頂其身軀右側腰胯位置，雙臂順勢向前伸展，雙手攬緊對方雙腿後側大腿接近膝窩部位(圖3-1-8)。

圖3-1-6

（4）動作不停，雙臂一併發力，雙手用力將對方雙腿向上提離地面，令其上體趴伏於我右肩之上

圖3-1-7

圖3-1-8

圖3-1-9　　圖3-1-10　　圖3-1-11

（圖3-1-9）。

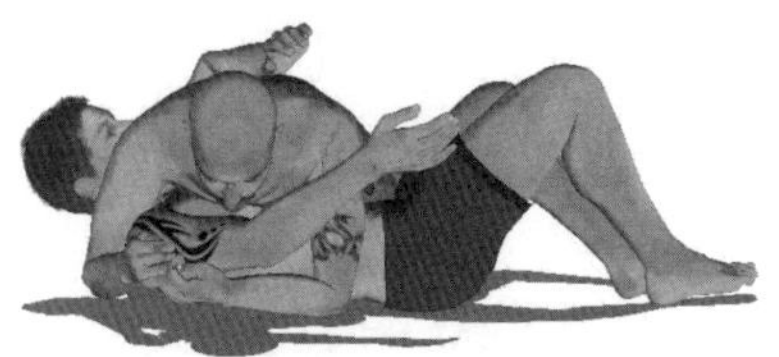

圖3-1-12

（5）在對方雙腳離地、身體懸空的一剎那，我雙手突然用力向身體左後方拉扯對方雙腿，同時上體配合左轉，以右側肩頭順勢抵頂、推送對方腰腹部，周身協調動作，瞬間將對手投摔在地（圖3-1-10、圖3-1-11）。

（6）進一步，我可以迅速撲上去，由對手身體側面實施壓制，取得側位控制優勢，使戰鬥進入地面階段（圖3-1-12）。

【技術要領】

在上文介紹的抱雙腿摔的基本應用中，講的是用雙手抄抱住對方雙腿後，直接向身體後上方提拉將對方摔倒的方法。本勢的變通應用，則是在將對手雙腿抱離地面後，雙手朝身體的一側提拉對方雙腿，將其橫向摔至體前的方法，這種情況下更便於進入地面打鬥時搶佔側面壓制的優勢。

另外講一下，抱腿摔技術運用成功與否，不僅取決於動作運用的正確性和對時機掌控的準確性，而且還要求選手腰腹、下肢及臀部肌肉力量強悍，尤其是臀大肌和臀中肌。臀部肌肉位於腰部和大腿之間，所以對於彎腰下蹲等動作起到重要的支撐作用，不僅保證骨盆穩定，還可減少大腿與膝蓋損傷。

臀部肌肉的劇烈收縮，能夠促進核心力量的整體提升，有利於釋放強大的爆發力。因此，在針對下潛抱摔技術進行日常訓練時，要著重加強臀部等重要肌肉群的訓練。

（三）前撲跪地抱雙腿摔

【動作說明】

（1）雙方對峙，我突然身體重心下沉，雙腿屈膝由擊打站架轉換為摔跤站架，準備對對手實施下潛抱摔（圖 3–1–13）。

圖 3–1–13

（2）但是由於與對手的距離較遠，我身體重心向前下方過渡的同時，前腿以膝蓋著地、屈膝向前跪下，以縮短彼此間的距離，右側肩頭順勢衝撞對方腹部，同時，雙臂由對方雙腿外側繞過，抄抱其大腿後方接近膝窩位置，雙臂收攏(圖 3–1–14)。

圖 3–1–14

（3）旋即，在頭頸和右側肩膀抵緊對方右側腰胯的前提下，雙臂一

圖3-1-15

圖3-1-16

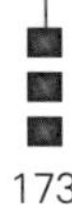

併發力，雙手用力將對方雙腿向上提離地面，令其上體趴伏於我右肩之上（圖3-1-15）。

圖3-1-17

（4）動作不停，在對方雙腳離地、身體懸空的一剎那，我雙臂攬緊對方下肢，雙手突然用力向身體左後方拉扯對方雙腿，同時上體配合左轉，以右側肩頭順勢抵頂、推送對方腰腹部，周身協調動作，瞬間將對手投摔在我身前(圖3-1-16、圖3-1-17)。

【技術要領】

本勢介紹的摔法，是在與對手距離較遠的情況下，前腳上步，並順勢將前腿膝蓋向前跪地實施的抱雙腿摔。具體運用時，上步、下潛的動作要突然，掌握好時機，因為與對方的距離較遠，若出擊速度遲緩，便容易被對方察覺。抱住對方雙腿的瞬間，肩頸部位一定要靠住對方的身軀，並順勢向前擠頂，達到一種省力的效果。摔倒對方後要立即前撲搶佔優勢位置，實施壓制或者控制。

（四）抱雙腿勾絆摔

【動作說明】

（1）雙方對峙，彼此以右前式格鬥站姿應對，我突然身體重心下沉，雙腿屈膝由擊打站架轉換為摔跤站架，準備對對手實施下潛抱摔（圖3-1-18、圖3-1-19）。

（2）我身體重心向前下方過渡，同時右腿以膝蓋著地、屈膝向前跪下，以縮短彼此間的距離，右側肩頭順勢衝撞對方腹部，同時，雙臂由對方雙腿外側繞過，抄抱其大腿後方接近膝窩位置，雙臂收攏（圖3-1-20）。

（3）動作不停，我身體略右轉，左腳向前邁步，屈膝落腳於對方右腳後側，以左小腿和腳後跟向後勾掛住對手右腿，鎖定其下盤（圖4-2-21）。

（4）旋即，在雙臂攬緊對

圖3-1-18

圖3-1-19

圖3-1-20

圖3-1-21　圖3-1-22　圖3-1-23

方雙腿的前提下，身體重心猛然前衝，雙手用力朝身後提拉，左腿配合上體動作向後勾絆其右腿，周身協調動作，瞬間將對手頂翻在地（圖3-1-22至圖3-1-24）。

圖3-1-24

【技術要領】

用左腿勾絆住對方右腿的這種方法，在中國傳統的摔跤技術當中，被稱作「別根」。由自己身體的某一部位別絆對方支撐重心的根部（腳踝處），技術運用嫻熟的話，可以使摔法更加省力和巧妙。撲抱對方雙腿時，一定要用頭頸和右側肩膀抵緊對方右側腰胯。身體前衝時，雙臂配合向後拉扯其雙腿，左腿屈膝勾緊，上下肢配合協調。要充分利用快速上步、身體前衝的衝撞力和雙手向後上方的摟抱、提拉之力量，在鎖定其下盤的基礎上，上下兩股力量協調配合、交錯發力。整個動作要求連貫、快速，閃電般出擊。

二、抱單腿摔

抱單腿摔，在技術特點上與抱雙腿摔有異曲同工之處，但也存在著許多差異。實戰運用中，可以分為主動貼身摔和防守反擊摔兩類。主動貼身抱摔，是在對手防禦出現漏洞時，主動進身下潛搶抱對手單腿將其摔倒；而防守反擊抱摔，則是在對方用腿法攻擊我時，運用夾臂、抄抱等手段控制住其攻擊腿後，實施的投摔。

無論哪種形式的抱單腿摔，在具體實施時都要注意強調，動作預兆性要小，啟動速度要快，技術發揮要巧妙。

圖3-1-25

（一）同站架抱單腿摔

【動作說明】

（1）雙方對峙，彼此採用相同站架，均以右前式格鬥站姿應對（圖3-1-25）。

（2）我身體重心突然下沉，雙腿屈膝由擊打站架轉換為摔跤站架，準備對對手實施下潛抱摔（圖3-1-26）。

圖3-1-26

（3）發動攻擊時，我右腳向前竄進半步，落腳於對手兩腳

之間，身體重心向前下方過渡，右臂屈肘攬抱住對方右側大腿接近膝窩部位，左手勾摟住其右腿腳踝後方，同時以右側肩頭抵頂住對手右大腿內側（圖3-1-27）。

（4）旋即，雙臂收攏，用力將對方右腿提離地面、攬抱於懷中（圖3-1-28）。

（5）動作不停，身體重心上提、猛然向左擰轉，同時雙臂用力向上、向左提拉對方右腿，周身協調動作，徹底破壞對手的身體重心平衡，瞬間將其掀翻在地（圖3-1-29至圖3-1-31）。

圖3-1-27　圖3-1-28　圖3-1-29

圖3-1-30

圖3-1-31

【技術要領】

雙手撲抱對手前腿時，一定要將右側肩膀抵緊對方右大腿內側，頭頸貼緊對方右胯外側。在掀動對方右腿時，雙臂一定要牢牢地將其攬抱在懷中。雙臂掀提的動作要與身體的轉動配合協調，才能徹底破壞其身體的平衡穩定。要注意提、拉、頂、轉這一系列動作連貫流暢。

（二）異站架抱單腿摔

【動作說明】

（1）雙方對峙，對手採用左前式格鬥站姿，我採用右前式格鬥站姿，彼此躍躍欲試（圖3-1-32）。

（2）趁對手不備，我身體重心突然下沉，雙腿屈膝由擊打站架轉換為摔跤站架，準備對其實施下潛抱摔（圖3-1-33）。

（3）發動攻擊時，我右腳向前進半步，落腳於對手左腳外側，身體重心向前下方過渡，以右側肩頭抵頂住對手左側腰胯位置，同時用雙手攬抱住對方左腿大腿接近膝

圖3-1-32

圖3-1-33

圖3-1-34

圖3-1-35

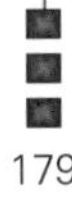

窩部位（圖3-1-34）。

（4）旋即，上體向前推送，雙臂用力將對手左腿提起，並使勁朝身體左後上方提拉，破壞對方身體重心平衡，瞬間將其摺倒在地（圖3-1-35、圖3-1-36）。

圖3-1-36

【技術要領】

如果你是一名「左撇子」選手，更習慣於採用右前式站架，本勢中介紹的抱單腿摔法就更適合於你。筆者個人認為，單腿抱摔更適合於在格鬥雙方站姿相反的情況下實施，因為你的前臂更接近對手的前腿，搶抱其前腿的速度會更快。

（三）抱單腿絆摔

【動作說明】

（1）雙方對峙，彼此採用相同站架，均以右前式格

圖3-1-37　圖3-1-38　圖3-1-39

鬥站姿應對，我突然身體重心下沉，雙腿屈膝由擊打站架轉換為摔跤站架，準備對對手實施下潛抱摔（圖3-1-37）。

（2）發動攻擊時，我右腳向前移動半步，落腳於對手兩腳之間，身體重心向前下方過渡，右臂屈肘攬抱住對方右側大腿接近膝窩部位，左手勾摟住其右腿腳踝後方，同時以右側肩頭抵頂住對手右大腿內側（圖3-1-38）。

（3）旋即，身體重心上提，雙臂收攏，用力將對方右腿提離地面、攬抱於懷中（圖3-1-39）。

（4）繼而，身體猛然向左轉動，右腳順勢向右後方移動，落腳於對手左腳後方，以右腳掌著地，用右腿別絆住其左腿（圖3-1-40）。

（5）動作不停，在雙臂牢牢控制住對方右腿的前提下，身體繼續左轉，周身協調動作，徹底破壞對方身體重心平衡，瞬間將其掀翻在地（圖3-1-41、圖3-1-42）。

【技術要領】

抱起對方右腿時，右腳要及時插步至對方支撐腿後方，牽絆住其下盤，隨即擰轉身體，整個動作要連貫協

圖3-1-40

圖3-1-41

圖3-1-42

調、順暢自然。絆腿是整個動作得以實施的關鍵，只有右腳落步準確到位，才能成功顛覆對手的身體重心。身體向左轉動時，右腿要挺膝蹬直，以助發力。

三、低位抱腿摔

低位抱腿摔與普通的抱腿摔的區別在於，選手雙手撲抱的位置不同，一般以對手腳踝為主要抓抱目標。同時，動作幅度加大了，身體姿態也放得更低了，實施者基本上是處於雙腿跪伏地面狀態，更便於將戰鬥直接拉入地面纏鬥階段。

（一）內側抱單踝摔

【動作說明】

（1）雙方對峙，彼此採用相同站架，均以右前式格鬥站姿應對，我突然雙腿屈膝由擊打站架轉換為摔跤站架，準備對對手實施下潛抱摔（圖3-1-43）。

圖3-1-43

（2）發動攻擊時，我左腳向前邁進半步，身體重心下沉，雙腿屈膝跪地，同時用雙手抵擋住對手前腿，防止其提膝攻擊我頭部（圖3-1-44）。

（3）隨即，上體前俯，頭部置於對方右腿內側，右手扶撐地面，左臂屈肘以小臂著地，左手順勢自外向內勾摟住對方右腳腳踝部位（圖3-1-45）。

（4）動作不停，我右臂屈肘以小臂著地，右手由內向外勾摟住對方右腳腳踝部位，雙手合併控制住對方前腿（圖3-1-46）。

圖3-1-44

圖3-1-45

圖3-1-46

圖3-1-47

圖3-1-48

（5）旋即，在用雙手牢牢控制住對方右腿腳踝的前提下，身體重心突然向前移動，以左側肩膀抵住對手右腿脛骨部位用力向前推頂，雙手配合向懷中拉扯、掀提其腳踝。周身協調動作，徹底破壞對方身體重心平衡，瞬間可以使對方向後跌坐在地（圖3-1-47、圖3-1-48）。

【技術要領】

雙手成功撲抱對手前腿腳踝後，要迅疾將左側肩膀抵緊對方右小腿脛骨位置，頭頸貼緊對方右腿內側。在掀動對方右腿時，雙臂一定要牢牢將其向懷中攬抱。雙臂掀提與身體前竄的動作要配合協調，才能徹底破壞對方身體的平衡穩定。身體重心向前過渡時，臀髖要配合向上提起，以加大身體前衝的力量。

這裏要說明一下，一般按照MMA賽事規定，當選手身體出現三點著地的情況時，對方是不可以用腳踢擊你頭部的，那樣做屬犯規行為，所以此時你不必像街頭打鬥那樣顧慮頭部的安全問題。

（二）外側抱單踝摔

【動作說明】

（1）雙方對峙，彼此採用相同站架，均以右前式格鬥站姿應對，我雙腿屈膝由擊打站架轉換為摔跤站架，準備對對方實施下潛抱摔（圖 3-1-49）。

（2）我身體重心突然下沉，左腿屈膝跪地，準備發動攻擊，同時用雙手推擋住對手的腰髖，防止其提膝攻擊我頭部（圖 3-1-50）。

（3）動作不停，右腳向後移動，雙腿屈膝跪地，上體前俯，頭部置於對方右腿外側，雙臂屈肘以小臂著地，同時雙手撲抱勾攬住其右腳腳踝（圖 3-1-51）。

（4）旋即，在用雙手牢牢控制住對方右腿腳踝的前提

圖 3-1-49

圖 3-1-50

圖 3-1-51

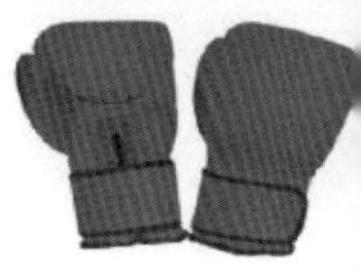

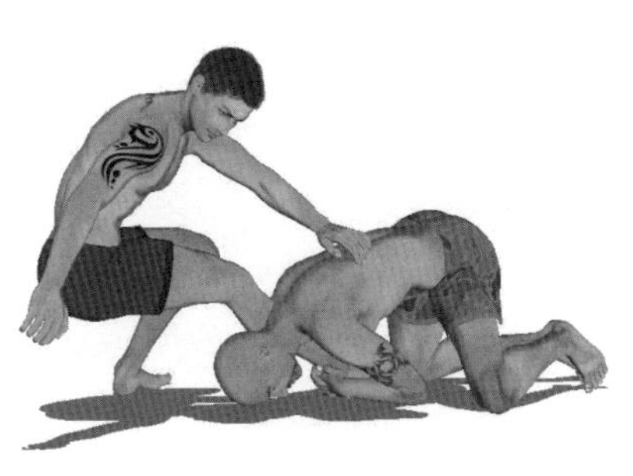

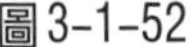

圖3-1-52

圖3-1-53

下，身體重心突然向前移動，以右側肩膀抵住對手右腿脛骨部位用力向前推頂，雙手配合向懷中拉扯、掀提其腳踝。周身協調動作，徹底破壞對方身體重心平衡，瞬間將其掀翻在地（圖3-1-52）。

【技術要領】

這一勢的技術要領與前勢基本一致，唯一區別在於，雙手抱住對方前腿腳踝時，將頭部置於其前腿外側。將頭置於對手前腿內側還是外側，從技術角度來講沒有太大的區別，可以根據實戰時與對手之間的距離和位置等具體情況隨意發揮。

（三）拉雙踝摔

【動作說明】

（1）雙方對峙，彼此採用相同站架，均以右前式格鬥站姿應對，我突然雙腿屈膝由擊打站架轉換為摔跤站架，準備對對手實施下潛抱摔（圖3-1-53）。

（2）發動攻擊時，我左腳向前上步，身體重心突然

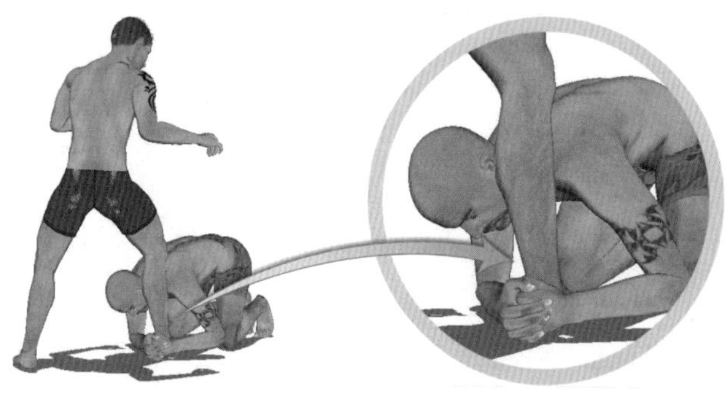

圖3-1-54

下沉，雙腿屈膝跪地，上體前俯，頭部置於對方右腿內側，雙臂屈肘以小臂著地，同時雙手摟抱勾攬住其右腳腳踝（圖3-1-54）。

（3）在我準備對其實施內側抱單踝摔時，對方反應及時，身體重心前移，以右腿膝蓋和脛骨為力點使勁向前抵頂我的右肩頭，令我雙手很難拉動其腳踝，迫使我無法順利完成抱摔動作（圖3-1-55）。

圖3-1-55

（4）此時，我必須轉換進攻思路，左手扶撐地面，推動身體重心向上提起，臀髖撅起，左腳順勢向左側擺動（圖3-1-56）。

圖3-1-56

圖3-1-57

圖3-1-58

（5）動作不停，在重心提起的一剎那，身體右轉，雙膝跪地，同時伸出左臂，以左手自對手身後攬抓住其左腿腳踝（圖3-1-57、圖3-1-58）。

圖3-1-59

（6）繼而，雙腳蹬地，身體猛然前躍，以左側肩膀為力點向前衝頂對手右大腿後側膝窩部位，同時雙手用力向後拉扯對手雙腳腳踝，周身協調動作，徹底破壞對方身體重心平衡，瞬間將其掀翻在地(圖3-1-59)。

【技術要領】

身體由對手正面轉移到其身後的動作要靈活、快速，要藉助對方身體重心向前移動的機會，順勢而為，出其不意地潛至其背後。掀翻對手的時候，雙手向後拉扯的動作要與左肩前頂的動作配合一致，交錯發力，才可以成功將對方摺倒。

（四）拉踝別膝摔

【動作說明】

（1）實戰中，雙方對峙，在對手發動攻擊時，我快速移動腳步，閃身躲避至對方身體右側（圖3-1-60）。

（2）發動攻擊時，我右腳向前上步，身體重心突然下沉，雙腿屈膝跪地，上體前俯，頭部置於對方右腿前方，右臂屈肘以小臂著地，同時右手撲抱勾攬住其右腳腳踝內側（圖3-1-61）。

（3）在這個位置上要想抱住對方腳踝將其摺倒，是有一定難度的，我可以伸展左臂，用左手扳住對手左腿膝蓋部位（圖3-1-62）。

（4）旋即，身體向右側翻轉，在左手扳住對方左腿膝蓋的前提下，右手用力向懷中拉扯對手右腳腳踝，同時身體重心猛然前移，左肩使勁抵頂對手右大腿後側膝窩位置，周身協調動作，徹底破壞對方身體重心平衡，瞬間將其掀翻在地（圖3-1-63至圖3-1-65A）。

圖3-1-60

圖3-1-61

圖3-1-62

圖3-1-63

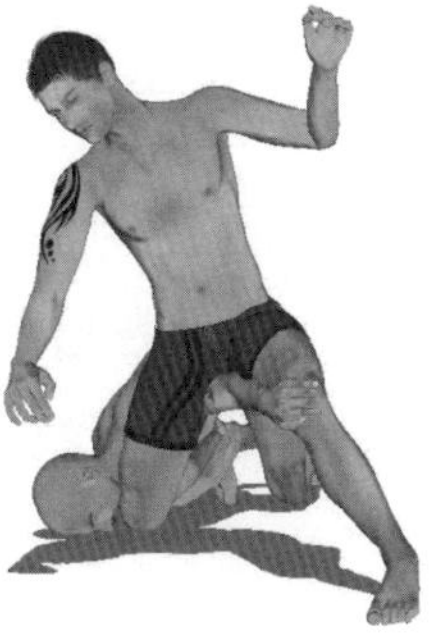

圖3-1-64

圖3-1-65

圖3-1-65A

【技術要領】

這一勢成功的關鍵在於，左手必須事先控制、牽絆住對方左腿，然後才可以拉踝送肩。身體重心前移時，雙腳配合用力向後蹬地。整個動作要求上下肢配合協調、協同發力。

四、鎖臂抱摔

鎖臂抱摔從技術特點上來看，應該屬下潛抱雙腿摔的變形應用。它的下潛幅度相對要更低一些，雙臂由於是形成鎖抱狀態，因此對對手下肢的控制要更加牢固、有力，但是在技術完成方面，難度也相對要大一些。

（一）鎖臂抱摔的基本應用

圖3-1-66

【動作說明】

（1）雙方對峙，對手持左前式格鬥站姿，我持右前式格鬥站姿，嚴陣以待（圖3-1-66）。

（2）對手率先發動攻擊，以右手直拳襲擊我頭部。我迅速向前、向下移動身體重心，以右側肩頭衝撞對方腹部，雙腿順勢屈膝向前下跪，以雙腿膝蓋著地。同時，雙臂繞過對方大腿，由其臀部後方抄抱，雙手扣搭在一起，雙臂收攏，針對其臀胯實施鎖抱（圖3-1-67、圖3-1-67A）。

圖3-1-67

（3）動作不停，左腳用力

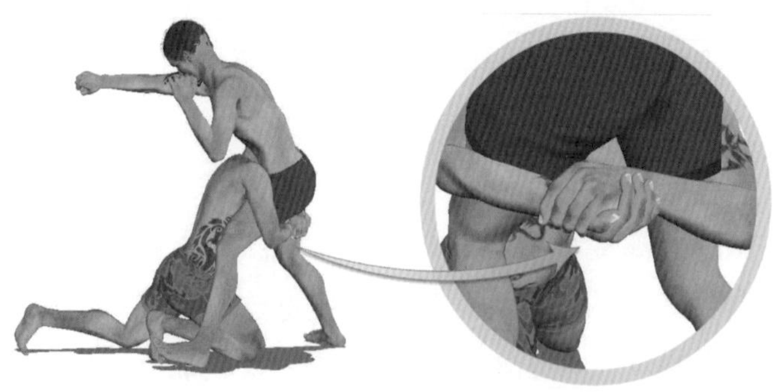
圖3-1-67A

圖3-1-68　圖3-1-69

向後蹬地，推動上體向前躥進，以右側肩頭衝頂對方腹部，同時雙臂鎖緊對方雙腿，向懷中攬抱，上下肢協同動作，瞬間即可將對方掀翻在地（圖3-1-68、圖3-1-69）。

【技術要領】

右腿屈膝向前跪下時，膝蓋一定要跪到對方兩腳之間。雙膝跪地、雙臂鎖臀、左腳後蹬、右肩衝頂，這一系列動作要連貫順暢，上下呼應。要充分利用身體前衝的衝撞力和雙手向後上方的摟抱、提拉之力量，上下兩股力量協調配合、交錯發力。並且需要再次強調的是，你的上體接觸對方身軀時，一定要用頭頸和肩膀抵緊對方腰胯，以防禦被其鎖頸。

（二）鎖臀抱摔的變通應用

【動作說明】

（1）雙方對峙，對手持左前式格鬥站姿，我持右前式格鬥站姿，嚴陣以待（圖3-1-70）。

（2）在對手準備前衝揮拳發動進攻時，我率先向前、

圖3-1-70

圖3-1-71

向下移動身體重心，以右側肩頭衝撞對方腹部，雙腿順勢屈膝向前下跪，以雙腿膝蓋著地。同時，雙臂繞過對方大腿，由其臀部後方抄抱，雙手扣搭在一起，雙臂收攏，針對其臀胯實施鎖抱（圖 3-1- 71）。

圖3-1-72

（3）旋即，在我雙臂鎖緊對方雙腿的前提下，左腳迅速向右前方滑動一大步，落步踏實，帶動身體猝然向右擰轉，導致對方右腳離地，身體被迫向左側傾斜（圖 3-1-72）。

（4）動作不停，我頭部右側抵頂住對方右側肋部，身體繼續向右擰轉，雙臂鎖緊對方雙腿，用力將其提離地面，周身瞬間發力，將對方投摔至我身體右側。進一步，可以順利進入側位控制狀態（圖 3-1-73 至圖 3-1-74）。

【技術要領】

上勢基本應用時，身體重心是瞬間向前衝頂的，而鎖

圖3-1-73

圖3-1-73A

臂抱摔的變通應用，則是利用對方前衝的力量，突然左腳上步、身體右轉，這樣大幅度的動作可以瞬間破壞對方身體重心的平衡。兩者存在著共性，也存在差異，在訓練和使用時，要注意體會區別。

圖3-1-74

五、內側勾腿絆摔

內側勾腿絆摔技術源自日本柔道中的內刈摔，在柔道中也叫大內刈、大內割，或者裏勾腿。刈者，即彷彿用鐮刀割草一般，故而得名。

這種技術是在雙方正面發生衝突時，將一條腿突入對方兩腿之間，然後由內向外屈膝、以小腿纏掛對方的一條腿，或者向後畫打、撩掃，以徹底破壞其身體重心的平穩，上體配合向前衝頂，從而將其仰面摔倒的方法。

（一）內側勾腿絆摔的基本應用

【動作說明】

（1）雙方格鬥過程中，我伸出右臂，自對方左側腋窩下方穿過，用右手勾摟住對方後背，形成一個「單臂下勾」。對方也伸出右臂，欲由我左側腋下勾摟我的後背，我立即用左手按壓住其手臂，令其無法順利完成摟抱動作（圖3-1-75）。

（2）旋即，我身體迅速左轉，左腳順勢向左後方移動半步，右臂略向上抬起，左手抓緊對方右臂下拉，迫使其右臂遠離我的身軀（圖3-1-76）。

（3）在右臂牢牢勾摟住對方後背、左手攥緊對方右臂的前提下，腰胯向左擰轉，令自己上體逼近、衝撞對方上體。右腳順勢快速向前移動，由其襠下兩腿間穿過，落腳於其左腳後方，以前腳掌著地，雙腿屈膝半蹲，沉腰落胯，降低身體重心，右側腰胯部位抵住對方襠腹部（圖3-1-77、圖3-1-77A）。

圖3-1-75

圖3-1-76

圖3-1-77

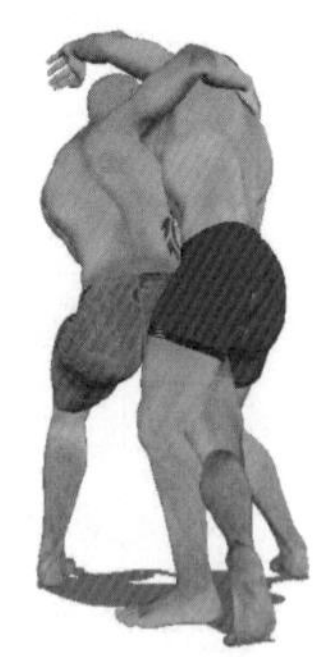

圖3-1-77A

圖3-1-78

圖3-1-79

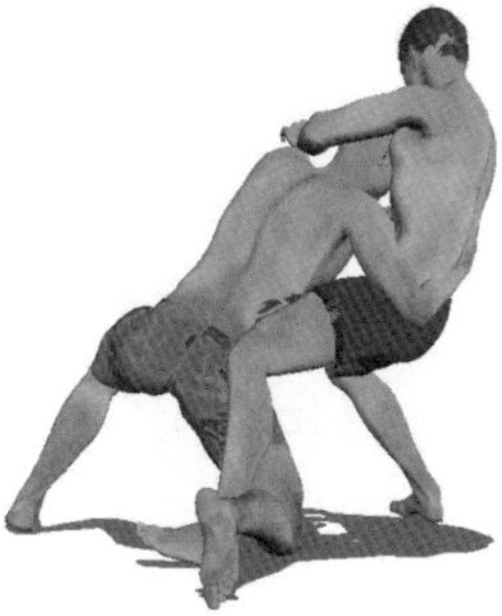

圖3-1-79A

圖3-1-80

圖3-1-81

（4）動作不停，身體重心繼續下沉，右腿屈膝下跪，以膝蓋著地（圖3-1-78）。

（5）緊接著，右腿屈膝由對方兩腿間向右後方畫撥對方的左腿，以膝窩處勾纏住對方左腿小腿及腳踝後側，將其左小腿勾掛在自己大小腿之間(圖3-1-79、圖3-1-79A)。

（6）在右腿畫撥纏絆住對方左腿的一剎那，腰胯猛然向右轉動，身體重心前衝，雙臂控制住對方上體、用力向前推送對方上體，瞬間令其身體重心失衡、仰面摔倒（圖3-1-80）。

（7）進一步，可以立即撲上去搶佔優勢位置，展開連續猛烈的地面捶擊（圖3-1-81）。

【技術要領】

右腿向前穿插突入對方襠內、屈膝下跪時，身體要以側位和對方形成直角。屈膝向後畫撥、纏絆對方右腿時，應以腳尖輕輕畫過地面。右腿纏絆住對方下盤的一瞬間，上肢與上體要立即向前推進，身體重心猛然前衝，才可以順利將其摔倒，整個動作要一氣呵成，切勿拖泥帶水。

（二）控制手臂→內側勾腿絆摔

【動作說明】

（1）雙方展開近身纏鬥，對手用左手勾摟我脖頸，右手欲由我左側腋下穿過摟抱我腰背。我右手自對方左側腋下穿過，當對方右臂尚未勾緊我後背時，我迅速用左手抓住對方右手腕部，用力向前、向下推送，迫使其右臂遠離我的身軀，阻礙其「單臂下勾」動作的順利實施（圖3-1-82、圖3-1-83）。

（3）旋即，右臂略向上抬起，左手攥緊對方右手腕，腰胯向左擰轉，令自己上體逼近、衝撞對方上體，右腳順勢快速向前移動，由其襠下兩腿間穿過，落腳於其左腳後方，以腳尖點地，雙腿屈膝半蹲，沉腰落胯，降低身體重心，右側腰胯部位抵住對方襠腹部（圖3-1-84）。

圖3-1-82

圖3-1-83

圖3-1-84　圖3-1-85　圖3-1-85A

圖3-1-86　圖3-1-86A

（4）動作不停，身體重心繼續下沉，右腿屈膝下跪，以膝蓋著地。同時，左手攥緊對方右手腕，朝其身後用力推送，右手順勢向下由對方背後接抓住其右手手腕，彷彿在傳送「接力棒」（圖3-1-85、圖3-1-85A）。

（5）緊接著，右腿屈膝由對方兩腿間向右後方畫撥對方的左腿，以膝窩處勾纏住對方左腿小腿及腳踝後側，將其左小腿勾掛在自己大小腿之間（圖3-1-86、圖3-1-86A）。

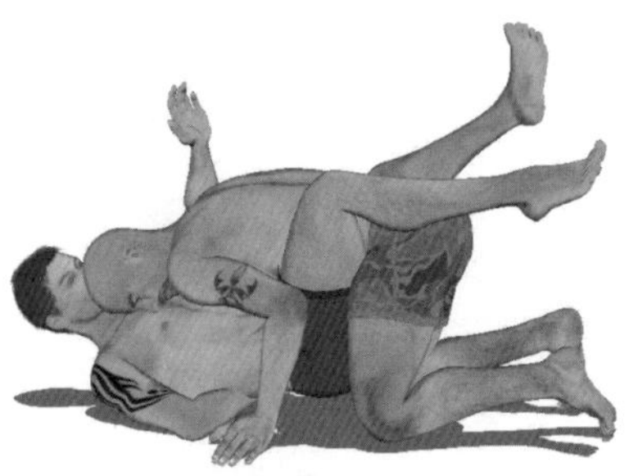

圖3-1-87

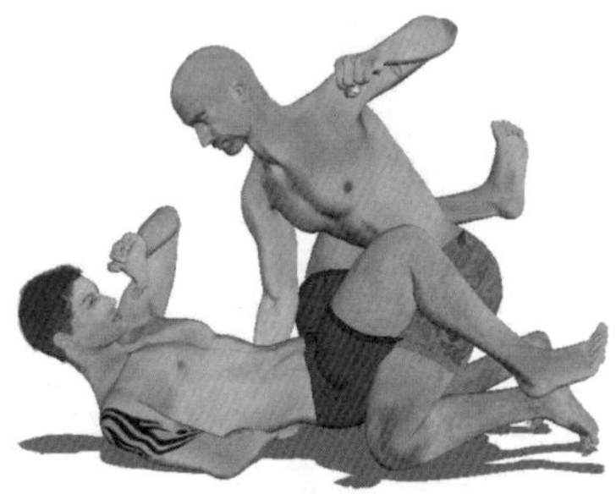

圖3-1-88

（6）在右腿畫撥纏絆住對方左腿的一剎那，腰胯猛然向右轉動，右手控制住對方右手腕部，左手攬抱住其右側臀部，上體順勢向前衝撞對方上體，瞬間令其身體重心失衡、仰面摔倒（圖3-1-87）。

圖3-1-89

（7）進一步，可以立即撲上去，由上位揮舞手臂針對對手頭部展開肘擊（圖3-1-88、圖3-1-89）。

【技術要領】

對於你來說，這種變通應用方法較內側勾腿絆摔的基本應用更具有優勢。因為在你將對手絆倒的同時，你還將他的一條手臂牢牢地控制住了，這為後續跟進的打擊奠定了堅實的基礎。

在完成技術動作過程中，需要再次特別強調的是，當你用右腿勾纏住對方左腿的一剎那，上體要迅速前衝，切勿錯過時機。

六、背後抱摔

背後抱摔相對於由正面展開的投摔技術而言，是存在一定難度的，原因很簡單，因為一名格鬥選手無論什麼時候都不會輕易讓對手站到自己的背後，這是大家都熟知的再淺顯不過的道理。綜合格鬥中，一旦對手移動到了你的背後，那你就將面臨致命的裸絞。這裏我們僅從摔跤的角度來介紹如何掌握時機，巧妙地移動到對手的背後實施投摔技術。

（一）背後抱摔的基本應用

【動作說明】

（1）雙方拉開架勢，展開格鬥，彼此採用相同站架，均以左前式格鬥站姿應對（圖3-1-90）。

（2）對方率先發動進攻，突然用左手刺拳襲擊我的頭部，我左腳向前逼近半步，雙腿屈膝，身體重心驟然下沉，及時避開對方的拳頭，同時伸出左手，自對方左腿內側勾摟住其大腿靠近膝窩位置（圖3-1-91）。

圖3-1-90　　圖3-1-91

圖3-1-92

圖3-1-92A

（3）旋即，身體略左轉，右腳向前移動，落腳於對方身後，身體重心隨之略上提（圖3-1-92、圖3-1-92A）。

圖3-1-93

（4）在我用左手勾摟住對方左腿的前提下，左腳再向前上步，落腳於對方雙腿後方兩腳之間，隨之上體前俯，以頭部左側和左肩抵頂住對方後背，同時右手順勢由對方右腿外側抄抱住其右大腿靠近膝關節位置（圖3-1-93）。

（5）動作不停，左腿膝蓋跪地，上體前俯，以頭部左側和左肩為力點向前抵頂對方後背，同時雙手一併用力向後拉扯對方雙腿，周身協調動作，破壞對方身體重心的平衡，瞬間將其摺倒在地（圖3-1-94）。

（6）為了防止對方再次爬起來，在其趴伏在地的一剎那，我要迅速將右腿向前移動至對方身體右側，然後左腿跟進，及時騎乘於其後背之上，搶佔優勢位置（圖

圖3-1-94

圖3-1-95

3-1-95、圖3-1-96）。

圖3-1-96

【技術要領】

下潛躲避對方攻擊的動作要及時，移動腳步轉移至對方身後的行為要順其自然，要在對方前衝出拳動作過猛、無法及時撤身變換招式的情況下實施。雙手向後上方提抱對方雙腿的同時，頭部和左肩一定要配合向前抵頂對方後背，上下交錯用力，才能令其轟然倒下。

（二）背後抱摔的變通應用

【動作說明】

（1）雙方拉開架勢，展開格鬥，彼此採用相同站架，均以左前式格鬥站姿應對（圖3-1-97）。

（2）對方率先發動進攻，突然用右手刺拳襲擊我頭部，我身體略向左轉，右腳朝對方右腳外側邁進一步，身體重心下沉，及時躲避對方的攻擊（圖3-1-98）。

圖3-1-97

圖3-1-98

圖3-1-99

圖3-1-100

（3）動作不停，身體重心向前方移動、下沉，雙腿屈膝跪地，上體順勢貼靠對方右大腿與臀部外側，右臂由對方右大腿內側抄抱住其右大腿靠近膝窩位置（圖3-1-99）。

（4）旋即，以右腿膝蓋為軸，我身體猛然向右轉動，左腳朝右前方大幅度跨進一步，落腳於對方左腳外側，右腳隨勢於地面向右擺動，隨即於對方背後伸出左臂攬抱住對方腰身左側（圖3-1-100）。

（5）動作不停，右手向下滑動，勾抓住對方右腿腳

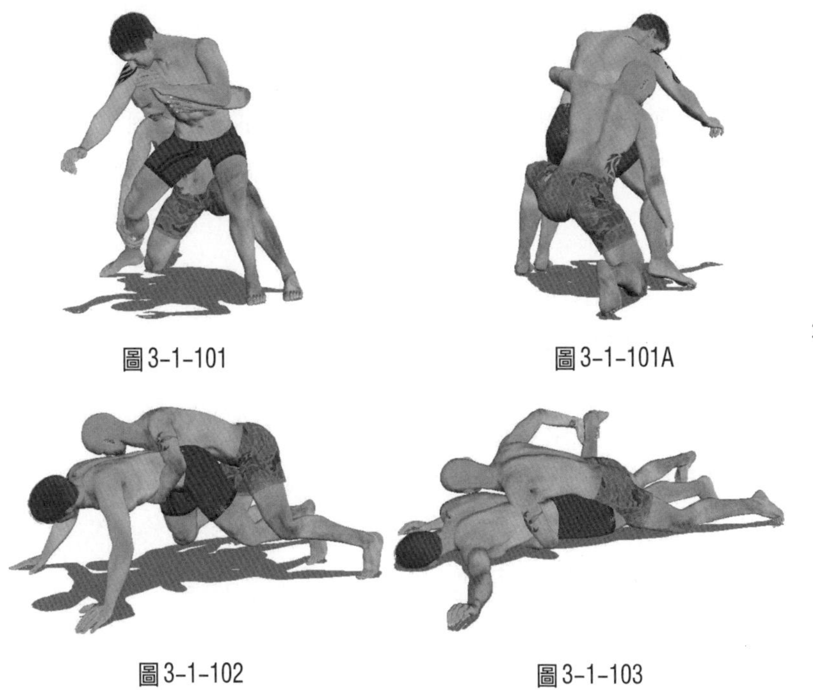

圖3-1-101　圖3-1-101A

圖3-1-102　圖3-1-103

踝部位（圖3-1-101、圖3-1-101A）。

（6）隨即，左腳用力蹬地，身體右轉，以左肩與左臂用力朝右側壓制對方上體，右手配合左臂動作，使勁向右後方提拉其右腳腳踝，迫使其身體重心失衡而撲倒在地（圖3-1-102）。

（7）對方倒地瞬間會本能地用雙臂推撐地面，欲以「龜式」姿態進行防守，我右手繼續提拉對方右腳腳踝，同時左肩繼續用力向下壓制對方後背，強迫其徹底趴伏於地面，從而形成對自己更為有利的局面（圖3-1-103）。

【技術要領】

身體下沉的一剎那，要立即轉動身體，移動到對手背

後，切勿錯過戰機。要藉助身體的轉動之勢，裹挾著對方的身體，將其順勢扳倒，當然必須要有右手提拉對方右腳腳踝的動作與之配合，才能有效地摧毀他的身體平衡。

將對方扳倒時，一定要徹底將其壓制於地面，令其身體完全趴伏下來，以便為進一步實施降服絞窒或者發動地面捶擊創造有利條件，儘量不要讓對方形成「龜式防守」。

七、肩固扭摔

這是一種以控制對手上體為前提，然後大幅度轉動身體，從而達到破壞對方身體重心平衡，最終將其摔倒的技法。一般在對方使用直拳攻擊時，及時躲避拳峰，然後抓住時機，突然靠近對手，針對其上體實施擒鎖。

在摔倒對手的同時，一併對其實施窒息技術，不僅在投摔方面取得了優勢，而且可以進一步利用降服技術令對方徹底屈服，可謂一舉兩得。

【動作說明】

（1）雙方拉開架勢，展開格鬥，彼此採用相同站架，均以左前式格鬥站姿應對（圖3-1-104）。

（2）對方率先發動進攻，突然以一記後手直拳襲擊我的頭部，我迅速將上體向左側擰

圖3-1-104

圖3-1-105

圖3-1-106

圖3-1-107

轉，偏頭躲過對手的拳峰（圖3-1-105）。

（3）旋即，我左腳向前滑動一步，右腳跟進半步，將身體快速貼近對方，同時左臂由對方右臂外側向前伸展至其脖頸右後側，右臂由對方右臂腋下向前伸展至其脖頸左後側，然後雙手於對方腦後迅速扣握在一起，雙臂收攏，將對方脖頸與右側手臂一併牢牢圈鎖控制住（圖3-1-106、圖3-1-107）。

（4）動作不停，在雙臂鎖控住對方頭頸和手臂的一剎那，我猝然向左轉動身體，左腳順勢向左後方滑動一大

圖3-1-108

圖3-1-109

步，身體重心驟然下沉，左腿屈膝跪地，上體及雙臂挾持對方上體瞬間朝左下方旋擰，周身協調動作，當即可將對方扭摔在地（圖 3-1-108、圖 3-1-109）。

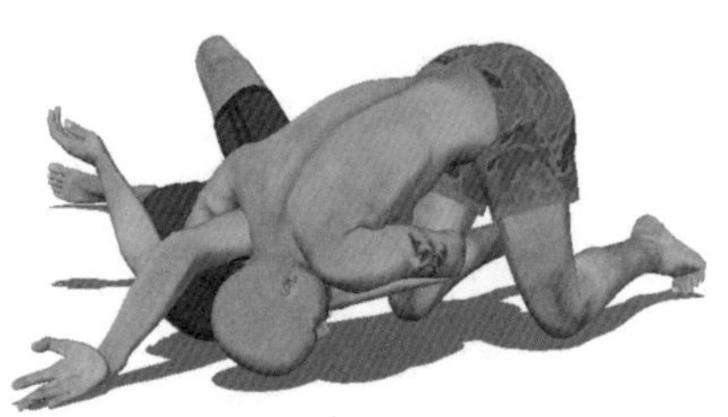

圖3-1-110

（5）對方仰面摔倒後，我雙膝跪伏地面，上體及雙臂用力向下、向左側擺轉壓制，由對方身體側面針對其脖頸實施進一步的窒息降服（圖 3-1-110）。

【技術要領】

針對對手一條手臂和脖頸實施的圈鎖，在地面纏鬥中稱之為肩固，可以視作是一種手臂三角鎖的變形應用，在技術動作準確到位的情況下，可以令對手窒息、屈服。

雙臂控制住對方上體後，要配合身體扭轉，需要具有「打方向盤」的感覺，即雙臂像打方向盤那樣去破壞對手的平衡。

在實施擰摔時，要注意腳步移動的靈活性，左腳後撤的幅度要掌握恰當，身體的轉動與腳步的滑動需配合協調。

八、絆腿摔

絆腿摔，顧名思義，就是利用自己的腿給對手下絆子，從而達到破壞對方身體平衡將其摔倒的目的。其實在摔跤技術中，絆腿摔的方法有許多種，本勢為大家介紹的這種絆腿摔法，比較特殊，應該算是一種特例。之所以這樣講，是因為它更適合採用右前式站架的選手使用。

【動作說明】

（1）雙方交手，展開格鬥，對手採用左前式站架，我採用右前式站架（圖 3-1-111）。

（2）對方率先發動進攻，突然以左手刺拳襲擊我的頭部，我迅速將上體向右側擰轉，偏頭躲過對手的拳峰（圖 3-1-112）。

（3）在對方刺拳擊空的一剎那，我左腳快速向前邁進一步，身體順勢左轉、上體前俯，帶動右腳跟進一步，

圖3-1-111

圖3-1-112

落腳於對手身後，右臂自然置於對方身前（圖3-1-113）。

（4）旋即，我身體重心下沉，左腿屈膝下蹲，右腿伸直，右腳勾起、腳尖外旋，以腳後跟著地，令右腿橫置於對方右腿後方，別絆住其下盤。同時上體向右前方俯身，右臂伸展橫置於對方腰前（圖3-1-114）。

圖3-1-113

（5）繼而，雙腳於地面原有位置不動，身體重心猛然向後移動，臀部主動後坐著地，上體右轉，帶動右側肩背一併向後擠靠斬切對方上體，瞬間將其向後仰面絆倒（圖3-1-115、圖3-1-115A）。

圖3-1-114

（6）對方倒地瞬間，我立即於地面向右側翻轉身體，搶奪

圖3-1-115

圖3-1-115A

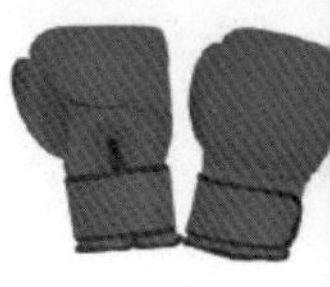

側面壓制的優勢（圖3-1-116）。

圖3-1-116

【技術要領】

上步俯身，右臂置於對方身體前面的時候，要儘量將自己右側腰身貼靠住對方左側腰身，彼此身軀之間不要留存縫隙。臀部主動向後跌坐時，絆住對方下肢的右腿一定要挺直，且在上體向後擠靠的過程中不能移動位置，否則就起不到別絆的作用了。

這種主動跌倒的技術在柔道項目中被稱作「捨身技」，即以自己的跌倒裹挾帶動對手一併摔倒。摔倒的過程中，要注意自身肢體著地的順序要科學、安全，避免造成自我損傷。

第二節　防摔技術

在MMA比賽當中，一旦被對手摔倒在地，我們的進攻能力、防禦能力、機動能力都將大打折扣，如果不能及時站起來，就難免會被對方拖入地面戰鬥階段，恰巧你又在地面纏鬥技術方面存在短板，那樣局面將相當不利於你。

事實上，無論你是哪種類型的選手，無論你喜歡與否，你都不可避免地會面臨被對手摔倒的局面，因此防摔技術是你必須掌握的技能之一。類似防摔擊打（Sprawland Brawl）這類戰術策略，更是站立型選手在備戰時必須考慮的東西。

要想有效地阻止和防禦對手的進攻，避免被摔倒，你必須瞭解摔跤技術的相關知識，熟悉並且掌握每一種摔跤技法的力學原理，哪怕你並不擅長摔跤技術。現在，在網際網路上可以找到許多摔跤教程，任何一位教練都可以傳授你一些摔與防的技巧和方法。但是，真要想在實戰中獲勝的話，恐怕還要深入地學習和吃透這些技法的內涵，而不僅僅是簡單地學會那些技術動作。

一、針對抱雙腿摔的防禦

在介紹抱雙腿摔技術時，我們瞭解到，要想取得抱摔成功，必須滿足這樣幾個基本條件：合適的距離、恰當的時機、準確的動作。

鑒於此，我們在學習掌握防摔技術時，就可以有的放矢地採取相應的反制與防範措施。

首先，與對手之間保持一個恰當的距離進行格鬥，是避免被其摔倒的首要條件。在格鬥過程中，當你意識到對手正在尋找抱摔你的機會時，你要積極地移動腳步，調整彼此間的距離，來擾亂對方的進攻節奏，儘量不要讓對方的手臂觸及你的下肢。

另外，你也可以用手和手臂推阻對方的頭和肩，甚至直接以出拳擊打的方法，阻遏其進攻的勢頭和前進的動力，破壞他的攻擊意圖。實踐證明，這也是一種非常有效地抑制對手正確發揮技術動作的好方法。

其實，防禦抱雙腿摔的方法有很多種，即便你的反應

慢了半拍，雙腿不慎被對方抓扯住了，也可以採用伸展下壓或斷頭台等技術化險為夷。

（一）伸展下壓

【動作說明】

（1）雙方交手，彼此以右前式格鬥站架應對。對手率先將身體重心下沉，雙腿屈膝，由擊打站架轉換為摔跤站架，準備對我實施下潛抱摔（圖3-2-1）。

（2）當對方向前蹲身、並伸出雙手撲抱我雙腿的一剎那，我迅速俯身，以右側腰胯抵住對方右側肩頭，左手按壓住他的大臂外側，右臂按住其後背（圖3-2-2）。

圖3-2-1

（3）幾乎同時，左腳向後快速退步，右腳緊接著也向右後方撤退一步，雙腿挺直，雙腳以前腳掌著地，身體重心順勢下沉，儘量將全部體重壓制於對手頭頸與肩背之上，令其雙手無法抱攏我的雙腿，從而破壞其下潛抱摔的意圖（圖3-2-3至圖3-2-4A）。

圖3-2-2

圖3-2-3　　圖3-2-4

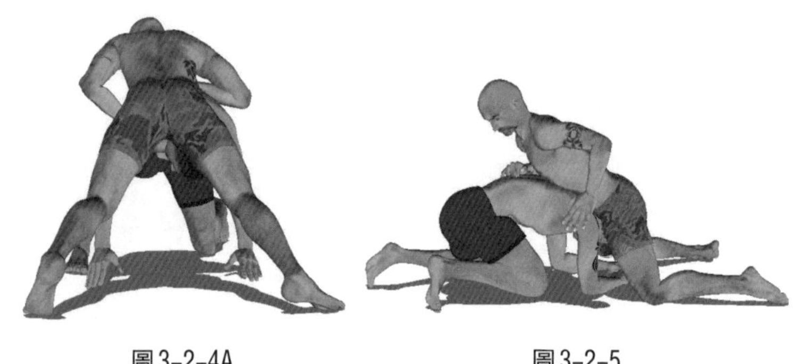

圖3-2-4A　　圖3-2-5

（4）進一步施加壓力，可以迫使對手趴伏在地，也可以針對其頭部實施打擊（圖3-2-5）。

【技術要領】

伸展下壓（Sprawl）可以有效地抑制對手前衝的勢頭，使自己的雙腿遠離對方的雙手，是防禦抱雙腿摔最簡單、最實用的方法，也是在MMA比賽中選手運用最多的技術，所以我們願意把它叫作「防摔下壓」。在具體運用時要注意的是，用自己身體壓制對方上體的位置要選擇恰當，正確的部位是用自己的腰胯壓制對方的後腦、後頸和肩部，而不是用自己的胸部壓制其後背，否則非但起不到

防禦的作用，反而會給對方創造反擊的機會。

（二）斷頭台

【動作說明】

（1）雙方交手，彼此以左前式格鬥站架應對（圖3-2-6）。

（2）對手率先將身體重心下沉，雙腿屈膝由擊打站架轉換為摔跤站架，準備下潛撲抱我的雙腿（圖3-2-7）。

（3）由於對方技術動作不準確，其身體下潛的同時，上體俯身幅度過大，頭部向前探出，便為我創造了降服的機會，當其頭部探至我右側腋下時，我迅速用右臂自外向內圈攬住他的脖頸（圖3-2-8）。

（4）動作不停，右臂屈肘，以小臂橈骨為力點用力向

圖3-2-6

圖3-2-7

圖3-2-8

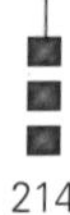

圖3-2-9

圖3-2-10

上、向懷中勒緊對方咽喉部位，左手順勢抓住自己右手腕部，配合右臂動作一併向懷中拉扯（圖3-2-9）。

（5）動作不停，我身體重心向後移動，以臀部主動後坐著地，迫使對方身體隨我進入地面（圖3-2-10）。

（6）繼而，在我臀部著地的一剎那，後背仰躺，右肩下壓對方後腦，雙臂勒緊對方脖頸，對其實施窒息降服，同時抬起雙腿，屈膝鎖住對方腰部，雙腳腳踝疊搭勾緊（圖3-2-11）。

【技術要領】

本勢給大家介紹的技術叫作「斷頭台」（Guillotine），斷頭台技術是一種對付抱雙腿摔非常有效的窒息降服手段。一般是對手向前進身下潛、伸出雙臂時，由於過於向

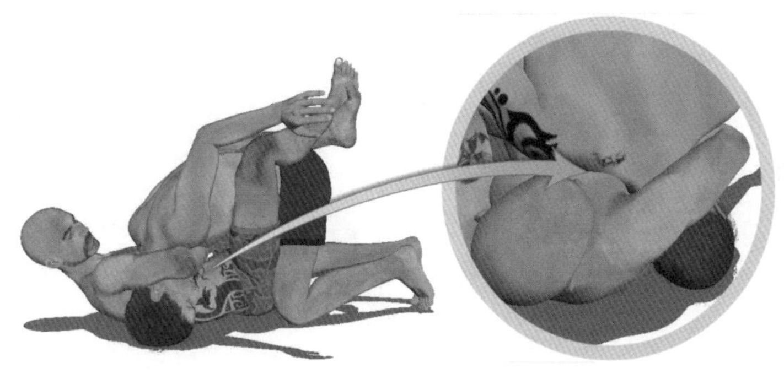

圖3-2-11

前俯身低頭，造成技術動作不準確，於是為我創造了鎖頸的機會。這種機會一旦被我抓住，對手基本上就很難再逃脫了，斷頭台一旦鎖死，對手只有拍墊認輸的份兒了，否則後果不堪設想。

斷頭台也可以在站立格鬥中運用，更多見於地面纏鬥過程。在站立狀態下實施斷頭台技術時，雙臂向上、向懷中提拉對方脖頸時，右肩要有意識地向右外側擺動，可以加大降服力度。倒地後，進入地面降服時，雙腿一定要鎖緊對方腰身，這樣上肢的動作才能發揮出更大的威力，同時右肩外側一定要配合手臂動作，用力向右後方外展，壓制其後腦，才能形成合力降服對手。

（三）按肩鎖頸

【動作說明】

（1）雙方交手，彼此以右前式格鬥站架應對。對手率先將身體重心下沉，雙腿屈膝，由擊打站架轉換為摔跤站架，準備對我實施下潛抱摔（圖3-2-12）。

圖3-2-12　　圖3-2-13

圖3-2-14

圖3-2-14A

（2）當對方向前蹲身、並伸出雙手撲抱我雙腿的一剎那，我迅速用左手推按對方右側肩頭，以遏制其前衝的勢頭（圖3-2-13）。

（3）幾乎同時，我右臂自外向內圈攬住對方脖頸（圖3-2-14、圖3-2-14A）。

（4）動作不停，右臂屈肘，攬緊對方脖頸，並用右手扣抓住自己左手腕部，雙臂協調動作，針對其脖頸形成鎖控之勢（圖3-2-15）。

（5）雙臂鎖緊的同時，用力向懷中攬帶，以右側胸

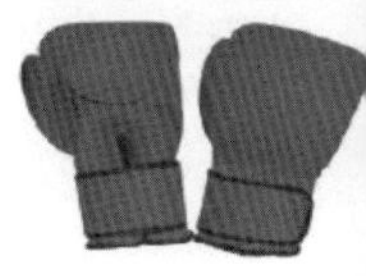

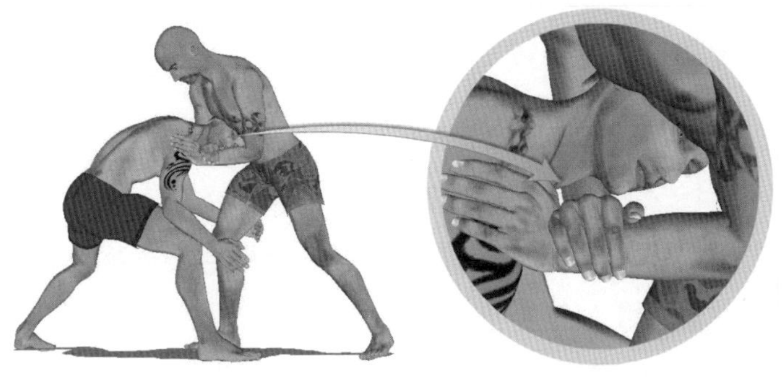

圖3-2-15

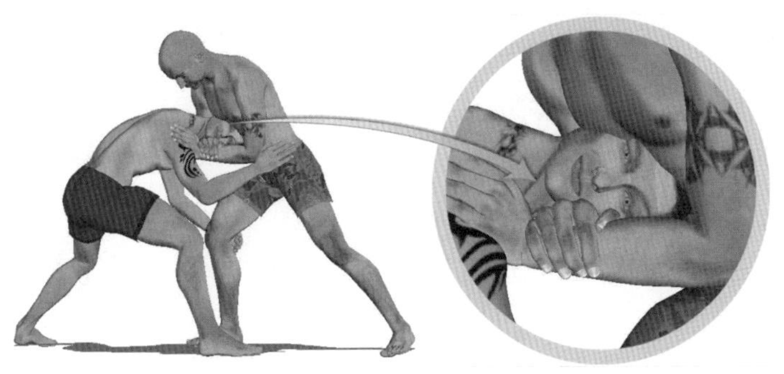

圖3-2-16

部向下擠壓對方頭部，令其頸部產生巨大的壓力，直至其因大腦缺血而屈服（圖3-2-16）。

【技術要領】

這一勢裏介紹的這種絞窒技術不同於標準的斷頭台。斷頭台主要是針對咽喉、氣管形成壓制，壓迫咽喉可導致呼吸困難，造成喉結、舌骨、氣管損傷，果斷的扼絞甚至可以瞬間折斷頸椎。

本勢則主要是壓迫對手頸部側面的動脈，致使其大腦供血不足、缺氧，令大腦意識喪失，神志不清。

（四）勾臂鎖頸

【動作說明】

（1）雙方交手，彼此以右前式格鬥站架應對。對手率先將身體重心下沉，雙腿屈膝由擊打站架轉換為摔跤站架，準備對我實施下潛抱摔（圖 3-2-17）。

（2）當對方向前蹲身、並伸出雙手撲抱我雙腿的一剎那，我迅速用左手推按對方右側肩頭，以遏制其前衝的勢頭。同時，我右臂自外向內圈攬住對方脖頸（圖 3-2-18、圖 3-2-18A）。

（3）動作不停，我左手由對方肩頭移開，勾扣住其右大臂肱三頭肌處（圖 3-2-19）。

（4）旋即，右臂屈肘，攬緊對方脖頸，並用右手扣抓住自己左手腕

圖 3-2-17

圖 3-2-18

圖 3-2-18A

部，雙臂在針對其脖頸形成鎖控的前提下，用力向懷中攬帶，以右側胸部向下擠壓對方頭部，令其頸部產生巨大的壓力，直至其因大腦缺血而屈服（圖 3-2-20）。

圖3-2-19

【技術要領】

本勢是上勢的一種變形應用，只不過左臂的動作有一點小的變化，針對脖頸形成的降服結果和效果基本是一樣的，格鬥選手可因個人習慣靈活運用。

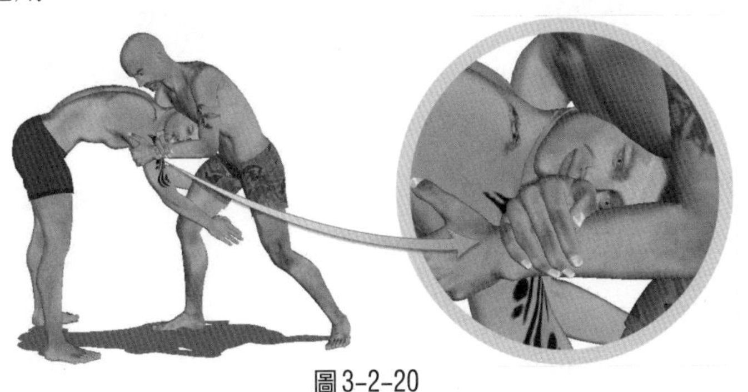

圖3-2-20

（五）扣手別頸

【動作說明】

（1）雙方交手，彼此以右前式格鬥站架應對（圖 3-2-21）。

（2）對手率先降低身體重心，向前蹲身、並伸出雙手撲抱我的雙腿。當對手頭部即將貼近我身軀時，我迅速

圖3-2-21

圖3-2-22

圖3-2-23

圖3-2-24

抬起左臂，由其面部下方穿過，扣抓住其右大臂肱三頭肌處，同時身體重心下沉，導致其無法順利完成抱摔動作（圖3-2-22）。

（3）旋即，上體向左側傾斜，右臂屈肘，以肘部為力點向下抵壓住對方左側肩胛位置，右小臂壓住其脖頸處，雙手順勢扣握在一起（圖3-2-23至圖3-2-25）。

圖3-2-25

圖3-2-26

（4）繼而，雙手扣緊，雙臂收攏，左臂肘用力向上提拉，右臂肘則向下壓制，雙臂一併發力，沿順時針方向別擰對方頭頸（圖3-2-26）。

【技術要領】

利用各種絞窒技術來防禦對手的抱摔是比較有效的反擊手段，因為無論對手體格多麼強壯，四肢多麼發達，他的脖頸都是脆弱的、不堪一擊的。絞窒技術一旦成功實施，就可以讓他徹底屈服，放棄抵抗。在具體運用時要注意雙臂發力協調，力點要準確，左臂肘作用於對方左側頭臉部，右臂肘作用於其右側頸部。

二、針對抱單腿摔的防禦

防禦抱單腿摔與防禦抱雙腿摔在技術手段上有異曲同工之處，格鬥理念基本一致。

單腿抱摔的成功概率要小於雙腿抱摔，其啟動速度也稍慢一些，因此在防範上，也就更容易一些。

（一）伸展下壓

【動作說明】

（1）雙方交手，彼此以左前式格鬥站架應對（圖 3-2-27）。

（2）對手率先將身體重心下沉，雙腿屈膝，由擊打站架轉換為摔跤站架，並向前移動重心，伸出雙手撲抱我的左腿。我迅速用左手推按對方左側肩頭，以遏制其前衝的勢頭（圖 3-2-28）。

（3）旋即，左腳向左後方撤步，身體重心下沉，雙腿挺直，以雙腳前腳掌著地。同時，左臂屈肘，以小臂抵壓住對方頸部位置，右臂屈肘抵壓住對方左背部，儘量將自己全部體重壓制在對方身上(圖 3-2-29、圖 3-2-29A)。

（4）利用自己的體重將對方壓倒在地，不僅可以成功化解對手的攻勢，也可以順勢將對方帶入地面戰鬥環節，並搶佔絕對優勢（圖 3-2-30）。

圖 3-2-27

圖 3-2-28

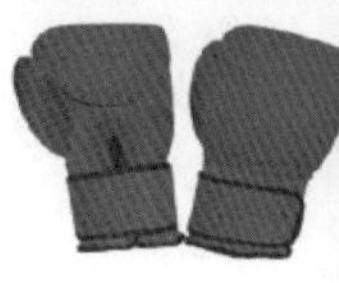

圖3-2-29　　圖3-2-29A

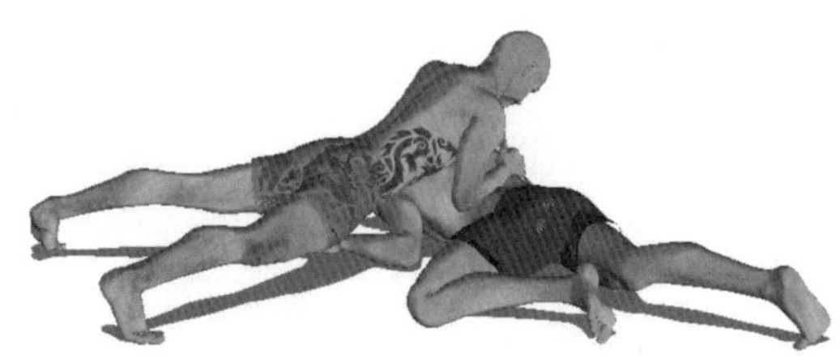

圖3-2-30

【技術要領】

運用伸展下壓（Sprawl）技術防禦抱單腿摔時，要注意的要領與防禦抱雙腿摔基本一樣，都是利用自己的身體壓制對方的身體，從而摧毀他的進攻意圖。左腿向後撤步的速度要快，在對方手臂伸過來的一瞬間就要啟動。

（二）抵肩防禦

【動作說明】

（1）雙方交手，彼此以左前式格鬥站架應對（圖3-2-31）。

（2）對手率先將身體重心下沉，雙腿屈膝，由擊打

圖3-2-31

圖3-2-32

站架轉換為摔跤站架，並向前移動重心，伸出雙手撲抱我的左腿（圖3-2-32）。

（3）我迅速降低身體重心，同時伸出左臂，屈肘以小臂為力點抵頂住對方左側肩部，以遏制其前衝的勢頭（圖3-2-33、圖3-2-33A）。

圖3-2-33

圖3-2-33A

（4）隨後，可以迅速調整腳步，向後撤退，拉開與對方的距離，使對方徹底打消下潛抱摔的意圖（圖3-2-34）。

【技術要領】

用左臂去抵頂對方的左肩，這個動作本身就是一種最

圖3-2-34

圖3-2-35

簡單的防禦手段，你可以迫使對方保持與自己的距離，令其雙手無法觸及我方腿部，抱摔動作就無法順利實施了。注意左臂大小臂儘量形成一個直角，以肘尖抵住對方下巴位置，令其頭部無法向下移動。

圖3-2-36

（三）抵肩膝擊

【動作說明】

（1）雙方交手，彼此以左前式格鬥站架應對（圖3-2-35）。

（2）對手率先將身體重心下沉，雙腿屈膝，由擊打站架轉換為摔跤站架，並向前移動重心，伸出雙手撲抱我的左腿。我迅速伸出左臂，屈肘以小臂為力點抵頂住對方左側肩部，以遏制其前衝的勢頭（圖3-2-36）。

圖3-2-37

圖3-2-38

（3）旋即，我身體略左轉，帶動左腳向左後方撤退一步，同時左臂離開對方左肩，取而代之的是右手順勢由其脖頸左側勾攬住其後頸，向內扣按住其後腦勺（圖3-2-37）。

（4）緊接著，用左手由對方脖頸右側繞過，順勢扣按住自己右手手背，雙臂夾緊，形成泰式纏抱（圖3-2-38）。

圖3-2-39

（5）繼而，雙手用力向下按壓對方的頭頸，身體重心向前移動、過渡至右腿上，左腿隨勢屈膝向前上方提起，以膝蓋為力點直接衝頂對方面門，予以重創（圖3-2-39）。

【技術要領】

從左臂抵肩轉換到泰式纏抱，動作要流暢、自然。用左膝反擊時，你的雙臂與雙手一定要牢牢鉗制住對方的頭頸，並且用力將其向下、向懷中拉扯、壓制，這樣才能確保膝蓋攻擊具有足夠的力道。

（四）推阻拳擊

【動作說明】

（1）雙方交手，對手採用左前式站姿，我以右前式站姿應對（圖3-2-40）。

（2）對手率先將身體重心下沉，雙腿屈膝，由擊打站架轉換為摔跤站架，並向前移動重心，準備對我實施下潛抱摔（圖3-2-41）。

（3）對方突然向前移動腳步，左腿屈膝跪地，左手前探，欲摟抱我的右腿。

我迅即身體右轉，右腳順勢向後移動，身體重心後移，並伸出左手猛推對方頭部，及時躲避對方撲抱的同時，有效地遏制其前衝的勢頭（圖3-2-42）。

圖3-2-40

圖3-2-41　　圖3-2-42

圖3-2-43

圖3-2-44

（4）繼而，在破壞了對手抱摔意圖的情況下，猝然向左擰轉身軀，以右手直拳猛擊對手頭部（圖3-2-43）。

圖3-2-45

（5）如果對手發動攻擊時，彼此間距離較近，他也可能會伸出右手來摟抱我的前腿（圖3-2-44）。

（6）此時我可以在右腳向後退步的同時伸出右手，用力推阻對方右側肩頭，迫使其右手無法觸及我的右腿（圖3-2-45）。

（7）旋即，我身體向右側擰轉，以左手直拳襲擊對方頭部（圖3-2-46、圖3-2-46A）。

【技術要領】

無論對方是伸出左手還是伸出右手來摟抱你的前腿，他一定是在估算出與你的距離恰好可以運用下潛抱摔的前

圖3-2-46

圖3-2-46A

提下，才實施動作的。因此在實戰中，你要時刻注意彼此之間的距離變化，透過不斷地調整步伐，儘量將主動權掌握在自己手中。

一旦發現對方有降低身體重心，向前快速移動的勢頭，就立即採取手段遏制他的進攻意圖，用手推阻對方的頭部或者肩部都是非常行之有效的方法。

（五）推肩衝膝

【動作說明】

（1）雙方交手，對手採用左前式站姿，我以右前式站姿應對（圖3-2-47）。

圖3-2-47

（2）對手突然以左手刺拳襲擊我頭部，目的是擾亂我的視線（圖3-2-48）。

圖3-2-48　　圖3-2-49

（3）然後，對方身體重心下沉，同時向前伸出雙臂，欲以雙手撲抱我的右腿。我迅即身體右轉，右腳順勢向後移動，身體重心後移，並伸出雙手推按對方雙肩，及時躲避對方撲抱的同時，令其保持與我之間的距離，遏制其前衝的勢頭（圖3-2-49）。

圖3-2-50

（4）旋即，我身體向左側擰轉，重心向前移動、過渡至左腿上，右腿隨勢屈膝向前上方提起，以膝蓋為力點直接衝頂對方面門，予以重創（圖3-2-50）。

【技術要領】

雙手推阻對手雙肩的動作會起到很好的遏制作用，雙手推阻與撤步、轉身動作要配合協調。右腿起膝攻擊時，左腿要略微屈膝，以保持自身的平衡穩定。

（六）勾臂衝膝

圖3-2-51

【動作說明】

（1）雙方交手，對手採用左前式站姿，我以右前式站姿應對（圖3-2-51）。

（2）由於我防備不周，右腿不慎被對方突然用雙手抱住，在其雙臂未收攏的一剎那，我迅速將雙臂插入對方雙臂內側，並用力向外撥撐，以化解其雙臂提抱之力（圖3-2-52）。

圖3-2-52

（3）動作不停，雙臂屈肘，用力向上提抱對方雙臂，雙手自下而上勾摟住其雙大臂外側，迫使其雙手脫離我的右腿（圖3-2-53）。

圖3-2-53

（4）旋即，在將對手雙臂提起的一瞬間，突然上體後仰，重心向前移動、過渡至右腿上，左腿隨勢屈膝向前上方提起，以膝蓋為力點連續衝頂對方胸部，還以顏色

（圖3-2-54）。

【技術要領】

前腿一旦被對方抓抱住，要立即做出反應，動作遲緩了，身體重心就會被對方破壞掉，很難保證不被對方摺倒。雙臂提攬動作成功破壞掉對手的摟抱後，要儘量將其向懷中拉扯，縮短距離，為起膝攻擊創造恰當的動作空間。

圖3-2-54

（七）拳阻鞭踢

【動作說明】

（1）雙方交手，對手採用左前式站姿，我以右前式站姿應對（圖3-2-55）。

圖3-2-55

（2）對方身體重心突然下沉，同時向前伸出雙臂，欲以雙手撲抱我右腿。我迅疾向左轉動身體，同時以右手直拳狠狠擊打對方下巴，以遏制其前衝的勢頭（圖3-2-56）。

圖3-2-56

（3）旋即，我身體重心向左移動至左腿之上，同時提起右腳。然後身體猛然向左擰轉，揚起右腿，以右腳腳背或

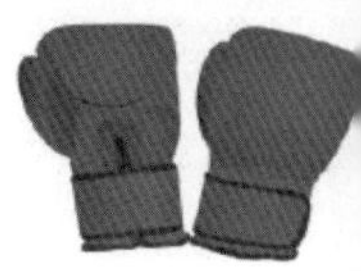

圖3-2-57

圖3-2-58

者右小腿脛骨部位為力點鞭踢對方後頸（圖3-2-57至圖3-2-58A）。

圖3-2-58A

【技術要領】

右腿鞭踢對方後頸的動作，要利用身體轉動之勢順勢而為。身體旋轉過程中，左腿膝關節要略微彎曲，以保證自己身體的平衡穩定。

（八）肩固絆摔

【動作說明】

（1）雙方交手，彼此以左前式格鬥站架應對（圖3-2-59）。

圖3-2-59

圖3-2-60

圖3-2-61

（2）對方身體重心突然下沉，同時左手前探，欲摟抱我左腿（圖3-2-60）。

（3）我左腳迅速向後撤步，同時將左臂伸至對手左臂外側（圖3-2- 61）。

圖3-2-62

（4）旋即，我身體左轉，右臂自對方脖頸右側繞過，屈肘圈攬住其脖頸，同時左臂屈肘，左手由其左大臂下方穿過，與自己右手會合，雙手扣握在一起，雙臂一併收攏，將對手脖頸和左臂同時鎖住，形成肩固之勢（圖3-2-62、圖3-2-63）。

（5）緊接著，身體重心下沉，右腳朝對方身後邁進一步，腳跟著地，腳尖勾起，直膝橫絆住對方左腿，左腿屈膝下蹲（圖3-2-64、圖3-2-64A）。

（6）動作不停，雙腳於地面原有位置不動，我身體重心猛然向後移動，臀部主動後坐著地，雙臂勒緊對方上

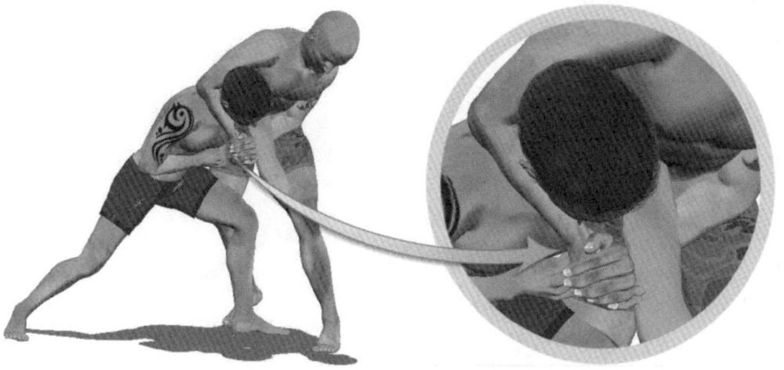

圖3-2-63

圖3-2-64

圖3-2-64A

圖3-2-65

圖3-2-65A

體，順勢將其仰面絆倒（圖3-2-65、圖3-2-65A）。

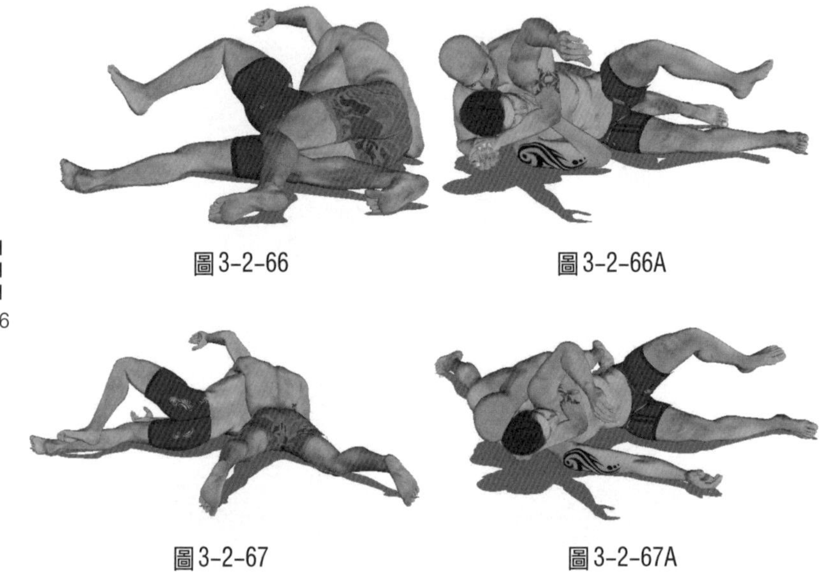

圖3-2-66　圖3-2-66A

圖3-2-67　圖3-2-67A

（7）倒地瞬間，我身體迅速於地面上向右翻轉，呈趴伏狀態，在地面纏鬥中取得優勢（圖3-2-66至圖3-2-67A）。

【技術要領】

絆摔是一種一邊絆住對方的腿或者腳，一邊橫向用力將對方摔倒的技術，在發力方面是比較巧妙的，往往可以用很小的力量就能將對手撂倒。成功的關鍵在於上下肢動作的配合協調，以及時機的把握。

臀部主動向後跌坐時，絆住對方下肢的右腿一定要挺直，且在跌倒的過程中不能移動位置，否則就起不到別絆的作用了。倒地後，身體要立即翻轉，並利用翻轉動作來帶動雙臂鎖緊對方的脖頸，以加大降服力度，令其窒息。

第四章　MMA地面打鬥

在綜合格鬥比賽過程中，KO雖然是最令人興奮的時刻，但是大多情況下擊中或摔倒對手，並不意味著取得了最終勝利。只有利用自身的優勢在地面將對手完全降服，使其徹底喪失反抗能力，贏得裁判的認可，才能算是結束戰鬥。事實上，在各類MMA賽事中，最終令對手徹底屈服的比賽，有半數以上是在地面上進行和完成的，地面戰鬥是整個格鬥過程的終結和關鍵。

以往，地面上的格鬥，只有在柔道、柔術、桑搏這些傳統格鬥項目中才能見到，而且確切地說那些技術應該叫作「地面纏鬥」，而非「地面打鬥」。地面纏鬥是指在地面格鬥階段，運用關節鎖控技術和各種絞窒技術降服對手的格鬥過程，原則上是不允許使用打擊技術的；而綜合格鬥中的地面打鬥，在技術內容上要比前者更加豐富，選手不僅可以使用降服手段，也可使用各種踢打動作，這使得地面打鬥充滿了刺激性和觀賞性，看起來更像是現實生活中的街頭打鬥，同時也為選手提供了更加寬闊的展示格鬥技藝的舞台。

相較於戰姿格鬥，地面打鬥的戰術更加靈活多變，克敵制勝的手段更加豐富，同時也更加講究技戰術相互結合。

現在凡是參與MMA的選手或者普通愛好者，無一例外都要首先進行地面技術的學習，職業選手普遍是要聘請專職柔術教練的，否則他就像失去一條腿的殘疾人，根本無法堅實地站立在八角鐵籠裏。

隨著MMA運動賽制的不斷發展和完善，客觀要求現代的職業MMA運動員都必須是技術全面的格鬥高手，他們都要經過多年的、具有針對性的交叉式專業訓練。如今的MMA冠軍中，你幾乎找不到哪位是技術單一型的選手。拿UFC來說，從羽量級的何塞·奧爾多（Jose Aldo）到重量級的凱恩·維拉斯奎茲（Cain Velasquez），都是打鬥、投摔、地面技術雲集一身的全才，也只有這樣，他們才具有絕對的競爭力，才有資格雄霸一時。

第一節　開始地面戰鬥

我們所說的地面戰鬥並非單指雙方同時進入相互扭打撕扯的倒地格鬥狀態，在一方倒地、一方站立的情況下，我們也將其稱為展開地面戰鬥了。也就是說，格鬥雙方只要有一人處於倒地狀態，我們就將這個階段視為開始地面戰鬥了，儘管可能有一方並不願意讓另一方將戰鬥拖入地面階段。

一、倒地後的防禦方法

作為一名MMA選手，你經常會有被動倒地的時刻，你的對手會在第一時間撲上來，並試圖在這種狀態下對你施以拳打腳踢。如果恰好對方是一名擅長地面纏鬥的選手，他勢必會趁機將戰鬥始終保持在他所喜歡的地面階段。因此，如果你是一名站立系選手，並不想將戰鬥拖入地面，在你倒地一瞬間，就要迅速做出反應。你要用恰當的手段防禦對方的各種攻擊，同時預防你的雙腿被對方控

制，更重要的是必須設法快速重新站立起來，恢復到你所擅長的站姿打鬥環節。

（一）倒地後的基本防禦姿態

【動作說明】

（1）後背著地摔倒的一瞬間，迅速將頭抬離地面，含胸勾頸，下巴內收，雙臂屈肘收護於胸前，雙拳掩護面門，嚴密守護上盤。同時，雙腿屈膝向上擺動提起，令膝蓋儘量靠近前胸，臀部略向上抬起，僅以後背著地，雙腳朝向對手，蓄勢待發，隨時準備挺膝蹬出（圖 4–1–1）。

（2）在身體蜷縮、四肢收攏的情況下，可以有效地防禦對手的拳打腳踢，化解其攻擊勢頭（圖 4–1–2、圖 4–1–3）。

（3）也可以在對方靠近的時候，用雙腳蹬踏住對

圖4-1-1

圖4-1-2

圖4-1-3

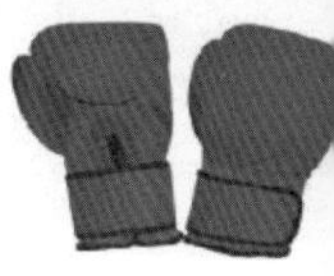

手的雙腿，形成一種開放的防守姿態，迫使其與自己保持一定的距離（圖 4-1-4）。

圖4-1-4

【技術要領】

當不慎被對手擊倒或者摔倒後，你所處的局面是非常被動的，要迅速扭轉局面，保持冷靜，並且立即擺出一種對自己有利的優勢姿態，身體的蜷縮、四肢的收攏動作要如條件反射般的迅速。在地面戰鬥中，我們將這種仰躺、蜷縮、雙手護頭、以腳拒敵的防禦姿態叫作Shell，可以理解為像貝殼一樣封閉住自己要害的意思。

Shell這種姿勢雖然比較難看，卻常常讓站立的對手無從下手，無可奈何，結果往往是裁判叫起躺在地上的選手，站起來重新以站立姿態進行比賽。故而MMA愛好者們也戲謔地形容之為「豬木狀態」，即譏諷其有些死豬耍賴的意思（也有說源自日本摔跤巨星豬木寬至，筆者未作確切考證）。

（二）倒地基本防禦→蹬擊膝蓋

【動作說明】

（1）格鬥過程中，我不慎被對手摺倒，在對方揮舞拳頭撲將過來的瞬間，我迅速蜷縮身體、四肢收攏，擺出Shell的姿態（豬木狀態），雙腳朝向對手方向（圖 4-1-5）。

（2）在對手即將逼近的一剎那，我迅速將右腿向前

圖4-1-5

圖4-1-6

挺膝伸展，以右腳腳後跟為力點猛蹬對手前腿膝蓋上方，可以成功化解對方的進攻勢頭（圖4-1-6）。

【技術要領】

倒地瞬間，身體蜷縮的速度要快，雙腿收縮，隨時準備出擊。右腳蹬擊對手向前邁進的那條腿的同時，左腿和雙臂要始終護住上體和頭部，不要給對方留有任何可乘之機。

（三）倒地基本防禦→蹬擊頭部

【動作說明】

（1）格鬥過程中，我不慎被對手摺倒，在對方揮舞右拳撲過來實施攻擊的瞬間，我迅速蜷縮身體、四肢收攏，擺出Shell的姿態，雙腳朝向對手方向。同時用左手推擋對手右拳，以化解其攻擊力度（圖4-1-7）。

圖4-1-7

（2）在成功化解了對手的攻擊動作後，我頭部與雙臂迅速向後伸展，以肩背和雙大臂接觸地面、支撐身體重量，同時臀部抬起，右腳蹬踏住對方前腿大腿部位，腰髖驟然向上提升，左腳順勢向上衝踢對手頭部（圖4-1-8）。

圖4-1-8

【技術要領】

腰髖向上躍動時，要藉助右腳的蹬踏動作瞬間發力完成，左腳上衝時要以腳後跟為力點實施攻擊動作，擊點準確，衝擊有力。

補充說明一下，按照MMA賽事規定，站立者是不允許踢擊倒地者頭部的，但是倒地者卻可以踢擊站立者的頭部。曾經在一場比賽中出現過，倒地者踢中站立者頭部，導致對手短暫暈眩，結果被倒地者用三角鎖降服的情況。

（四）倒地基本防禦→腳踵踢

【動作說明】

（1）格鬥過程中，我不慎被對手摺倒，在對方揮舞拳頭撲將過來的瞬間，我迅速蜷縮身體、四肢收攏，擺出Shell的姿態，雙腳朝向對手方向（圖4-1-9）。

圖4-1-9

圖4-1-10

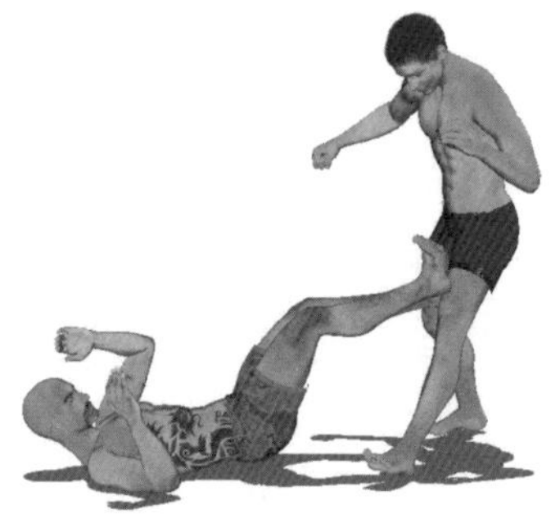
圖4-1-11

（2）在對手即將逼近的一剎那，我迅速用左腳蹬踏住對方後腿大腿部位，頭部與雙臂迅速向後伸展，以肩背和雙大臂接觸地面、支撐身體重量，同時臀部抬起，腰髖驟然向上提起，左腳順勢向上大幅度擺盪抬起（圖4-1-10）。

圖4-1-12

（3）動作不停，我右腳驟然向前下方下落，以腳後跟為力點狠狠磕砸對手左腿大腿位置，予以撞擊（圖 4-1-11）。

（4）在我右腳高高揚起的時候，如果對手的頭低得過低，我也可以直接以右腳腳後跟為力點擺踢對手的頭部（圖 4-1-12）。

【技術要領】

腳踵踢（Heel Kick）在 MMA 比賽中使用的頻率並不高，但是在地面防禦時實施攻擊卻非常行之有效。腰髖向

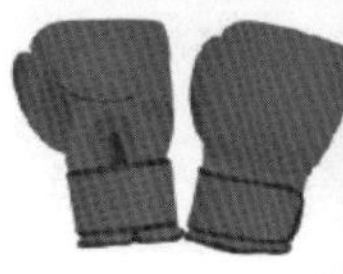

上躍動時，要藉助左腳的蹬踏動作瞬間發力完成，右腳向上擺動的幅度要大，從而提高回盪下落時的衝擊力。

（五）倒地基本防禦→推蹬

【動作說明】

（1）格鬥過程中，我不慎被對手用下潛抱摔一類技術摺倒，而且對方準備伸手控制我的腳踝、實施關節降服，局面對我極為不利（圖4–1–13）。

（2）我迅速蜷縮身體，用力收攏雙腿，儘量掙脫對方的控制（圖4–1–14、圖4–1–15）。

（3）旋即，在對方向前逼近、準備實施攻擊時，我左腿猛然向前挺膝蹬出，以腳掌為力點推蹬對手腰腹部，迫使其無法進一步靠近自己，與自己保持一定距離

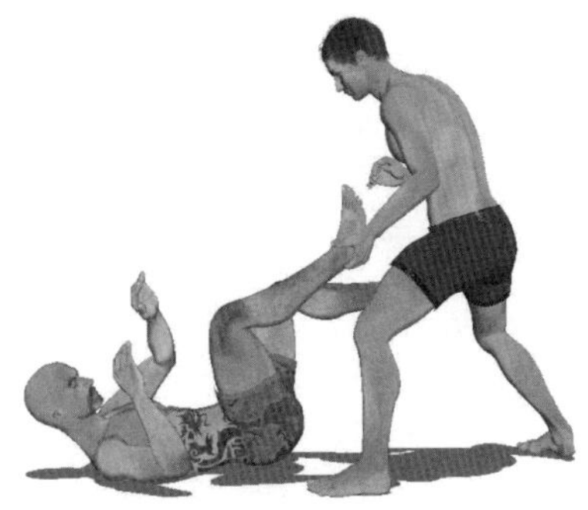

圖4–1–13

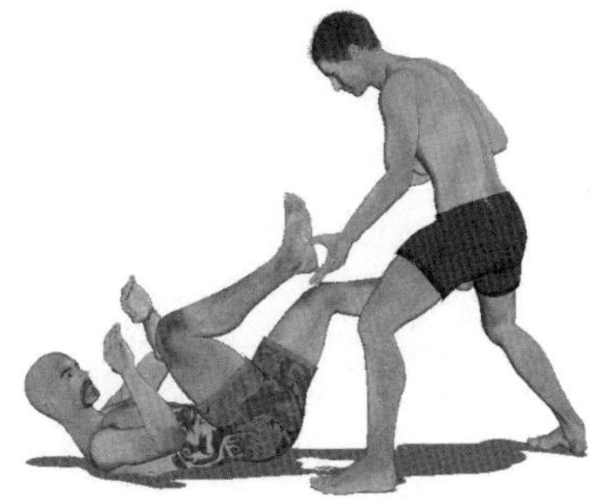

圖4–1–14

圖4–1–15

（圖 4-1-16）。

圖4-1-16

【技術要領】

倒地後，如果你不想讓對手靠近，即可使用這種推蹬的方法保持與對手的距離，以便尋找機會重新站立起來。實踐證明，這是非常有效的手段。出腿推蹬時，後背配合用力擠靠地面，可以提高推蹬的力度。

（六）德拉西瓦防守

【動作說明】

（1）格鬥過程中，我不慎被對手用下潛抱摔一類技術摺倒，而且雙腳腳踝被其雙手抓住，形勢對我極為不利（圖 4-1-17）。

（2）在這種情況下，我迅速蜷縮身體，用力收攏雙腿，儘量掙脫對方的控制（圖 4-1-18）。

圖4-1-17

圖4-1-18

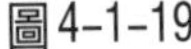

圖4-1-19

圖4-1-20

(3) 旋即，在雙腳擺脫對手抓控的瞬間，右腿從對手站立的左腿外側繞過，向內纏繞勾掛住他的左大腿，右腳腳背抵貼住其左腿大腿根內側，同時用右手於地面扣抓對手左腿腳踝外側部位（圖 4-1-19）。

(4) 幾乎同時，用左腳蹬抵住對方右腿大腿內側或膝蓋部位，這樣可以牢牢地牽制住對方的下肢，迫使其無法發動有效的攻擊（圖 4-1-20）。

【技術要領】

德拉西瓦防守（DeLaRiva Guard）在之前的章節中簡單介紹過，它可以有效地遏制對手進攻勢頭。右腿的纏繞動作要靈活、順暢，要用右腿和右手同時牢牢地控制住對方左腿。左腳蹬抵對方右腿的位置要準確，是大腿或者膝蓋位置，而非小腿。

（七）德拉西瓦防守→蹬擊頭部

【動作說明】

(1) 格鬥過程中，我不慎被對手摺倒，我迅速用右

圖4-1-21

圖4-1-22

圖4-1-23

圖4-1-24

手扣抓對手左腿腳踝部位，右腿從對手站立的左腿外側向內纏繞勾掛住他的大腿，以德拉西瓦防守姿勢控制住對方左腿（圖4−1−21）。

（2）如果對方試圖揮舞右拳朝我上體發動攻擊，我可以將左腳蹬抵住對方右腿大腿內側或膝蓋部位，迫使其無法靠近我（圖4−1−22）。

（3）也可以在對方掄動右拳、俯身下砸的一剎那，將左腿迅速屈膝提起，然後以左腳腳底為力點猛然向上蹬踹對手頭部，予以迎擊（圖4−1−23、圖4−1−24）。

【技術要領】

在用左腳攻擊對方頭部時，右手和右腿針對對方左腿的纏繞控制一定不能鬆懈，要將主動權始終控制在自己手中，如果對方的左腿逃脫掉了，局面將對我相當不利。

（八）絆腿掃踢→抱腿摔

【動作說明】

（1）格鬥過程中，我不慎被對手摺倒，在對方揮舞拳頭撲將過來的瞬間，我迅速蜷縮身體、四肢收攏，雙腳朝向對手方向。在對方靠近的時候，用雙腳蹬踏住對手的雙腿，形成一種開放的防守姿態，迫使其與自己保持一定的距離（圖 4-1-25）。

（2）發動反擊時，身體於地面向左翻轉，左臂屈肘支撐地面，上體左傾，以左側臀部著地，左腿順勢朝對手兩腳間伸展，平鋪於地面。同時右腳於對方左腳外側著地、屈膝踏實（圖 4-1-26）。

（3）動作不停，在左腿別住對方左腿的前提下，身

圖4-1-25

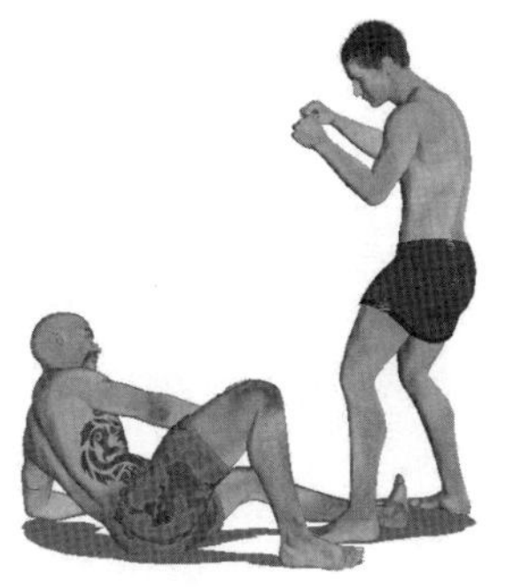

圖4-1-26

軀繼續向左側翻轉，藉助身體翻滾的動勢，帶動右腿以小腿脛骨為力點橫掃對手左大腿後側，右手輔助左臂支撐地面（圖 4-1-27）。

（4）絆腿掃踢的攻擊動作，可以迫使對方下肢不穩，身體被迫朝右後方背轉。在其身體轉動的一剎那，我身體立即向右轉動，右腳落地，左手推撐地面，身體重心猛然前躥，雙臂撲抱對方腰腿，右臂由其背後攔腰將其抱住，左臂自外向內攬抱住他的左大腿（圖 4-1-28、圖 4-1-29）。

（5）動作不停，右手向下滑動，勾抓住對方右腿腳踝部位，同時右腳向後滑退一步，上體前傾，以頭和胸部抵頂對手後背。隨即，雙腳用力向後蹬地，右手使勁向右後方提拉其右腳腳踝，上體前頂，迫使其身體重心失衡而向前撲倒在地（圖 4-1-30、圖 4-1-31）。

圖4-1-27

圖4-1-28

圖4-1-29

圖4-1-30　　圖4-1-31

【技術要領】

右腿實施掃踢時，一定要在事前將左腿埋入對方兩腳之間，以小腿後側別絆住對方左腿腳踝內側，這樣右腿的踢擊才能有的放矢，兩腿可以形成剪刀般的交錯力量。後續的起身撲抱動作要迅捷、靈活，雙手向後上方提抱對方雙腿的同時，雙腳配合向後蹬地，使自己的身軀向前猛躥，頭部和胸部一定要配合向前抵頂對方後背，上下肢配合協調，才能令其轟然倒下。

二、突破倒地者的防禦

比賽中，倒地者在跌倒的瞬間，會本能地做出防禦反應，以阻止你進一步的攻擊。如果你打算在地面階段有所作為，就首先要突破對手設置的層層防線，瓦解他的各種防禦屏障。在MMA比賽中，我們將這種突破倒地者防禦的技術統稱為突破防守（Pass Guard）。

突破防守的方法很多，針對不同的防禦手段，會衍生出不同的突破方法，突破防守也是一名綜合格鬥選手必須掌握的基本技能之一。

（一）跨越身體突破防守→側位控制

【動作說明】

（1）格鬥過程中，我利用摔技將對手摺倒在地，對方出於防禦目的，蜷縮身軀的同時，用雙腳蹬踏我雙腿，阻礙我前衝實施進一步的攻擊（圖4-1-32、圖4-1-33）。

（2）我迅速用左手由外向內抓住對手右腳腳踝部位，用力將其由我左腿處拉開、提起，並向右前方推送（圖4-1-34、圖4-1-35）。

（3）旋即，我身體猛然右轉，重心向前過渡，左腳順勢自左向右擺動抬起，由對方右腿外側繞過，跨向其身體左側（圖4-1-36）。

（4）動作不停，我左腳跨過對方上體，於對方身體左側落步，身體重心隨之下沉，以臀胯部位壓制住對手的身體，左手順勢扶撐對手身軀右側地面

圖4-1-32

圖4-1-33

圖4-1-34

圖4-1-35

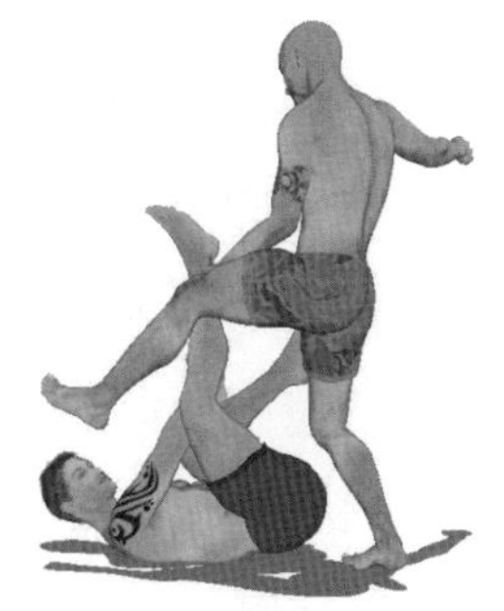

圖4-1-36

圖4-1-37

圖4-1-37A

（圖4-1-37、圖4-1-37A）。

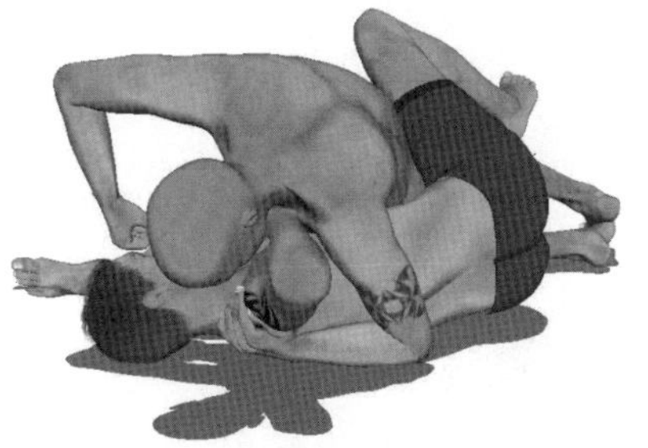
圖4-1-38

（5）成功跨越對方的身軀後，可以迅速取得側位控制的優勢，左臂屈肘攬住對方右肩，左側胸部牢牢地壓制住其上體，並揮舞右拳針對其頭部實施強力打擊（圖4-1-38）。

【技術要領】

左手抓住對方的右腳腳踝後，要將其儘量朝右上方推送，為左腿的跨越奠定基礎。左腳跨越成功後，要迅速降低身體重心，利用自己的體重將對方右腿壓倒，從而成功突破其雙腿的防禦。突破防守後的打擊可以是連續的，在側位展開GNP（強力打擊）對於MMA選手來說是非常舒服的攻擊機會。

（二）旋轉身體突破防守→側位控制

【動作說明】

（1）格鬥過程中，我利用摔技將對手摺倒在地，對方出於防禦本能，收攏雙腿，並用雙腳朝向我，以阻止我的靠近（圖 4-1-39、圖 4-1-40）。

（2）我可以在用左手抓住對方右腳腳踝的前提下，身體突然向右擰轉，右腳順勢向右後方滑步，落腳於對方身體右側，令後背朝向對手（圖 4-1-41、圖 4-1-42）。

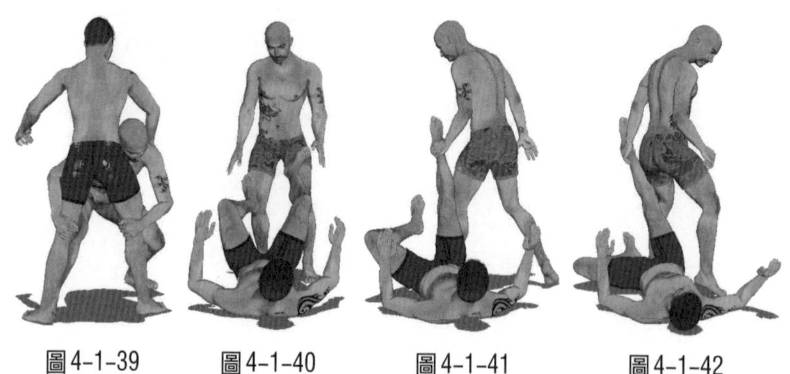

圖4-1-39　圖4-1-40　圖4-1-41　圖4-1-42

（3）動作不停，我身體繼續右轉，身體重心下沉，雙腿屈膝下蹲，並俯身用右手扶撐對手左臂內側地面，左手按壓其右側肩臂位置，防止對方坐起身來（圖 4-1-43、圖 4-1-43A）。

（4）旋即，身體左轉，上體前撲，右腳向左側滑動，雙腿伸展呈「人」字形，重心下沉，右臂一側著地，以右側胸部壓制住對方的上體，右臂屈肘扶撐地面（圖 4-1-44）。

（5）成功突破對方的防守，來到他身體側面，並取得有利於自己的位置後，可以揮舞左拳針對其頭部實施連續的強力拳擊或肘擊（圖 4-1-45）。

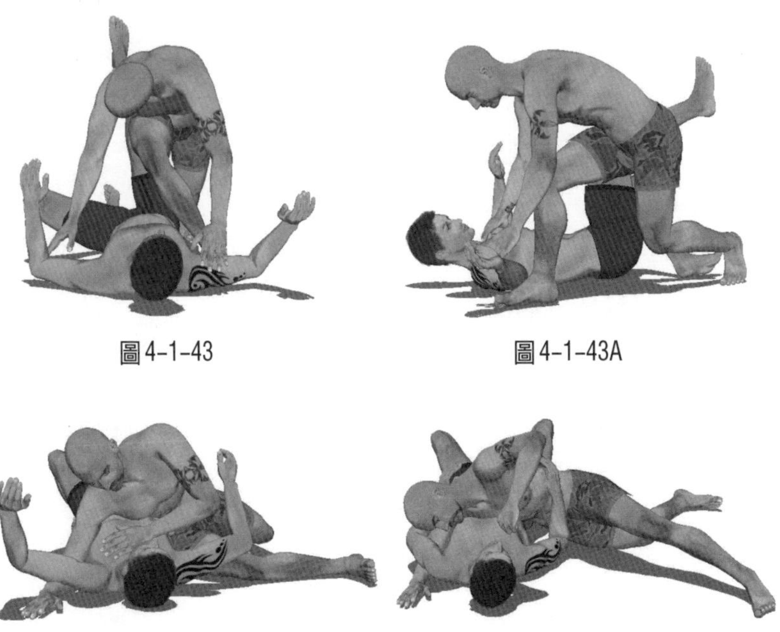

圖4-1-43　圖4-1-43A

圖4-1-44　圖4-1-45

【技術要領】

當對手舉起雙腳朝向你或者用腳蹬踢你的時候，你是很難直接突破這道防線衝上去實施攻擊的。在這種情況下，你沒必要與之正面抗衡，而應該善於使用迂迴戰術。

左手控制住對方右腳腳踝的瞬間，右腳要迅速滑步至對手身體右側，這是突破防守的關鍵一步，動作切勿遲疑、緩慢。右手扶撐地面時要注意，一定要將手置於對方身體左側、左臂內側，以便為下一步的壓制奠定基礎，同時也可以防止對方翻滾身體跑到我方背後去。

（三）防禦腳踵踢→膝抵

【動作說明】

（1）格鬥過程中，我利用摔技將對手摺倒在地，對方出於防禦目的，收攏雙腿，並用雙腳朝向我，以阻止我的逼近（圖 4-1-46、圖 4-1-47）。

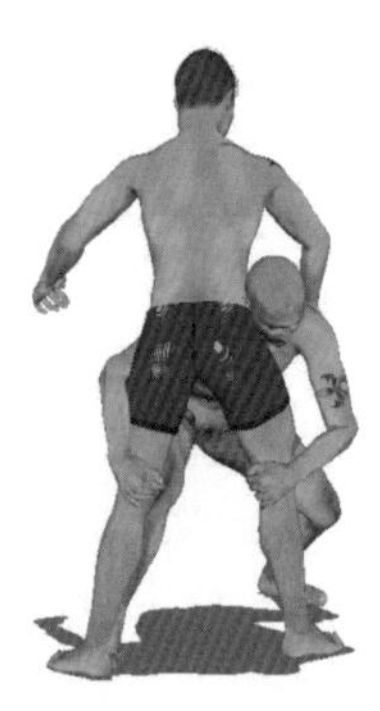

圖4-1-46

（2）當我試圖向前逼近時，對手會用左腳蹬踏住我右腿，控制距離的同時，抬臀提髖，將右腳高高向上揚起，準備用腳跟踢擊我(圖 4-1-48、圖 4-1-48A)。

（3）我迅疾抬起右臂，以小臂尺骨部位為力點截擊其右腿腳踝後側，用格擋動作化解其攻勢(圖 4-1-49)。

圖4-1-47

（4）幾乎同時，身體向右側旋轉，快速挪動腳步，移動至對方身體右側（圖

圖4-1-48 　圖4-1-48A

圖4-1-49 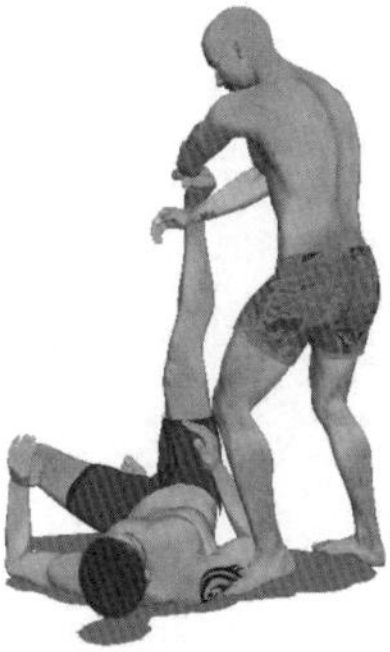　圖4-1-50 　圖4-1-51

4-1-50）。

（5）旋即，右臂屈肘扳攬住對方右腿，身體重心突然下沉，左腿屈膝順勢下跪，以膝蓋為力點狠狠抵壓住對方的胃部，右腿伸展，右腳蹬地形成膝抵姿勢。左手一併按壓住其胸部，將其牢牢制約於地面（圖4-1-51、圖4-1-51A）。

圖4-1-51A

【技術要領】

這一勢裏，要注意的是，右臂從阻截對方右腿腳踝那一刻起，身體轉動、屈膝跪抵這一系列動作過程中，始終不要離開對方的腳踝部位，要一直將主動權控制在自己手中。針對對手胃部的跪抵，可令其內臟遭受創傷，導致其筋疲力盡而放棄反抗。同時在這種姿勢下，選手能夠創造出許多攻擊機會。

（四）突破德拉西瓦防守→肘擊頭部

【動作說明】

（1）格鬥過程中，我利用摔技將對手摺倒在地，對方出於防禦目的，用左腿將我右腿由外向內纏繞勾掛住，右腳蹬踏我左腿大腿部位，以德拉西瓦防守姿勢進行防禦，阻礙我的進攻（圖4-1-52、圖4-1-53）。

圖4-1-52

（2）我迅速將右手由對方右腿內側插入，將其朝我身體右側撥動撩開，破壞他的防守（圖4-1-54、圖4-1-55）。

圖4-1-53

（3）在我右手將對方右腿撥至我身體右側的一瞬間，身體重心向右前方過渡，右手旋即用力向下按壓其右腿膝關節位

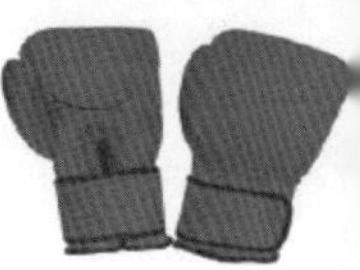

圖4-1-54

圖4-1-55

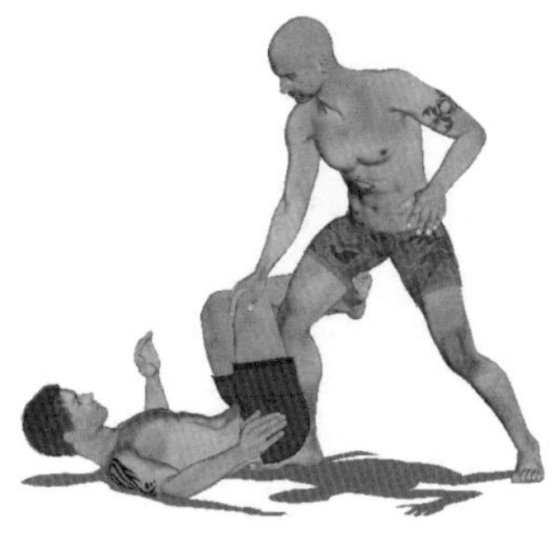

圖4-1-56

圖4-1-57

置，令其身體被迫向左側翻轉，徹底突破其防守(圖 4-1-56 至圖 4-1-57A)。

（4）繼而，我身體右轉，重心下沉，左腿屈膝跪地，在右手按住對方右腿的前提下，左臂屈肘，隨身體轉動以肘尖為力點猛擊對方頭部（圖 4-1-58）。

圖4-1-57A

【技術要領】

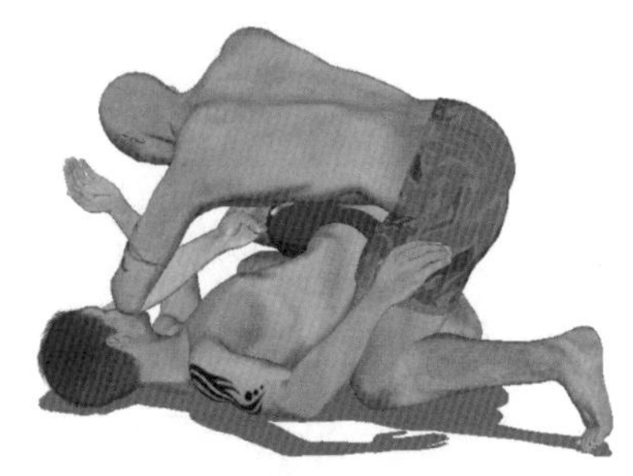

圖4-1-58

右手臂撥畫、按壓對方右腿的動作要流暢有力。撥開對方右腿的一剎那，迅速屈膝、降低身體重心，果斷撲將上去，發動打擊。左肘的攻擊動作要利用身體轉動、重心下沉的動勢發力，將整個身體的重量灌注於肘尖。

三、針對倒地者實施踢擊

在上文中我們介紹了一種倒地者經常擺出的防禦姿勢——Shell，其實「豬木狀態」雖然實用，但也並非無懈可擊，有一種叫作「顏面踩」的腿法就可以成功地破解它。資深的MMA愛好者都不會忘記，「顏面踩」曾經是「猿人」萬德雷・席爾瓦（Wanderlei Silva）、「將軍」墨里西歐・魯阿（Mauricio Rua）等人的踩踏必殺技。

但是由於「顏面踩」和「足球踢」一類專門針對倒地者頭部實施攻擊的動作破壞力過於強大，會造成許多危及生命的危險情況發生，只有在Pride和早期的一些UFC賽事中可以看到選手運用過，現代大部分MMA賽事都明令禁止使用了。

（一）腿間踩踏

【動作說明】

（1）格鬥過程中，我運用抱摔技術將對方摺倒在地，在其後背著地、雙腿尚未收攏而擺出防禦姿態的瞬間，我

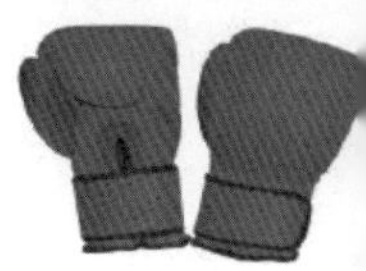

雙手迅速控制住其雙腳或者腳踝部位（圖 4–1–59、圖 4–1–60）。

（2）旋即，左腳向前上步，雙手用力向前推送對方雙腳，並令其雙腿向兩側張開，撕開進攻的缺口（圖 4–1–61）。

（3）繼而，可以將右腿屈膝提起，然後身體重心向前過渡，右腿突然挺直，右腳由對方雙腿間突入，以腳底或腳後跟為力點踩踏攻擊對手頭部（圖 4–1–62、圖 4–1–63）。

圖4-1-59

圖4-1-60

圖4-1-61

圖4-1-62

圖4-1-63

【技術要領】

如果你參加的賽事禁止這樣的攻擊動作，也可以將攻擊目標由頭部變換為踩踏對方的胸腹部，同樣可以達到創傷對手的目的。

攻擊過程中，雙手要牢牢控制住對手的雙腳腳踝，支撐腿膝關節略微彎曲，以確保自身站立的穩定性。要充分利用自身的體重優勢，由踩踏去實施攻擊。

（二）踢擊頭部

【動作說明】

（1）格鬥過程中，我運用抱摔技術將對方摺倒在地，對方出於防禦目的，倒地瞬間會收攏雙腿，並用雙腳朝向我，以阻止我的逼近（圖 4－1－64、圖 4－1－65）。

（2）我迅疾用右手托抓住對手左腳腳踝，並用力向左側丟撇，令其身體向右側翻轉，從而突破其雙腳形成的這道防線（圖 4－1－66、圖 4－1－67）。

圖4-1-64

圖4-1-65

圖4-1-66

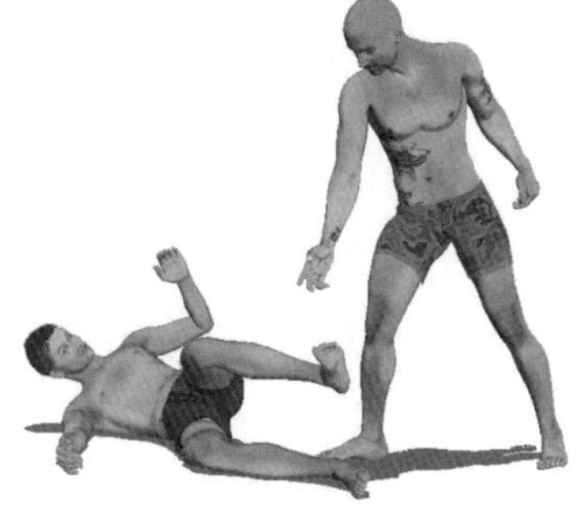

圖4-1-67

（3）旋即，我身體猛然向右擰轉，帶動左腿自左向右掃踢而出，如踢足球一般攻擊對手頭部，予以重創（圖4-1-68）。

圖4-1-68

【技術要領】

這是「足球踢」的基本用法，動作類似低鞭腿，其威力是不言而喻的。如果倒地者的頭部被對手踢中，基本上就當場被KO掉了。比如2004年2月12日在日本舉行Pride Bushido 2時，一場米爾科・菲利浦維奇（Mirko Filipovic）對陣山本宜久（Norihisa Yamamoto）的比賽中，米爾科・菲利浦維奇在站立戰中佔據優勢，山本宜久欲將戰鬥拖入地面，米爾科・菲利浦維奇洞察對手的舉動，迅速後撤，轉換體位，以迅雷不及掩耳之勢用「足球踢」猛擊對手頭面部，在2分12秒成功KO對手。

格鬥者在比賽時要根據賽制的規定，決定運用與否。同時，在具體運用時，要掌握好出腿的位置和時機。

（三）腳踵斧踩

【動作說明】

（1）格鬥過程中，我運用抱摔技術將對方摞倒在地，對方出於防禦目的，倒地瞬間會收攏雙腿，並用雙腳朝向我，以阻止我的靠近（圖4-1-69、圖4-1-70）。

（2）當對方用右腳朝我蹬踏時，我可以順勢伸出右手，自左向右刁抓住對方右腳腳踝（圖4-1-71）。

（3）旋即，我右手抓住對方右腳腳踝向身體右側拉動，右腳向前移動半步，身體重心向前過渡（圖4-1-72）。

（4）動作不停，身體重心移至左腿，右腿順勢向前上方擺盪，右腳高高抬起（圖4-1-73）。

（5）繼而，在對方右腿被撥開，上體露出空檔之際，右腳利用重力慣性驟然下落，以腳踵部位為力點狠狠踩砸對手腹

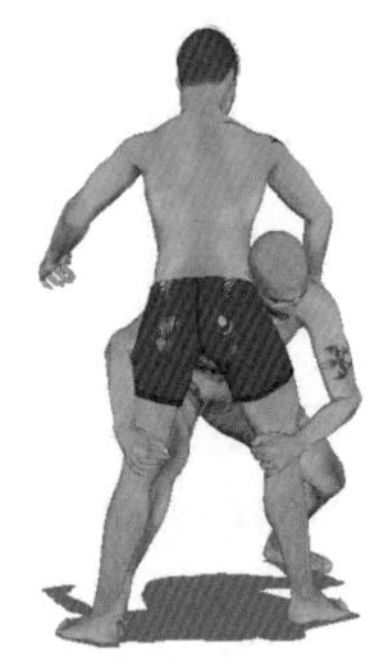

圖4-1-69

圖4-1-70

圖4-1-71

圖4-1-72

圖4-1-73

部神經叢位置（圖 4-1-74）。

【技術要領】

腳踵斧踩這種攻擊方式，在居高臨下的站立者攻擊倒地者時，效果非常明顯，因其下落之勢如刀砍斧踩，故而大家稱之為「斧踩」。實施動作時，要充分利用起腳抬腿、然後再快速下落的回盪之力，以腳踵部位為力點攻擊目標。

圖 4-1-74

第二節　地面打鬥中的防守技術

Guard 其實是拳擊運動中的一個術語，指抬起雙手護住臉部的動作。在 MMA 比賽中用來泛指地面打鬥時的一種防守技術。

地面打鬥階段涉及的防守技術有許多種，其中封閉式防守(Close Guard)、開放式防守(Open Guard)、半防守（Half Guard）、烏龜式防守（Turtle Guard）、德拉西瓦防守（DeLaRiva Guard）等在 MMA 比賽較為常用。此外，諸如蜘蛛式防守(Spider Guard)、蝴蝶式防守(Butterfly Guard)、X 型防守(X-Guard)、50/50 防守(Fifty-Fifty Guard)、反向防守(Inverted Guard)、橡皮式防守(Rubber Guard)、坐姿防守（Sit Guard）等防守技術則在巴西柔術等其他格鬥體系裏運用較多。

由於篇幅所限，本書僅圍繞 MMA 比賽中運用最為廣泛

的封閉式防守技術進行講解，其他類型防守技術筆者將在以後出版的相關書籍中再作進一步的介紹。

一、封閉式防守的下位技術

封閉式防守是仰躺狀態下，將雙腿屈膝環扣在一起，鎖夾住對手腰部而形成的一種防守方法，雙腿如蟹鉗，夾持有力。

當你在地面位置上處於仰躺狀態，而對手位於你雙腿之間，準備撲上來對你實施壓制或者攻擊時，你就應該立即採取防禦措施。MMA 選手大多會本能運用封閉式防守來應對這種局面，這是他們在日常訓練當中反覆練習的技術，在面臨危險時會條件反射般地做出動作來。

事實上，封閉式防守在防禦對手攻擊方面，也的確是非常行之有效的技術，它可以將看似被動的下位狀態，瞬間轉變成對自己有利的局面，並且可以施展各種降服技術（Submission）、扼絞技術（Choke）和掃技（Sweep）來反擊對手。

當然，處於下位的選手是一定會存在不利因素的，由於你的後背接觸地面，所以在這種狀態下是很難打出具有殺傷力的拳法來的，這也是不可否認的事實。

（一）基本動作

【動作說明】

（1）地面打鬥中，我處於被動局面，仰躺於地面，兩腿分開，對手雙腿屈膝跪伏於我雙腿之間，準備對我實

施打擊（圖 4-2-1）。

（2）我迅速抬起右腿屈膝勾搭於對方左側腰胯部位（圖 4-2-2）。

（3）幾乎同時，再將左腿抬起，屈膝勾搭於對方右側腰胯部位，雙腿形成環狀，雙腳腳踝勾搭相交，將對方腰部牢牢地圈攬扣鎖住（圖 4-2-3）。

（4）左右腳抬起的順序根據具體情況而定，雙腳疊搭在一起，可右腳在上，亦可左腳在上，只要達到鎖閉目的即可（圖 4-2-4）。

（5）用雙腿勾鎖住對手的腰髖後，可以進一步用雙

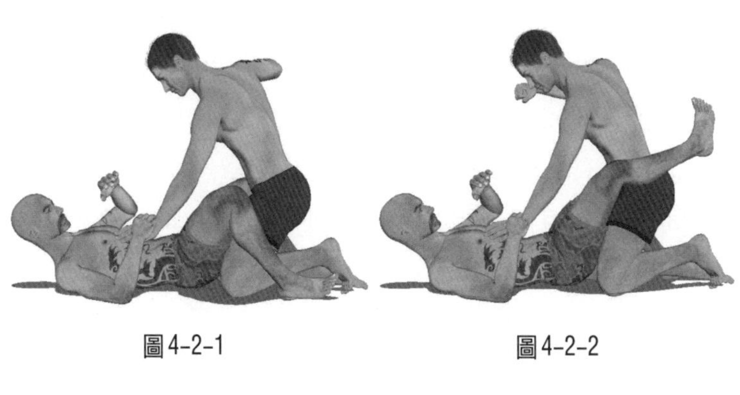

圖4-2-1　　圖4-2-2

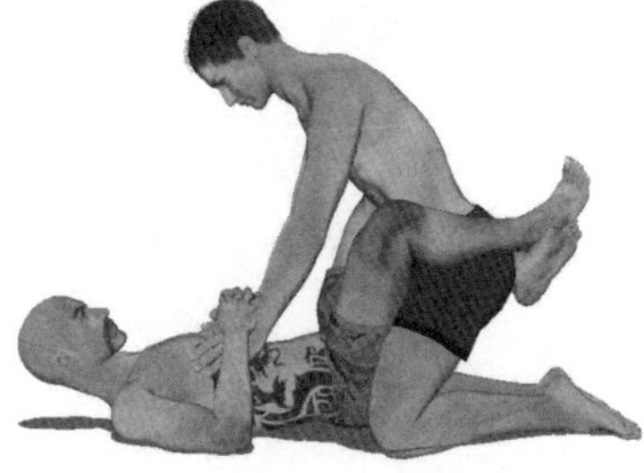

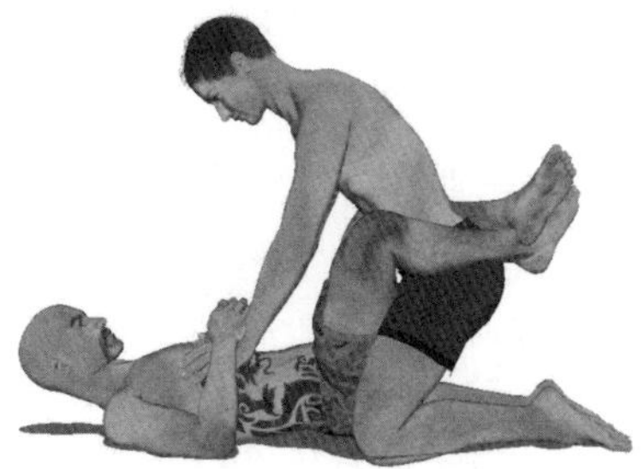

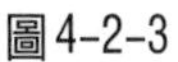

圖4-2-3　　圖4-2-4

臂纏抱住其上體，使雙方身軀緊緊貼靠在一起，可以有效地遏制對方的攻擊動作（圖 4-2-5）。

圖4-2-5

【技術要領】

雙腿夾住對手的腰部要牢固，但不必過於用力，因為我們夾持對方的目的不是要夾斷他的腰，而是為了控制對手的腰部，從而使對方的動作受到限制，而我的腰部則是可以自由活動的。

在封閉式防守姿態下，要想針對對手實施一些降服技術的話，你的上肢和軀幹不能距離對手太遠。進入封閉防守狀態的瞬間，應該迅速纏抱對方上體，以縮短彼此距離，這樣才有利於發動降服攻擊，或者窒息扼絞。

同時，縮短相互間的距離，則可以有效地衰減對方的擊打力度，使其揮拳無力，甚至無法揮舞拳頭。

（二）躲避打擊

【動作說明】

（1）地面打鬥中，我處於被動局面，仰躺於地面，兩腿分開，對手雙腿屈膝跪伏於我雙腿之間，揮舞右臂準備攻擊我的頭部（圖 4-2-6）。

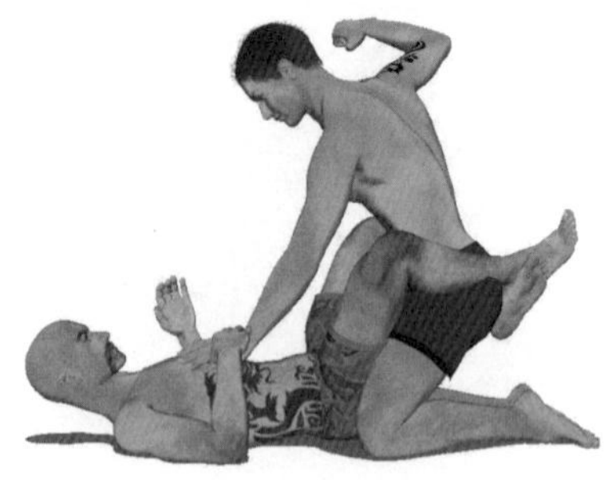

圖4-2-6

圖4-2-7　　圖4-2-8

（2）我立即於地面上向左側擺動上身，迅速躲避對方的擊打，同時雙腿夾持對方腰髖用力朝右側擺動，利用雙腿對他腰部的控制，可以降低對手的擊打力度和準確性。（圖4-2-7）。

（3）旋即，用雙臂纏抱住其上體，使雙方身軀緊緊貼靠在一起，避免其發動新一輪的擊打（圖4-2-8）。

【技術要領】

處於下位時，要始終保持腰部的靈活性，只有腰部處於自由狀態下，才可以快速擺動身軀，及時躲避對手的拳肘攻擊。腰活了，整個人也就全活了，所有軀體動作也就都靈活了。

（三）阻擋直拳捶擊

【動作說明】

（1）地面打鬥中，我處於被動局面，仰躺於地面，對手雙腿屈膝跪伏於我封閉的雙腿之間，用左手按壓住我胸部，並掄起右拳準備用直拳對我實施捶擊(圖4-2-9)。

（2）在對方發動打擊的一剎那，我迅速抬起左臂，向上格擋對手右臂內側，使其打擊落空（圖4-2-10、圖4-

圖4-2-9

圖4-2-10

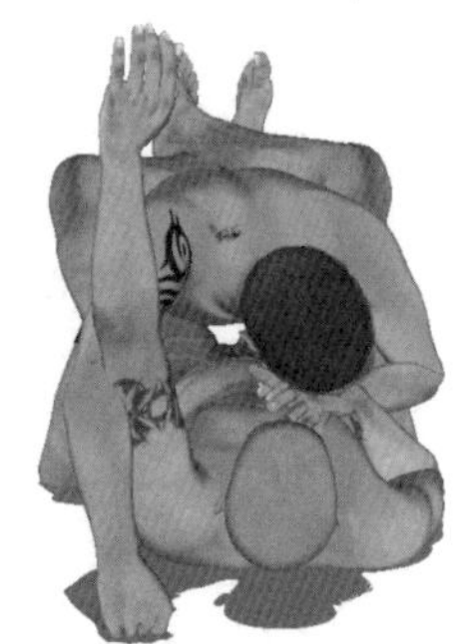
圖4-2-11

2-11）。

（3）旋即，在對方右手拳頭砸在地面上的瞬間，我左臂迅速屈肘、自外向內圈攬住對方右大臂，同時右手勾攬住對方後脖頸，雙臂一併收攏，令雙方身軀緊緊貼靠在一起，避免其發動新一輪的擊打（圖 4-2-12）。

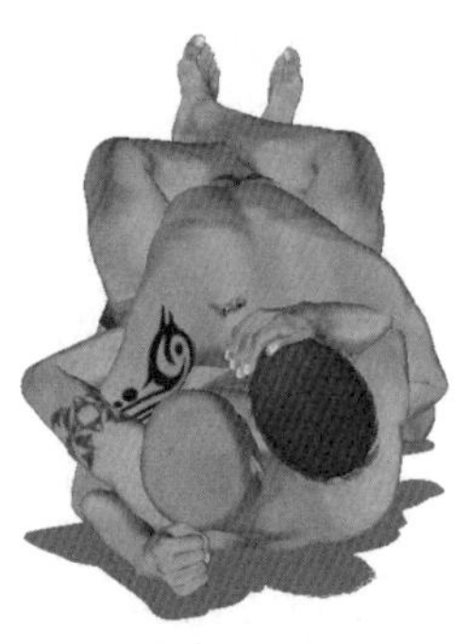
圖4-2-12

【技術要領】

在下位遭受捶擊是非常不愉快的事情，手臂阻擋對方攻擊後，要立即用手臂纏抱住對方的手臂，迅速拉近彼此間距離，避免承受連續捶擊。在雙方身軀緊貼在一起的情況下，對手即便能夠揮動拳頭，也不會對自己產生任何威脅了。

（四）阻擋勾拳攻擊

【動作說明】

（1）地面打鬥中，我處於被動局面，仰躺於地面，對手雙腿屈膝跪伏於我封閉的雙腿之間，我用雙臂纏抱住

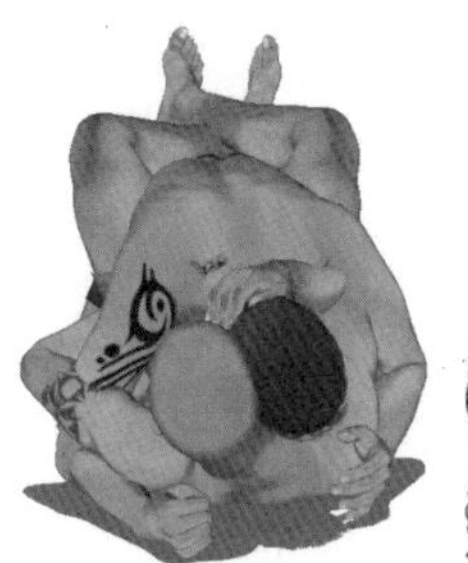

圖4-2-13

圖4-2-14

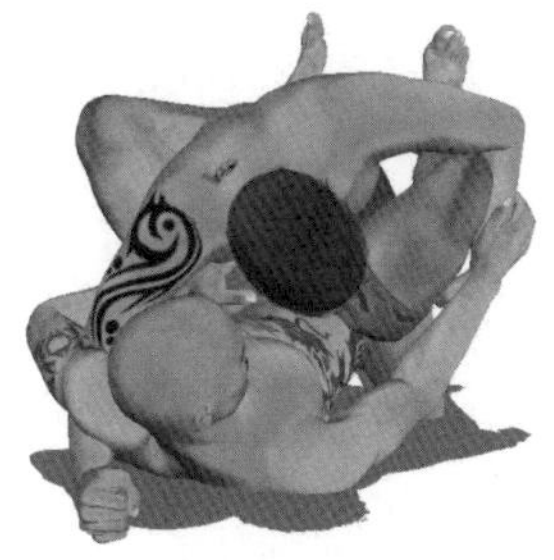

圖4-2-15

對手上體，使雙方身軀緊緊貼靠在一起（圖4-2-13）。

（2）用雙臂纏抱住對手上體，令其趴伏在我身上，是可以有效阻遏對手發動捶擊的好辦法。但是這樣一來，身體側肋部會暴露空檔，對手可能會選擇用左手勾拳襲擊我右側軟肋。此時，我可以及時屈肘抬起右臂，予以防範（圖4-2-14）。

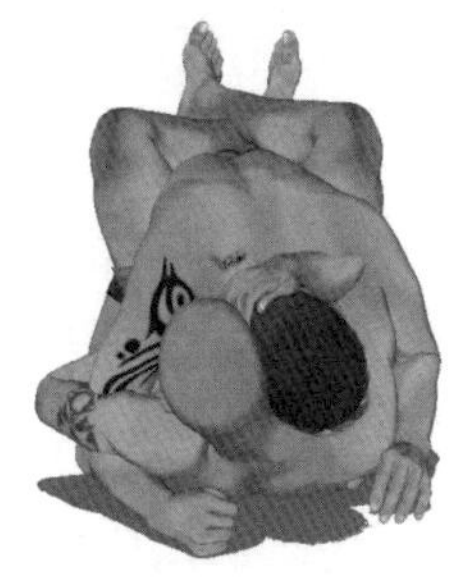

圖4-2-16

（3）繼而，在對方左拳擊打下來的一剎那，我右腿屈膝提起，以膝蓋和小腿脛骨部位為力點向外、向上撐阻對方手臂內側，以化解其攻勢（圖4-2-15）。

（4）旋即，在成功抑制掉對手的攻擊企圖後，再次迅速纏抱住對方的上體（圖4-2-16）。

【技術要領】

抬起一條腿來防禦對方的勾拳擊肋，雖然防禦效果較好，但是由於雙腿放鬆了針對對方腰身的控制，對手很容易掙脫。所以，在鬆開雙腿進行防禦時，左臂要始終攬緊對方的右臂，令其無法順利抽身。

（五）封閉式防守→發動肘擊

【動作說明】

（1）地面打鬥中，我仰躺於地面，兩腿分開，對手雙腿屈膝跪伏於我封閉的雙腿之間。出於防禦，對手將上體趴伏於我胸前，拉近彼此間距離（圖 4−2−17）。

（2）要想針對對手頭部實施打擊，必須在發動攻擊前，先用雙手向上、向前推撐對手臉面，令其抬起頭，為揮舞手臂創造空間（圖 4−2−18）。

（3）旋即，上體向前探身，肩背猛然向左擰轉，帶動右臂屈肘、以肘尖為力點突然攻擊對手下頷(圖 4−2−19)。

【技術要領】

在對手上體趴伏在我胸前時，發動肘擊是存在一定困難的，沒有攻擊的空間，所以必須先行將對手的頭推開，創造出打擊空間，再發動攻擊。肘擊動作要藉助上體擰轉的慣性發力，力達肘尖。

另外說明一下，地面階段實施的肘擊，在日本的MMA

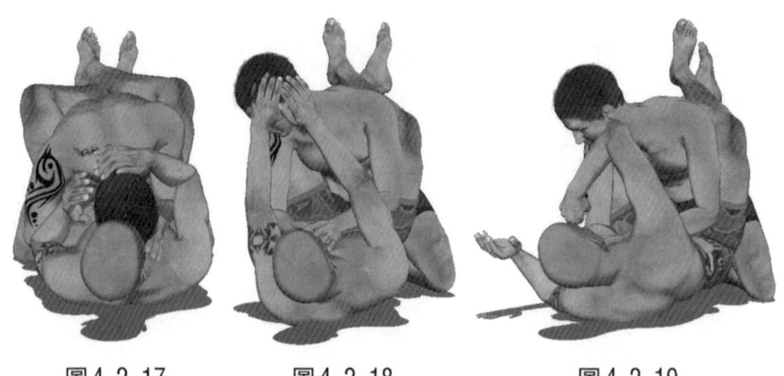

圖4−2−17　圖4−2−18　圖4−2−19

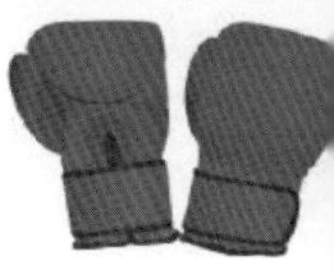

賽事中，是禁止擊打頭部的，但在UFC等賽事中，地面肘是可以攻擊頭部的。

（六）封閉式防守→拉開距離

【動作說明】

（1）地面打鬥中，我處於被動局面，仰躺於地面，對手雙腿屈膝跪伏於我封閉的雙腿之間，並用雙手按壓住我胸部，準備發動攻擊（圖4-2-20）。

（2）我可以用雙手自上而下扣抓住對方雙手腕部，同時以後背為力點支撐地面，腰髖向上抬起，使臀部離開地面，以雙腿膝部抵頂住對手的胸腹部，迫使對方拉開與自己之間的距離（圖4-2-21）。

（3）旋即，右腿屈膝回收，並以右腳蹬踏住對方左側胯部位置（圖4-2-22）。

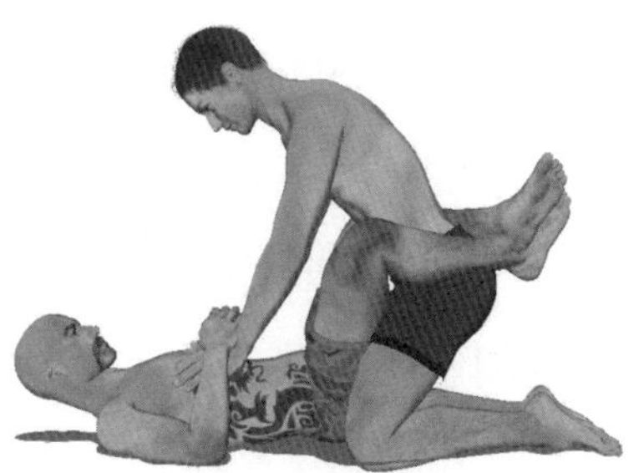

圖4-2-20

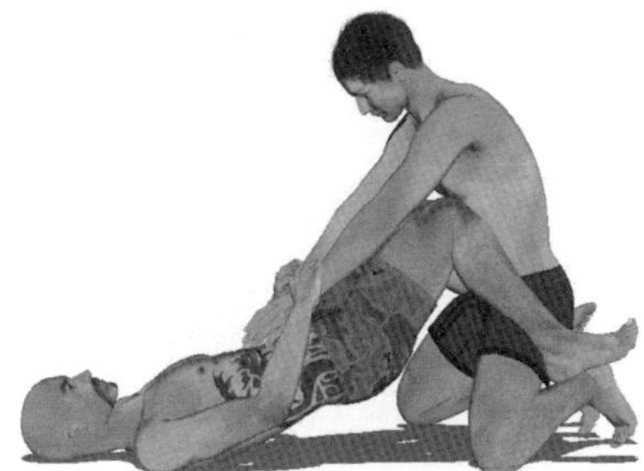

圖4-2-21

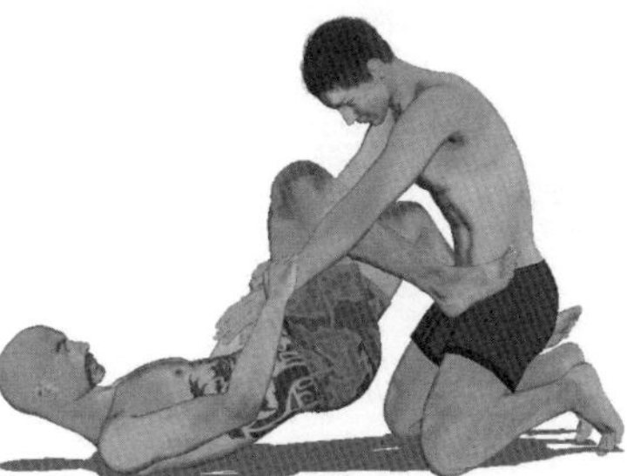

圖4-2-22

（4）幾乎同時，猛然提起左腿，揚起左腳，以腳跟為力點朝前上方猛蹬對手頭部或者下頜，予以重創（圖 4-2-23）。

圖 4-2-23

【技術要領】

封閉式防守時，雙腿不要過於用力夾持，要時刻保持腰部機動靈活，這樣在實戰中就可以根據需要隨時放鬆雙腿，並藉助對方的身體迅速拉開與對手的距離，並用腳攻擊對方要害，從而達到變換姿態、改變戰術的目的。

（七）封閉式防守→坐起來→站起來

【動作說明】

（1）地面打鬥中，我處於被動局面，仰躺於地面，對手雙腿屈膝跪伏於我封閉的雙腿之間，用左手按壓住我胸部，並掄起右拳準備對我實施強力打擊（圖 4-2-24）。

（2）我努力向前欠起上身，上體略左轉，左臂屈肘，以小臂支撐身體左後方地面，同時伸出右手用力推撐對方右側肩頭，抑制其進攻勢頭（圖 4-2-25）。

圖 4-2-24

（3）旋即，左臂伸直，左手用力推動地面，上體前探、坐起身來，右臂順

圖4-2-25

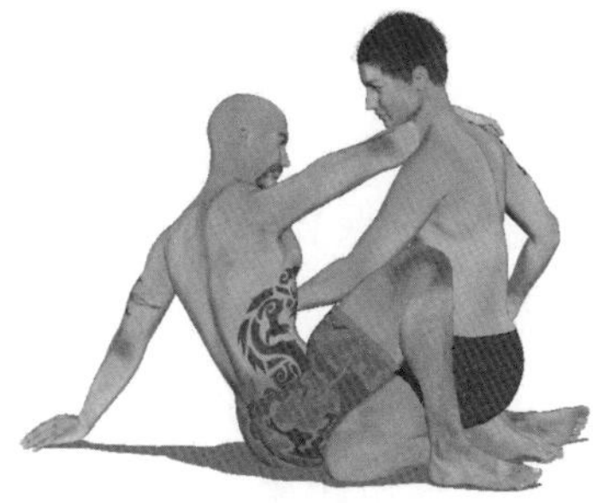

圖4-2-26

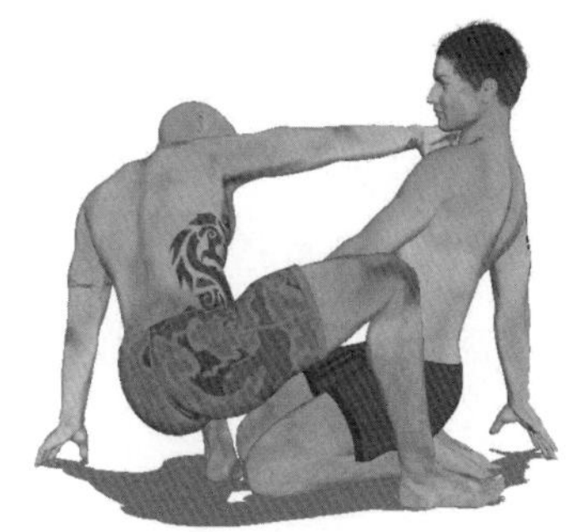

圖4-2-27

圖4-2-28

勢屈肘抵頂住對方脖頸咽喉處，迫使其無法進一步靠近我，同時雙腿放鬆對對手腰部的鉗制，左腿自然著地，右腿屈膝、以右腳踏地，身體重心自然傾斜於左側臀部（圖4-2-26）。

（4）繼而，在右臂推動對方脖頸的前提下，右腳蹬地，身體重心提起並後移，左腳順勢屈膝回收，以腳掌著地，令臀部離開地面，並進一步遠離對手（圖4-2-27）。

（5）動作不停，我身體重心繼續後移、上提，左手離開地面，順勢攬抓住對方左手腕部，雙腿蹬地站起身來（圖4-2-28）。

（6）由地面成功站起來後，迅速向後移動腳步，拉開距離，並保持警戒狀態（圖4-2-29）。

圖4-2-29

【技術要領】

迅速坐起來，不失為防禦對手發動強力捶擊的一種好辦法。右手推撐對手右肩時，右臂不要伸直，而是要保持略微彎曲的狀態，以小臂抵住對手咽喉，這樣可以有效控制彼此間的距離，令其無法靠近我。在身體坐起到站起的過程中，右手臂要始終抵頂、推撐對方的上體，使雙方保持一定距離，站起來後雙腿要迅速後撤，防止被對方抱摔。

對於那些擅長站立技的選手來說，如果防摔技術與地面技術存在欠缺的話，他們最擔心的就是始終糾纏於地面的攻防轉換，這樣不僅存在風險，消耗體力，也浪費寶貴的比賽時間。所以一旦感覺勢態對自己不利，就應該果斷打開封閉防守的雙腿，想方設法與對方拉開距離直到能夠重新站起來為止，這絕對不失為明智之舉。

（八）封閉式防守→掃技

【動作說明】

（1）地面打鬥中，我處於被動局面，仰躺於地面，對手雙腿屈膝跪伏於我封閉的雙腿之間，用左手按壓住我胸部，並掄起右拳準備對我實施打擊（圖4-2-30）。

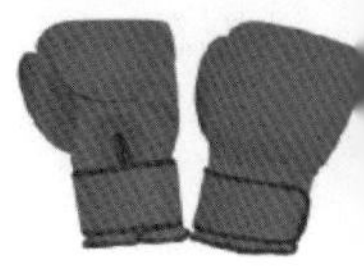

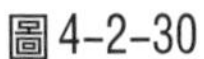

圖4-2-30

圖4-2-31

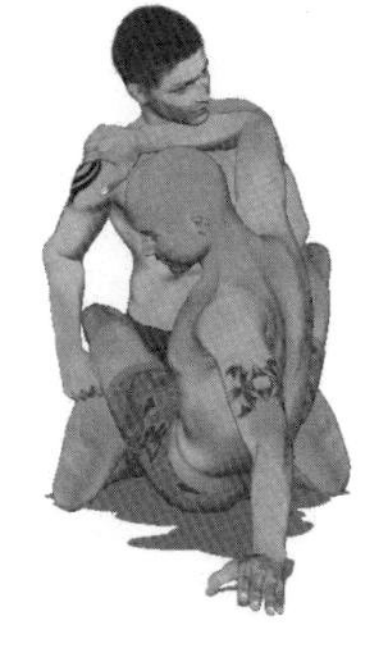

圖4-2-32

（2）我努力向前欠起上身，上體略左轉，左臂屈肘，以小臂支撐身體左後方地面，同時伸出右手用力推撐對方右側肩頭，抑制其進攻勢頭（圖 4-2-31）。

圖4-2-33

（3）繼而，左臂伸直，左手推動地面，上體前探、坐起身來，右臂順勢屈肘抵頂住對方脖頸咽喉處，迫使其無法進一步靠近我，同時雙腿放鬆對對手腰部的鉗制（圖 4-2-32）。

圖4-2-34

（4）旋即，左手用力推撐地面，促使身體重心向上提起，臀部離地懸空，身體於空中猝然向左擰轉，以腰髖轉動的裹挾之力，瞬間將對手朝我身體左側掀翻（圖 4-2-33、圖 4-2-34）。

（5）掀翻對手的過程中，右臂屈肘順勢勾攬住對手右

大臂外側，對方被仰面翻轉過來後，我上體隨之順勢趴伏在他的身軀之上，將其牢牢地壓制於地面上（圖 4-2-35）。

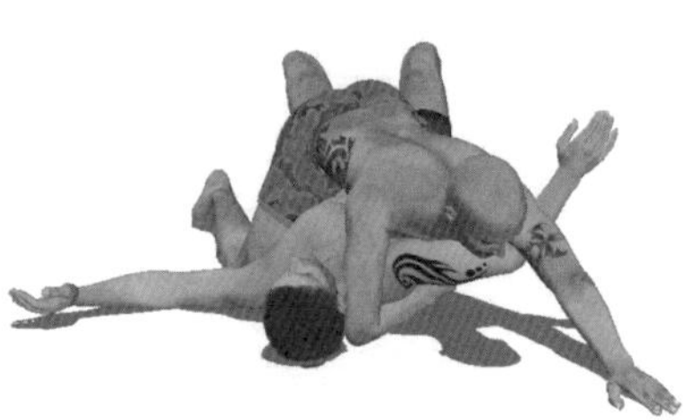

圖 4-2-35

（6）進一步，可以取得騎乘姿勢，搶佔對自己有利的位置，展開反擊(圖 4-2-36)。

圖 4-2-36

【技術要領】

這種格鬥者由下位轉換到上位的技術，即所謂的掃技（Sweep），在地面纏鬥應用比較多。該技術源於巴西柔術，是一種破解對方有利位置的方式，是一個很複雜的中轉技術。它並非單一的技術動作，而是一系列的擺脫對方控制的統稱，原理就是破解對方的平衡點，使對方部署進攻的意圖失敗並使自己轉到更有利位置上。技術運用嫻熟的話，可以瞬間扭轉局面。

翻轉得以成功實施的關鍵，是利用腰髖突然間的擰轉之力，破壞對方身體的平衡，裹挾、掀翻對手的軀體。整個動作要突然、連貫、協調。

（九）封閉式防守→木村鎖

【動作說明】

（1）地面打鬥中，我處於被動局面，仰躺於地面，對

手雙腿屈膝跪伏於我封閉的雙腿之間，用左手按壓住我胸部，並掄起右拳準備對我實施打擊（圖 4-2-37）。

（2）我上體略左轉，用左手推撐身體左後方地面，上體前探，雙腿放鬆，腰髖旋轉，嘗試運用掃技(Sweep)向左側掀翻對手，對方出於防禦本能會向前俯身壓制，並用右手支撐地面，與我展開角力、對抗（圖 4-2-38）。

（3）我在無法順利翻轉的情況下，順勢將右臂自對方右臂外側繞過，屈肘圈攬住其右大臂，右側腋窩夾住對方右側肩部（圖 4-2-39）。

（4）在用右臂攬緊對方右臂的前提下，左臂屈肘，以肘尖支撐地面，左手順勢扣抓握住對方右手腕部（圖 4-2-40）。

（5）旋即，再用右手扣抓住自己左手腕部，使雙臂牢牢鎖控住對方的右臂（圖 4-2-41）。

（6）繼而，上體猛然向右翻

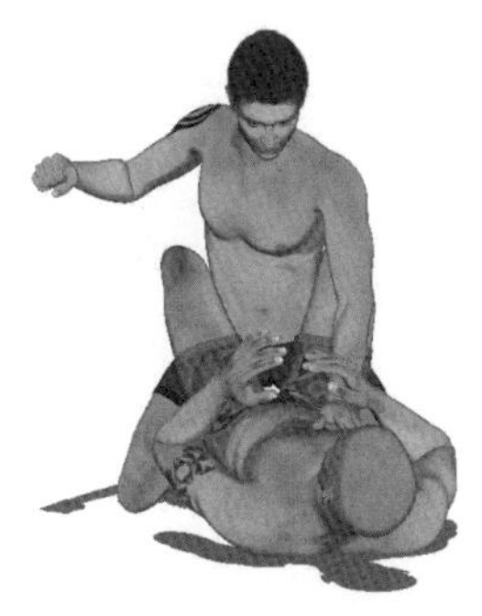

圖4-2-37

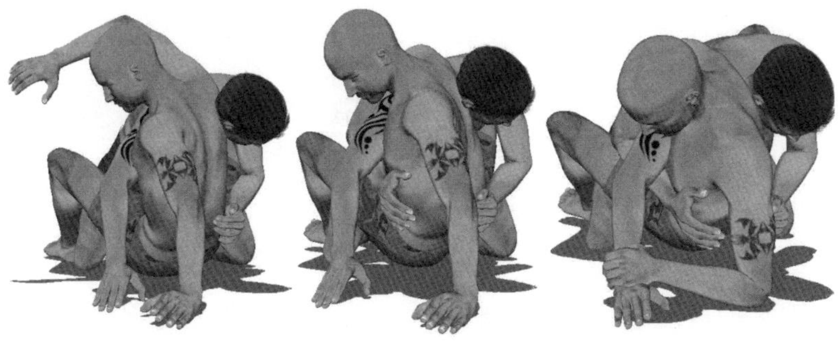

圖4-2-38　圖4-2-39　圖4-2-40

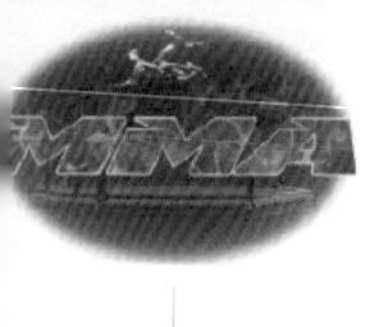

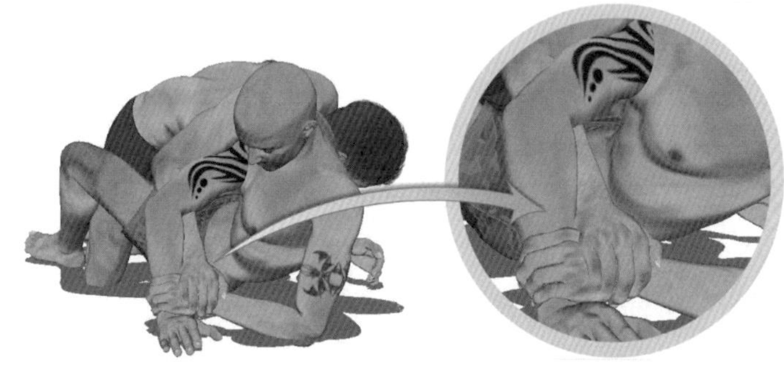

圖4-2-41

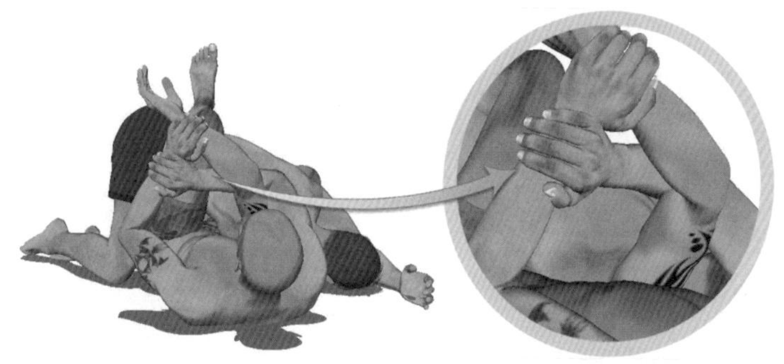

圖4-2-42

轉，後背著地，利用自身的重量將對方帶倒，並且在一隻手抓住對方一隻手臂，另一只手抓住自己的手臂腕部進行固定的前提下，左手順勢向右側推送，右臂向左側提拉、別擰，進行反關節降服，形成木村鎖，以迫使對手徹底屈服（圖4-2-42、圖4-2-43）。

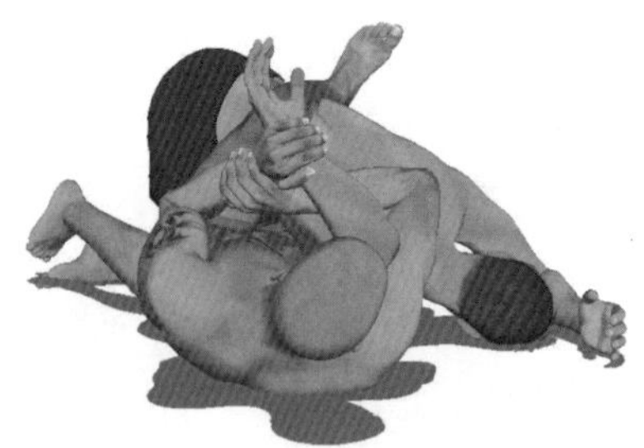

圖4-2-43

【技術要領】

木村鎖（Kimura）是用一隻手從對方手臂的肘部位置下方穿過，另一隻手抓住對手同側手腕，雙手交叉緊扣並調整身體位置，形成側壓狀態，以對手肘部為支點，反向扭轉下壓，迫使對方投降。這種技術並不複雜，但可以給對手的肩關節造成巨大的壓力，正常人都是無法承受的。1999年11月21日，日本「天才摔角手」櫻庭和志迎戰格雷西家族的鬥士霍勒・格雷西(Royler Gracie)，賽前並不被看好的櫻庭和志輕而易舉地運用木村鎖折斷了霍勒的手臂獲勝，用事實證明瞭這種降服技術有多麼得可怕。另一經典戰例是在2010年11月UFC123上，菲爾・戴維斯（Philip Davis）用一招教科書般完美的木村鎖成功降服對手蒂姆・鮑徹(Tim Boetsch)，那一幕令現場解說羅根都贊嘆不已。

木村鎖在實施時雖然是用雙臂實施降服動作，但在整個動作過程中要注意下肢的配合協調。開始時雙腿勾搭在一起形成封閉防守姿態；在控制對方手臂時，雙腿應放開，雙腳著地支撐身體平衡，這樣有利於雙臂順利實施動作；在雙臂形成鎖控狀態後，左腿要迅速環勾住對方的腰部，另一條腿屈膝蹬地，雙腿夾緊對方腰身，以防止其翻轉逃脫。

（十）封閉式防守→斷頭台

【動作說明】

（1）地面打鬥中，我處於被動局面，仰躺於地面，對手雙腿屈膝跪伏於我封閉的雙腿之間，用左手按壓住我的胸部，並掄起右拳準備對我實施打擊（圖4-2-44）。

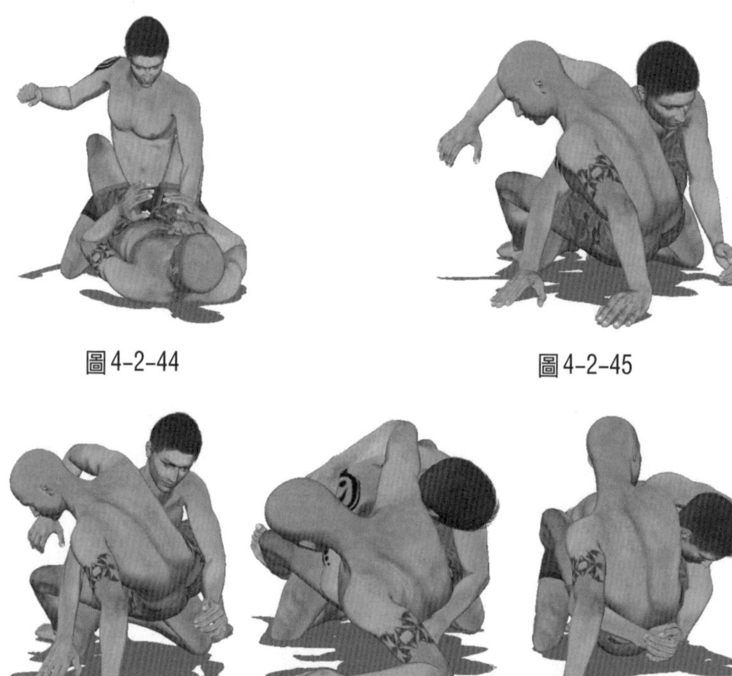

圖4-2-44　圖4-2-45

圖4-2-46　圖4-2-47　圖4-2-48

（2）我上體略左轉，用左手推撐身體左後方地面，上體前探，腰髖旋轉，嘗試以掃技（Sweep）向左側掀翻對手，對方出於本能會向前俯身壓制，與我展開對抗（圖4-2-45）。

（3）我努力翻轉身體，但是對方的反抗力度巨大，其用雙臂抱緊我腰身，頭頸抵頂我身體右側，令我無法順利實施翻轉動作（圖 4-2-46、圖 4-2-47）。

（4）此時，我迅速改變策略，上體右轉，右臂由對方腦後繞過，屈肘圈攬住對手脖頸（圖 4-2-48）。

（5）旋即，上體後仰，右臂屈肘夾緊，以小臂橈骨

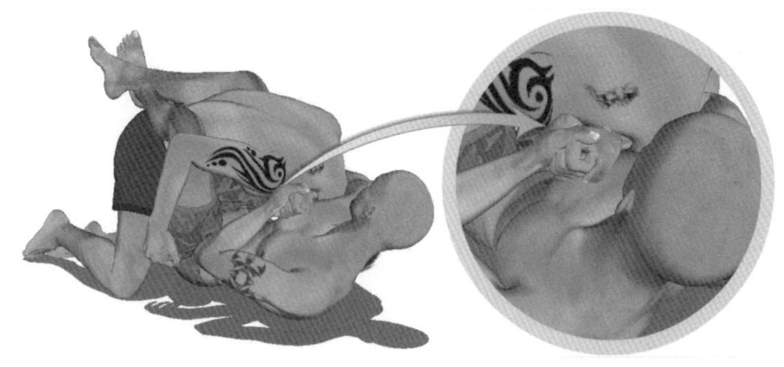

圖4-2-49

為力點勒緊對方咽喉，左手配合右臂動作、扣握住自己右手，一併用力向懷中拉扯，針對其脖頸實施斷頭台降服（圖 4-2-49）。

【技術要領】

注意上肢在實施降服技術時，雙腿要始終鉗制住對手的腰身。雙臂勒緊時，右側肩胛骨要有意識地向右後方扣壓對手的後腦，以加大窒息力度。斷頭台一旦鎖定，瞬間發力，即可讓對手拍墊認輸。

二、封閉式防守的上位技術

地面打鬥中，當你處於上位時，相對對手而言，你會無形中佔有一定的優勢。但是當你雙膝跪地、處於對手兩腿之間，被其用雙腿以封閉式防守環鎖住腰部的狀態下，優勢便會相對衰減，因為你的行動自由受到了限制。不過你依然可以非常輕鬆地使用拳頭和肘尖來凌虐身下的對手。前提是你要掌握正確的技術要領，否則你也可能被對手控制住頭部和手臂，從而陷入無法自拔的被動局面當中。

（一）基本動作

【動作說明】

（1）地面打鬥中，對手仰躺於地面，處於下位，我雙腿屈膝跪伏於對方敞開的兩腿之間。對手出於防守目的，會用雙腿屈膝勾搭住我的腰髖部位，其雙腳於我身後腳踝疊搭，將我的腰部環鎖住，形成封閉式防守姿態。此時，處於上位的我，可以用雙手按壓住對方胸部（圖 4–2–50）。

（2）也可以在用一隻手牢牢地按壓住對方胸部，而另一隻手處於自由狀態，隨時準備實施打擊動作，或者去掰動對手的腿部、將其鬆動，尋求突破（圖 4–2–51）。

（3）還可以將上體略前傾，重心前移，用雙手將對方雙臂按壓在地面上，也同樣起到防止對方起身的作用，從而有效地遏制其揮舞手臂、發動攻擊的勢頭，儘量將主動權掌握在自己一方（圖 4–2–52、圖 4–2–52A）。

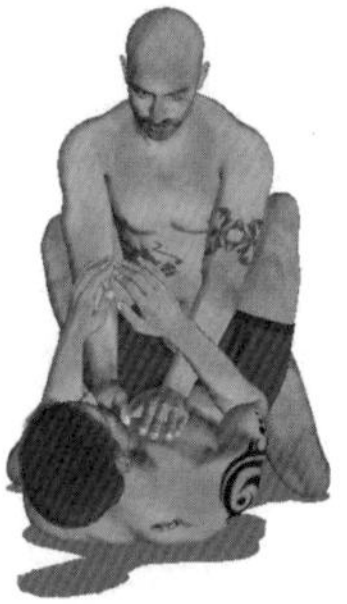

圖4–2–50

【技術要領】

處於對手封閉式防守的雙腿之間時，雙膝跪地要紮實支撐地面，腰背挺直。用手按壓對方胸部，可以防止其坐起來，迫使其雙手與我的頭部保持距離，從而令其無法實施有效的打擊和降服動作。用雙手按壓對方雙臂的目的與按壓胸部是一樣

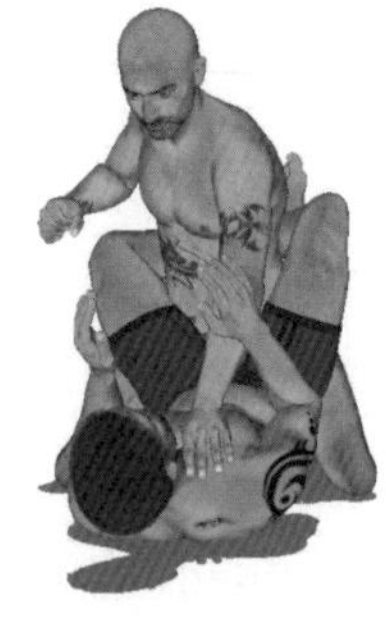

圖4–2–51

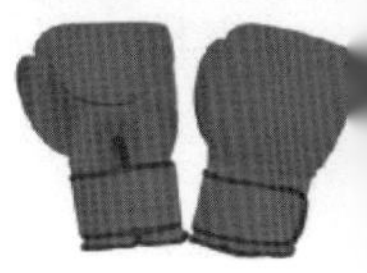

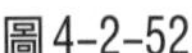
圖4-2-52

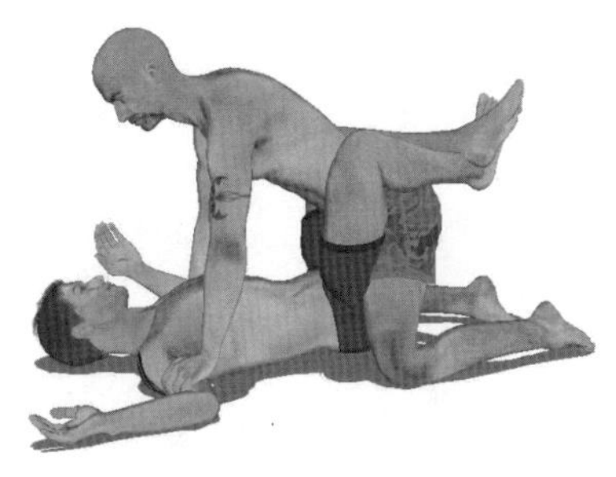
圖4-2-52A

的，但是要注意，上體前傾時，腰背依然需保持挺直，切勿彎腰低頭。雙手按壓的部位要準確，應該是他的雙側大臂肱二頭肌位置。

（二）地面捶擊

【動作說明】

（1）地面打鬥時，我雙腿屈膝跪伏於地、腰身處於對手雙腿封閉式防守中，並用雙手牢牢地按壓住對方胸部（圖4-2-53）。

（2）條件成熟的時候，我右臂朝身體右後方揚起，掄起拳頭，尋機準備發動攻擊（圖4-2-54）。

（3）如果對方用雙手保護頭部，我可以左手拉扯其右手腕部，撕開一個缺口，為右手的攻擊創造更加有利的條件（圖4-2-55）。

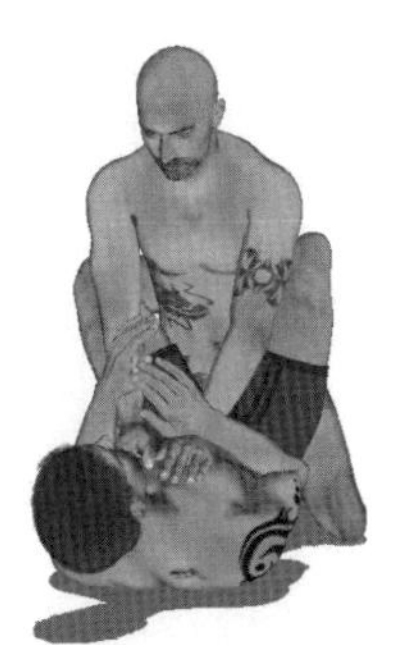
圖4-2-53

（4）在對方頭部沒有屏障保護的時

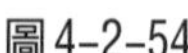

圖4-2-54

圖4-2-55

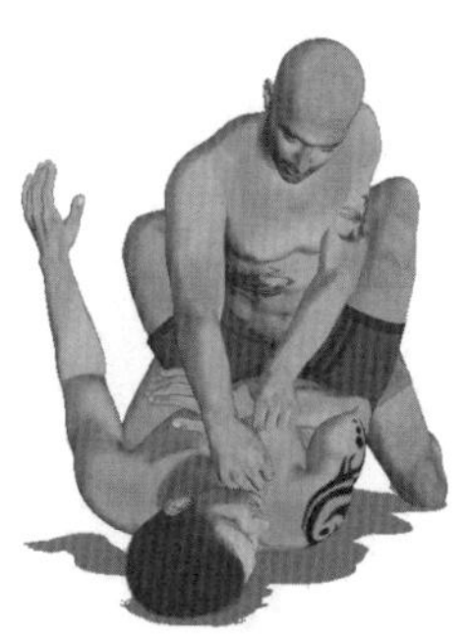

圖4-2-56

候，可以揮舞右臂，拋出右手直拳，以拳峰為力點用力向下擊打對手的頭部、面門、下頜部位（圖4-2-56）。

【技術要領】

在封閉式防守中展開地面捶擊，絕對是一種令人汗顏的攻擊方式，所以我們有時也將GNP稱作地面強力打擊技術。有人曾經說過，如果GNP技術早誕生幾年，也許就不會出現格雷西家族在UFC初期締造的不敗神話了。事實上也的確如此，自從以馬克・庫爾曼（Mark Coleman）為代表的一批自由式摔跤手出現在MMA擂台上之後，「巴西柔術系」的風采的確是黯然了許多。賽場上，選手們只要使用了地面捶擊，總會出現血肉橫飛的血腥場面。故而，在當今幾大著名格鬥項目中，只有崇尚開放、無限制的MMA才允許使用這種「殘忍」的技術。

在實施捶擊時，出擊手臂揮舞動作幅度要大，擊出瞬間，上體順勢前傾、下沉，將體重施加於拳頭之上，以提高打擊力度。在對手防範無力的情況下，可以連續打擊，予以重創。

（三）敲擊面門

【動作說明】

（1）地面打鬥時，我雙腿屈膝跪伏於地、腰身處於對手雙腿封閉式防守中，在我右臂朝身體右後方揚起，準備以右手直拳襲擊對手頭部時，對手突然向前、向上抬起上身，並伸出左臂，以左手勾攬住我的後脖頸，將我頭部拉近，目的是防禦我揮舞右臂發動直拳或者擺拳攻擊（圖4-2-57）。

（2）我迅速變換攻擊思路，將右臂屈肘向我頭部右上方抬起，蓄勢待發（圖4-2-58）。

（3）此時其實是右拳向下敲擊的最佳時機，因為對方的頭部已經完全暴露在我的攻擊範圍之內，以右手拳輪為力點向下敲擊其面門，輕而易舉，路線清晰。連續的敲擊可令其措手不及、鼻口躥血（圖4-2-59、圖4-2-60）。

【技術要領】

由於對手用手臂拉扯我頭頸部位，使彼此間距離拉近，

圖4-2-57

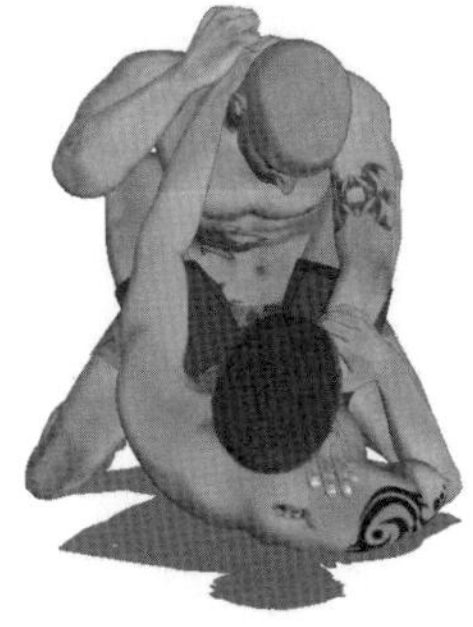

圖4-2-58

圖4-2-59

圖4-2-60　圖4-2-61　圖4-2-62

導致我無法如上勢那樣方便地使用直拳攻擊。因為在距離貼近的狀態下，即便使用直拳，由於距離過短，也無法發揮其應有的威力。所以要適時採取更適於這種短距離的打擊方法，即屈肘掄動小臂連續敲擊，可以收到意想不到的效果。

（四）上擊拳襲擊下頜

【動作說明】

（1）地面打鬥時，我雙腿屈膝跪伏於地、腰身處於對手雙腿封閉式防守中。雙方糾纏過程中，對手突然向前、向上抬起上身，並伸出左臂，以左手勾攬住我的後脖頸，將我頭部拉近，準備用右手直拳攻擊我的面部。

為了避免遭受攻擊，我迅速用左手牢牢地按壓住其右大臂肱二頭肌位置，迫使其無法抬離地面，從而破壞其攻擊企圖（圖4-2-61）。

（2）幾乎同時，我將右手由對方左臂外側繞至其手臂內側，右臂屈肘，小臂外旋，令拳心朝上（圖4-2-62）。

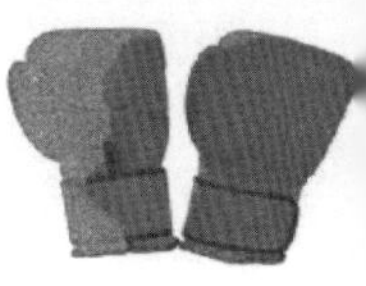

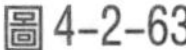
圖4-2-63

圖4-2-64

（3）由於我左手針對其右臂的壓制，對手勢必會做出掙扎反應，頭部及上體會使勁向上掙脫。這正是我用右手上擊拳向前上方襲擊其下頜的最佳時機，旋即以右拳拳峰為力點勾挑出擊，施以顏色（圖 4-2-63、圖 4-2-64）。

【技術要領】

處於封閉式防守上位時，一旦頭頸部被對方一隻手控制住，就要立即意識到危險的來臨，頭部一旦被拉近，對方另一隻手肯定是要發動打擊的。所以，在頭頸一時無法有效掙脫控制時，要迅速控制住對方的右手，將其攻擊意圖扼殺在萌芽階段。這種反應能力是MMA選手必須具備的，當然也是選手實戰經驗豐富與否的體現。

（五）肘擊頭部

【動作說明】

（1）地面打鬥時，我雙腿屈膝跪伏於地、腰身處於對手雙腿封閉式防守中，並用雙手牢牢地按壓住對方胸

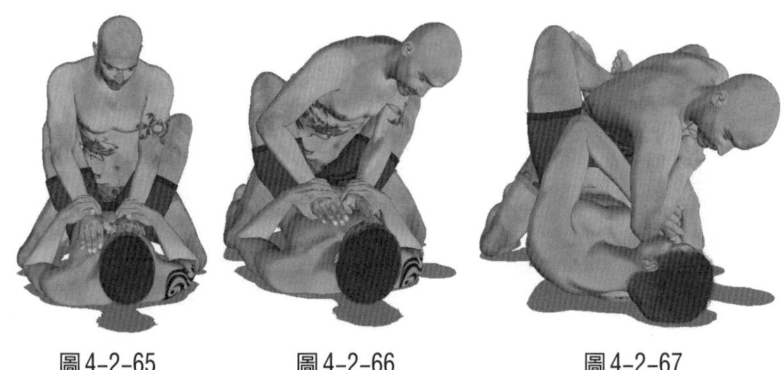

圖4-2-65　　圖4-2-66　　圖4-2-67

部。對手出於反抗本能，會用雙手自上而下扣抓住我雙手腕部，意圖掰開我雙手（圖 4-2-65）。

（2）我上體猛然向左側擰轉，右臂順勢內旋、屈肘拉起，使肘尖儘量遠離對方，為下一步的攻擊做好鋪墊（圖 4-2-66）。

（3）旋即，在右手腕掙脫開對手抓握的一剎那，身體繼續左轉的同時，上體驟然向前俯衝，右臂瞬間屈肘，隨勢向前下方以肘尖為力點針對對手頭部展開猛烈攻擊（圖 4-2-67）。

【技術要領】

整個動作要求連貫流暢，先起後落。充分利用身體的擰轉和俯衝所產生的力量實施肘擊。這種地面近身肘擊的破壞性是非常大的，動作發揮順利的情況下，可以輕而易舉地把對手的眉骨、鼻子打出血。對手滿臉是血便會模糊視線，嚴重影響戰鬥能力。在各種 MMA 賽事中，大家都可以經常見到這種血腥的場面，格鬥愛好者們將其稱為「開臉」。

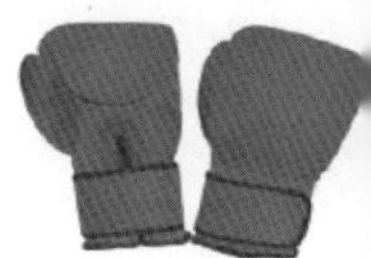

（六）擊打肋部

【動作說明】

（1）地面打鬥時，我雙腿屈膝跪伏於地、腰身處於對手雙腿封閉式防守中。對手在身下用左手攬抱住我的頭頸，同時用右臂圈攬住我的左大臂，迫使我趴伏在其胸前（圖4-2-68）。

（2）我用額頭抵頂住對方胸部，腰臀部向後拱起，將右臂向右後上方揚起、揮舞拳頭，以拳峰為力點連續勾擊對手左側肋部，迫使其因疼痛而放鬆對我的控制（圖4-2-69、圖4-2-70）。

（3）為了防禦我右拳的連續攻擊，對手的左手會放鬆對我頭頸的控制而向下移動，以抵禦我的右拳、保護其側肋（圖4-2-71）。

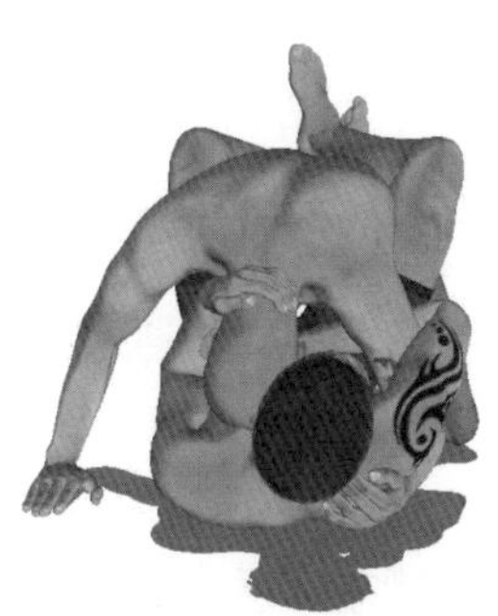

圖4-2-68

圖4-2-69　圖4-2-70　圖4-2-71

（4）此時，我迅速趁機抬頭，拉開我與對手之間的距離，為我實施進一步的打擊創造了有利的空間，並揮動右拳勾擊對方下頜、面頰（圖 4-2-72）。

圖4-2-72

【技術要領】

處於封閉式防守上位時，頭頸部被對方一條手臂控制住，並被其拉下來，是件很被動的事情。但是同時對方在完成這一動作的時候，其也會暴露出一些漏洞。我們必須學會發現這些破綻，並且能夠及時準確地掌握戰機，擺脫困境。本勢介紹的場面，在MMA比賽中也是屢見不鮮的。

三、突破封閉式防守

由上文的介紹我們知道，地面打鬥中，如果你被對手用雙腿以封閉式防守環鎖住腰部，是件比較被動的事情。儘管居高臨下地打擊對手很輕鬆，但是在腰部被對方雙腿鉗制的情況下，技術動作的發揮難免會出現失誤。因此，有經驗的MMA選手一般不會過長時間地停留在這種狀態下，他們總會想方設法尋找機會突破防守，去搶佔更有利於自己發揮技術水平的位置。

這些突破封閉式防守的手段和技術，我們稱之為Pass Close Guard，也就是俗稱的「過腿」。

（一）過腿突破→側面控制

【動作說明】

（1）地面打鬥時，我雙腿屈膝跪伏於地、腰身處於對手雙腿封閉式防守中，用雙手按壓住對方胸部，迫使其與我保持一定的距離（圖4-2-73）。

（2）為了突破對方的防守，我可以先嘗試著用右手去按壓對手的左腿，試圖掙脫其雙腿的鎖扣(圖4-2-74)。

（3）當對手為抵禦我的掙脫，將全部注意力集中在雙腿夾持動作上時，我可趁機揮動右拳連續擊打對手下頜、面頰（圖4-2-75）。

（4）針對對手頭部的一連串攻擊會令其頭暈目眩，迫使其放鬆雙腿的夾持。我迅疾抬起左腿，以膝蓋抵壓住對手右大腿內側，同時左臂屈肘，以肘尖抵壓其右大腿根部。上下肢動作配合協調，共同向下壓制，防止其雙腿再次收攏、勾鎖在一起（圖4-2-76）。

（5）在用左腿將對手右腿跪壓於地面的同時，右臂迅

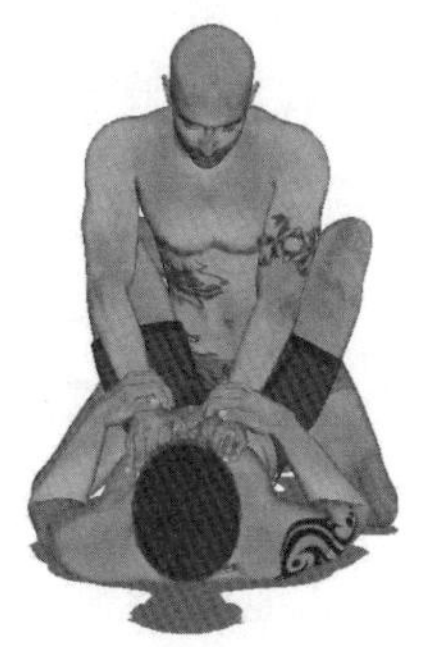

圖4-2-73

圖4-2-74

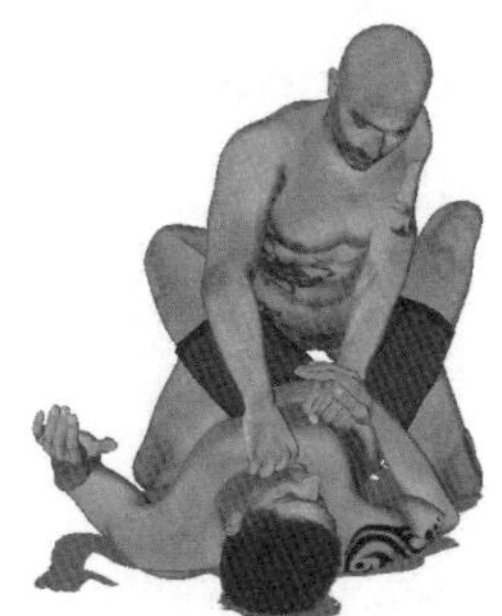

圖4-2-75

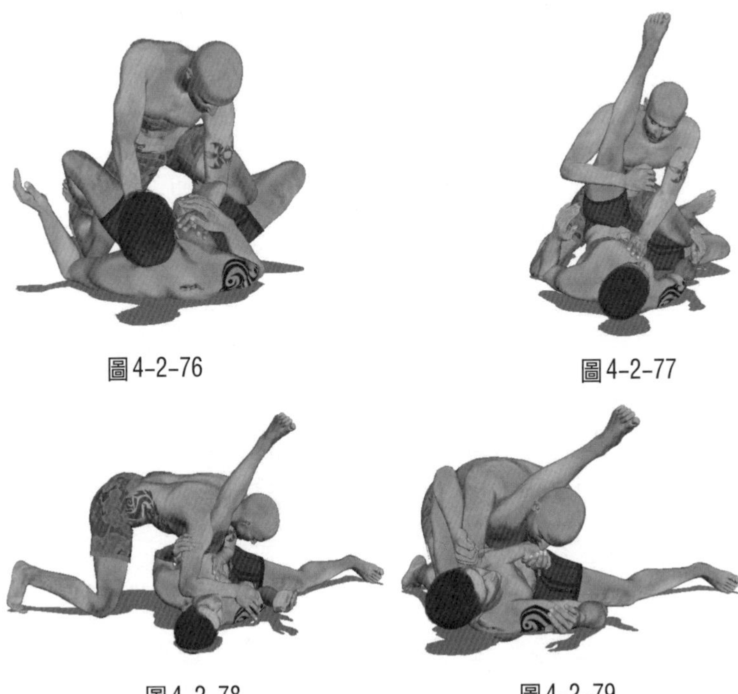

圖4-2-76　圖4-2-77

圖4-2-78　圖4-2-79

速屈肘，自內向外、向上將其左腿向上用力搬起，令其膝窩處扛於我右側肩頭之上（圖5-4-77）。

（6）旋即，我身體猛然於地面沿逆時針方向擺轉，左腿隨之後撤。右臂屈肘，以小臂尺骨部位為力點向前下方用力擠壓對手脖頸，右肩一併用力向前抵頂其左腿，身體瞬間沿逆時針方向移動到對手身體左側（圖4-2-78）。

（7）動作不停，我雙腿屈膝跪伏於地，以膝蓋抵頂住對手的後背。同時，雙臂屈肘合攏，雙手扣握在一起，攬抱住對方左大腿，右肩抵住其左腿膝窩部位，上體使勁向前下方壓制（圖4-2-79）。

（8）在將對手左腿壓向其身體右側後，雙腿用力撐

地，推動上體繼續向前、向下擠壓對方左腿，左手扶撐地面，右臂屈肘借勢向前下方擠壓對方脖頸，令其疼痛、窒息（圖4-2-80）。

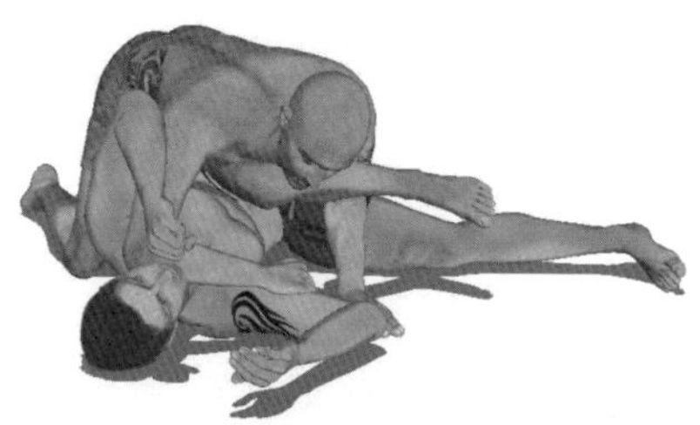

圖4-2-80

（9）動作不停，我身體繼續前俯，利用自身體重壓制對手，同時左手自對方右臂下方插入（圖4-2-81）。

圖4-2-81

（10）進一步，我雙腿於地面向右移動。在牢牢壓制對手的前提下，右臂迅速自對手腦後穿過，屈肘攬住其後頸，右手扣抓住左手，固定住其上體，形成側向壓制勢態（圖4-2-82）。

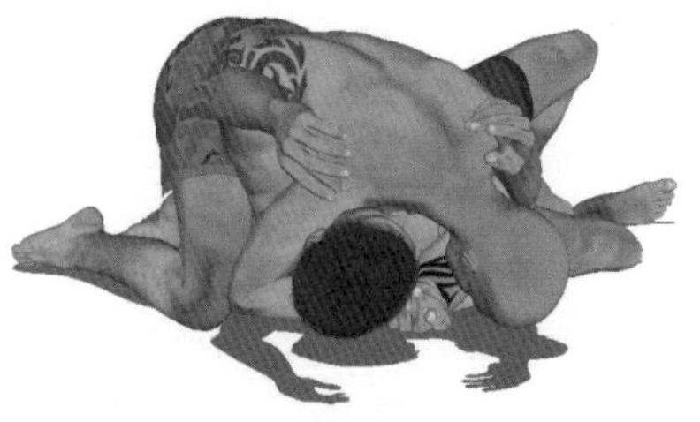

圖4-2-82

【技術要領】

打擊對方頭部的目的是轉移對方的注意力，令其顧上而無法顧下，從而放鬆了雙腿的夾持力度。然後在對方雙腿稍有鬆懈的一剎那，迅疾逃脫束縛。整個逃脫動作要連貫流暢，上下肢配合協調，轉瞬間將被動局面轉換到對自己有利的一面，搶佔側位優勢。

（二）突破封閉式防守→站起來

【動作說明】

（1）地面打鬥時，我雙腿屈膝跪伏於地、腰身處於對手雙腿封閉式防守中，將上體略前傾，重心前移，用雙手牢牢按住對手雙大臂肱二頭肌位置，將其雙臂按壓在地面上，防止其起身發動攻擊（圖4-2-83）。

圖4-2-83

（2）實施突破防守時，我身體重心後移，彎腰、俯身、低頭，以前額抵頂住對手腹部（圖4-2-84）。

圖4-2-84

（3）在雙手按住對方雙臂肱二頭肌、並用頭頂住其腹部的前提下，雙腿猛然蹬地、挺膝，臀部向上提起，身體重心驟然提升（圖4-2-85）。

圖4-2-85

（4）動作不停，抬頭，上體仰起，雙腿蹬直站立，雙手依然牢牢地按壓住對手雙臂不放（圖4-2-86）。

（5）繼而，我雙腿屈膝半蹲，身體重心略下沉，上體保持平

圖4-2-86

圖4-2-87

圖4-2-88

圖4-2-89

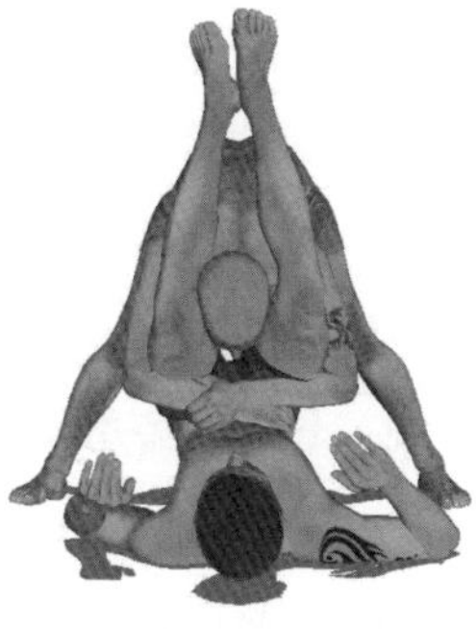

圖4-2-90

衡穩定（圖4-2-87）。

（6）旋即，雙手由對方雙臂處快速移開，挪按至對方胃部，同時雙腿猝然挺膝繃直，臀髖用力向上提頂，瞬間掙脫其雙腿束縛（圖4-2-88）。

（7）緊接著，雙臂屈肘內收，置於對手襠前、雙大腿內側（圖4-2-89）。

（8）然後，迅速用雙臂自外向內圈抱住對方雙腿，左手扣抓住右手腕部，將其雙腿牢牢鎖定（圖4-2-90）。

（9）隨即，俯身，上體向左擺轉，迫使對方身體向右

圖4-2-91

圖4-2-92

側擰轉（圖 4-2-91）。

（10）右腿屈膝向前移動、下跪，以膝蓋為力點抵壓住對方胃部，左手攬住其右大腿，右手扳住其右肩位置，從而形成對自己有利的局面（圖 5-4-92）。

【技術要領】

雙腿在站起來的整個過程中，雙手要始終按壓住對方的雙臂以及身軀，只有將其牢牢地按壓在地面上，臀髖向上的提升才能具有突破力，才能瞬間完成逃脫動作。雙腿確定站直以後，雙手才可以離開對方的身軀。站起身後，要迅速移動到對方的側面，搶佔有利位置，進一步可以進入側位控制。

（三）過腿突破→袈裟固

【動作說明】

（1）地面纏鬥時，我雙腿屈膝跪伏於地，腰身陷於對手雙腿環扣形成的封閉式防守中，用雙手按壓住對方胸部（圖 4-2-93）。

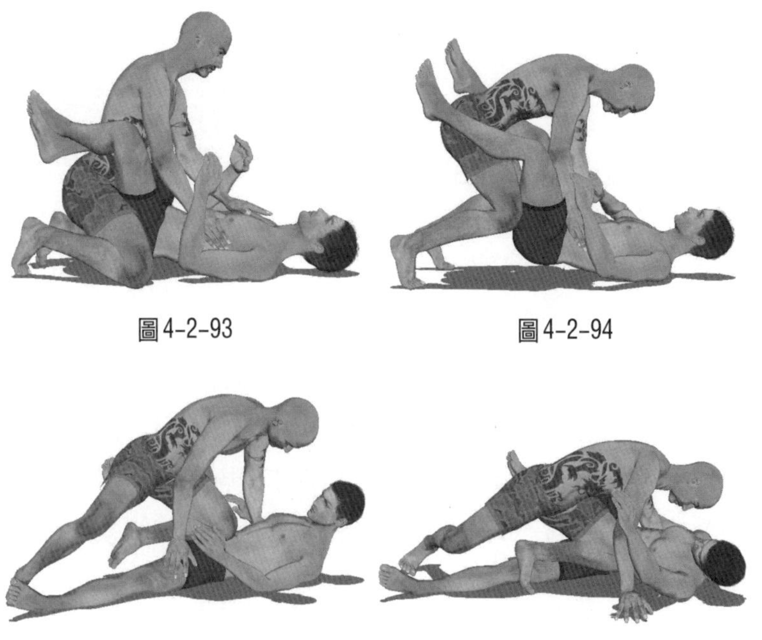

圖4-2-93　圖4-2-94

圖4-2-95　圖4-2-96

（2）實施突破防守動作時，我將雙手向下挪按至對方胃部，用力推按，身體重心上提，臀髖用力向上提升，利用身體重心陡然提升的力量，瞬間掙脫其雙腿束縛（圖4-2-94）。

（3）腰髖撐開對方雙腿束縛後，我迅速用左手按壓住對手右大臂肱二頭肌處，右手按壓住對手左大腿位置，同時將左腿屈膝提起，懸於對方襠腹上方（圖4-2-95）。

（4）旋即，我右手由對方左腿上移開，撐住對方身體左側地面，左手由對方右臂上移開，撐住其右腋下地面，左腿順勢由對方兩腿間移動至其左腿外側，左腳掌著地（圖4-2-96）。

（5）動作不停，上體向前俯身，牢牢地壓制住對方的身軀。然後，右腿於地面向右側擺動，右腳由對方兩腿間移出，擺至其身體右後方，以右腳蹬地（圖4-2-97至圖4-2-98A）。

圖4-2-97

（6）繼而，身體向右側翻轉，左腿隨勢向左前方擺動，右腿朝右後方擺動，雙腿岔開，身體重心下沉，以左側臀部著地，上體朝左下方壓制住對方胸部，左臂屈肘勾住對方右側手臂，以小臂和肘部支撐地面，左側腰肋部貼緊對方左側腰肋位置，形成袈裟固（圖4-2-99、圖4-2-99A）。

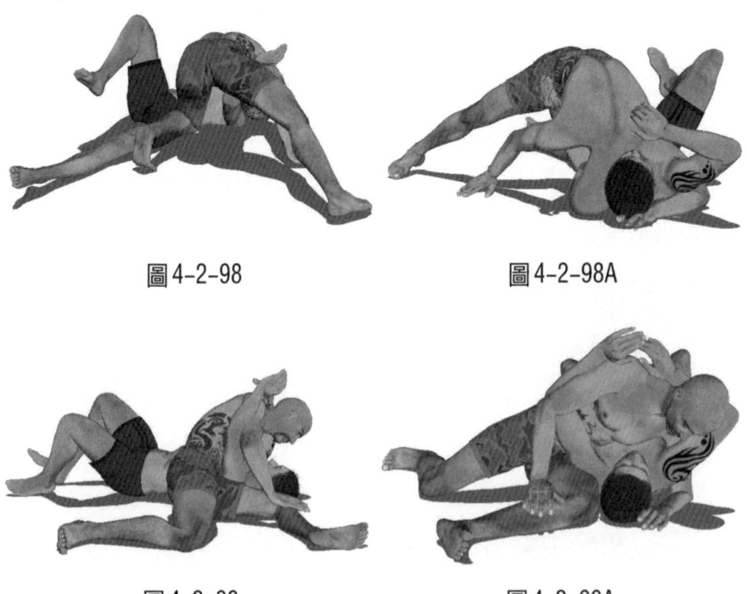

圖4-2-98　圖4-2-98A

圖4-2-99　圖4-2-99A

【技術要領】

雙手分別按壓住對方右臂與左腿的目的，是為了將左腿懸空提起，以便順暢地移動至對手身體左側。形成袈裟固時，左腿膝蓋儘量靠近對方肩頸部位，上體一定要盡力向下傾軋，防止對方就地滾動。前後岔開的雙腿與臀部在地面上要形成一個「人」字形，臀部與雙腳這三點在地面上構成一個堅固的三角形，使控制更加牢固穩定。

（四）站起突破→捶擊頭部

【動作說明】

（1）地面打鬥時，我雙腿屈膝跪伏於地、腰身處於對手雙腿封閉式防守中，將上體略前傾，重心前移，用雙手牢牢地按住對手雙大臂肱二頭肌位置，將其雙臂按壓在地面上，防止其起身發動攻擊（圖 4-2-100）。

（2）實施突破防守時，雙手由對方雙臂處移開，挪按至對方胃部，身體重心後移，雙腿突然蹬地站起來，臀髖用力向上提升，瞬間掙脫其雙腿束縛（圖 4-2-101）。

圖4-2-100

圖4-2-101

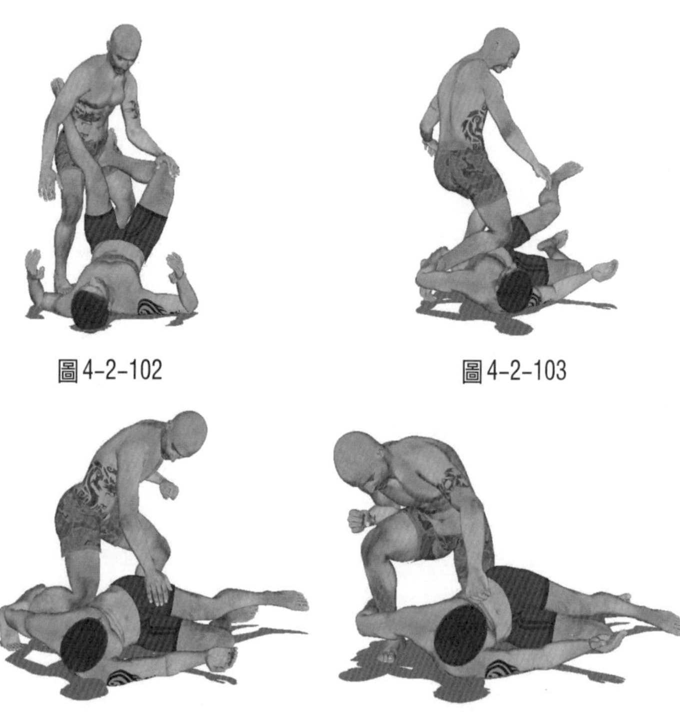

圖 4-2-102　圖 4-2-103

圖 4-2-104　圖 4-2-105

（3）如果對方伸出左手拉扯我右腳腳踝，我可以將身體左轉，身體重心下沉，右腿順勢屈膝下跪，以小腿脛骨或者膝蓋為力點狠狠擠壓對方左側腰肋部位（圖 4-2-102、圖 4-2-103）。

（4）動作不停，用右手按壓對方左側大腿，清除障礙，然後猛然向右轉體俯身，以左手拳頭直擊對手頭部（圖 4-2-104、圖 4-2-105）。

【技術要領】

突破封閉式防守後，要抓住戰機，迅速搶佔有利於你的位置，實施猛烈的打擊。如果你不善於地面纏鬥，不想

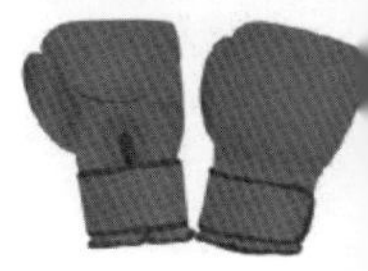

與對方過多糾纏於地面，就應該迅速拉開與對手之間的距離，只要你不再靠近他，對方會重新恢復到站立格鬥狀態。

（五）捶擊突破→站起來

【動作說明】

（1）地面打鬥時，我雙腿屈膝跪伏於地、腰身處於對手雙腿封閉式防守中，並用雙手牢牢地按壓住對方胸部（圖 4-2-106）。

（2）為了突破對方雙腿的夾持與控制，我可以輪番揮舞雙拳，針對其頭部實施強力打擊（圖 4-2-107 至圖 4-2-109）。

圖4-2-106

圖4-2-107

圖4-2-108

圖4-2-109

（3）在對手疲於招架、放鬆雙腿夾持力度的瞬間，我身體重心突然向上提起，右腳順勢抬起，向前邁步、踏實，同時左手用力向下按壓住對手胸部，令其後背牢牢地貼靠於地面（圖 4-2-110）。

（4）動作不停，左腳蹬地站起，臀髖順勢用力向上提升，利用身體重心陡然提升的力量，迫使對方雙腿束縛鬆懈。在起身的過程中繼續揮動右拳捶擊對方頭部，右拳擊中目標的同時，左手用力向外扳拉對手右腿（圖 4-2-111）。

（5）繼而，再用左拳連續擊打對手頭部，並用右手用力向外扳拉對手左腿，令其徹底放鬆雙腿對我腰部的鎖控（圖 4-2-112）。

【技術要領】

在時機恰當的情況下，連續使用GNP打擊對手頭部，會令其頭暈目眩，疏於防範，此時要抓住機會迅速起身掙脫其雙腿的控制。在站

圖4-2-110

圖4-2-111

圖4-2-112

立狀態下繼續向下捶擊，可以依靠腿部的發力增加出拳打擊的力度。在逃脫控制的過程中打擊動作不要停頓，尤其在站立狀態下自上而下的垂直攻擊，破壞力更強大，在對方承受不住重創時，其自然不會固執地夾持著你不放。

第三節　地面打鬥中的側位技術

側位控制，也是在地面打鬥階段使用頻率非常高的一種技術。在這個位置上，選手可以有效地壓制住對手的身軀，控制住他的手臂和頭頸，迫使其很難逃脫。一旦取得了側位控制優勢，選手便會在相當程度上佔據了主動權。

作為一名技術全面的綜合格鬥選手，必須熟練掌握側位控制技術的運用方法，以及針對側位控制的防禦與逃脫技術，這些技術甚至決定了你在地面打鬥階段能否取得最終的勝利。

一、側位控制技術的運用

側位控制其實是一種過渡性的體位姿勢，取得側位控制優勢的目的，並不是壓制住對手後在地面上固定不動。形成壓制後，不要過於僵持，應該藉助上位優勢迅速針對對手的薄弱環節展開進一步的打擊，或者利用關節技術降服對手。建立一個優勢姿態、搶佔一個優勢體位的最終目的，還是在此基礎上發動有效的攻擊，制服對手才是我們追求的真正結果。

（一）基本動作

圖 4-3-1

【動作說明】

（1）地面打鬥中，對手被動仰躺於地面，我在其身體右側屈膝跪地（圖 4-3-1）。

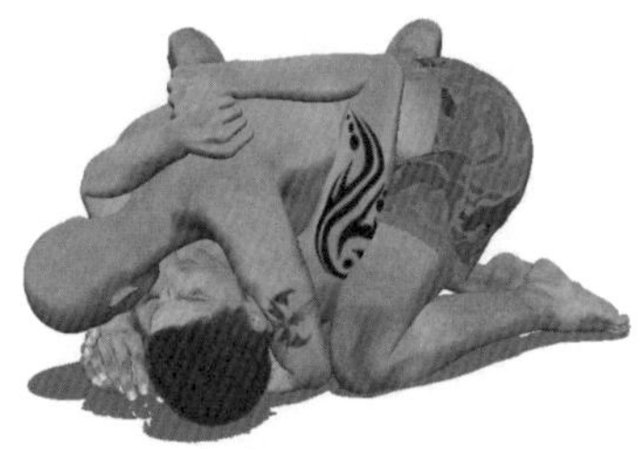

圖 4-3-2

（2）實施控制時，我身體重心前傾，上體前撲、俯身，先將左手自對方脖頸後方穿過，用左臂屈肘勾攬住對手脖頸，然後用右手扣握住自己左手，雙臂用力合攏，形成環狀鎖扣。繼而，重心下沉，以胸部死死壓住對方軀幹與胸部，令其後背牢牢固定於地面。臀部略微上抬，分別以膝蓋抵頂住對手右側肩膀和腰胯部位，上下肢形成夾持之勢，令其無法翻轉身體（圖 4-3-2）。

【技術要領】

上體前俯時，一定要用左側肩頭抵壓住對手的頭部側面下頜部位。雙臂要用力收攏、拉緊，夾肩、扣肘。屈膝以膝蓋抵頂對手身體側面是非常重要的，同時以腳背著地，更有利於夾持對方的身軀，令其難以移動身體或者做出反抗動作。

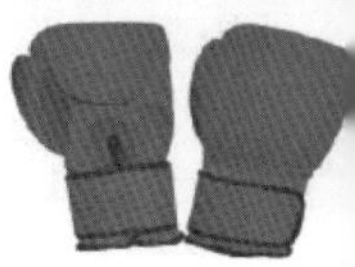

（二）側位控制→拳擊或肘擊

【動作說明】

（1）雙方展開地面打鬥，對方仰躺於地面，我於其身體右側跪伏，並用雙臂鎖攬住對方脖頸，對其實施側位控制（圖4-3-3）。

（2）在被動局面下，對手出於自我保護，會用雙臂攬緊我上體。在佔據優勢體位後，我要迅速展開攻擊，先將左臂由對方脖頸下抽出，以小臂尺骨為力點自上而下碾壓對手臉部或者咽喉，迫使其頭部向右側轉動，同時放鬆雙臂對我上體的纏抱（圖4-3-4、圖4-3-5）。

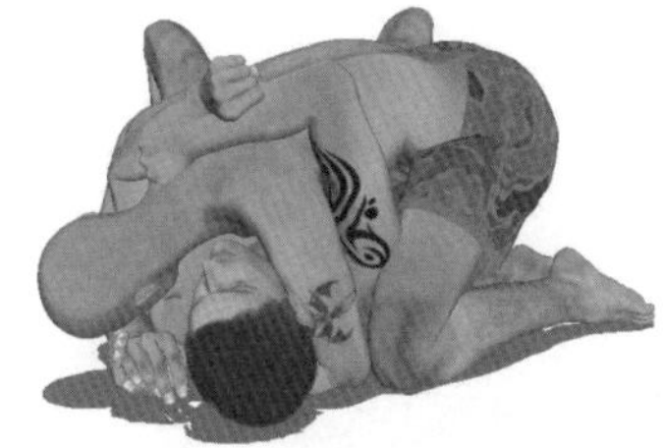

圖4-3-3

圖4-3-4

（3）旋即，身體向左側翻轉，以右側腰肋部壓制住對方軀幹的同時，左腿膝蓋離開地面、外翻抬起，以左腳著地（圖4-3-6）。

（4）繼而，用左手將對方右手由我身上拉扯下來，並用力將其按壓於地面，同時身體向右翻轉，左腿內旋，以膝

圖4-3-5

圖4-3-6

圖4-3-7

圖4-3-8

圖4-3-9

蓋內側抵壓住對手右側肩頭（圖 4–3–7）。

（5）動作不停，右手攬緊對方左側肩頭，左腿膝蓋著地，以左腿內側壓制住對手右臂，同時左手握拳提起（圖 4–3–8）。

（6）在用左腿壓制住對手一條手臂的前提下，可以用左拳連續猛烈擊打對手面部（圖 4–3–9）。

（7）也可以左臂屈肘，以肘尖為力點連續向下肘擊對方面部（圖 4–3–10、圖 4–3–11）。

【技術要領】

用小臂碾壓對手的臉面，雖然不能造成多大的傷害，但是對其卻是一種難以忍受的折磨。用左腿壓住對手右臂，是為實施打擊創造空間，一旦壓制住對方的手臂，就

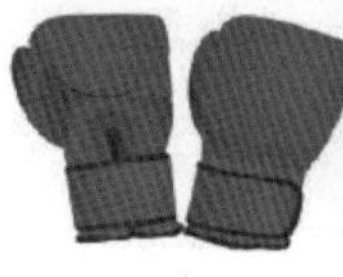

圖4-3-10

圖4-3-11

要迅速針對對手頭部展開打擊，切勿錯過時機。實施打擊的同時，上體右側要牢牢地壓制住對手身體，同時右腿向後伸展，以左腿膝蓋支撐身體，防止對方坐起來。無論拳擊抑或肘擊，打擊的瞬間都要將整個身體的重量施加於拳峰或肘尖，可瞬間「打花」對手的臉面。

（三）側位控制→上腕緘

【動作說明】

（1）雙方展開地面打鬥，對方仰躺於地面，我於其身體右側跪伏，並雙臂鎖攬住對方脖頸，對其實施側位控制（圖 4–3–12）。

（2）發動攻擊時，我雙臂放鬆對對手上體的控制，身體向左側轉動，以右側腰肋部壓制住對方軀幹的同時，左腿膝蓋離開地面、外翻抬起，以左腳著地。右臂屈肘支撐地面，右手將對方左大臂按壓於地面，左手抓扯控制住對方右臂（圖 4–3–13）。

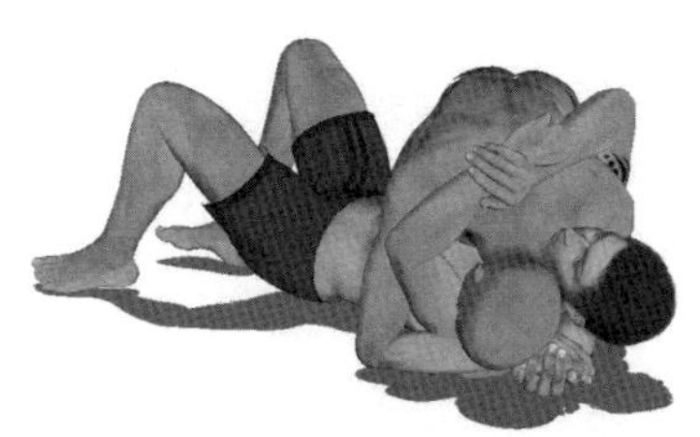
圖4-3-12

（3）繼而，用左手將對

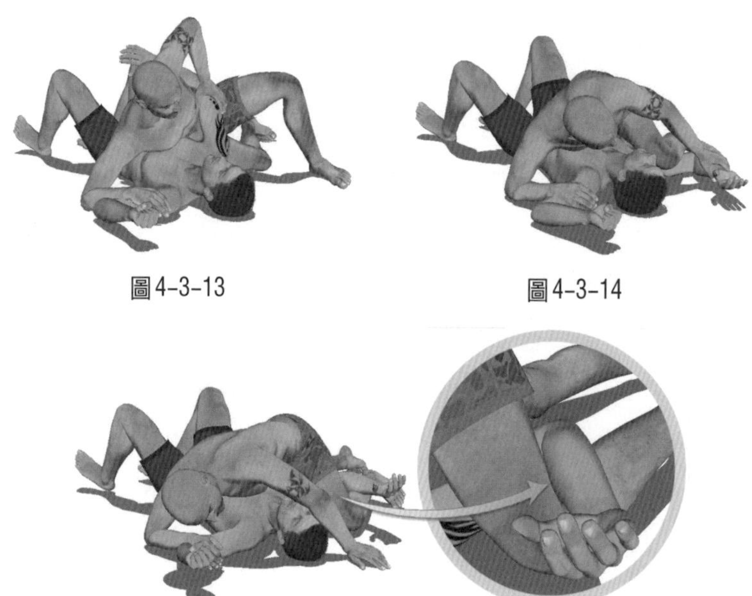

圖4-3-13

圖4-3-14

圖4-3-15

方右手由我身上拉扯下來，並用力將其按壓於頭部右上方地面，同時身體右轉，左腿內旋，以膝蓋抵壓住對手右側肩頭（圖4-3-14）。

（4）緊接著，上體前撲，以胸腹部壓制住對手上體，左手扶撐對手頭頂上方地面，同時抬起左腿，屈膝以膝窩部位向後勾掛住對手右臂（圖4-3-15）。

（5）旋即，在將對手牢牢地壓制於地面後，我可以抬起左臂，揮舞拳頭，以拳輪為力點連續向下敲擊對方面門（圖4-3-16、圖4-3-17）。

（6）此時，如果對方掙脫左臂，抬起左手招架，我則順勢用左手抓扣住對方左手腕部，用力將其按壓於地面（圖4-3-18、圖4-3-19）。

圖4-3-16

圖4-3-17

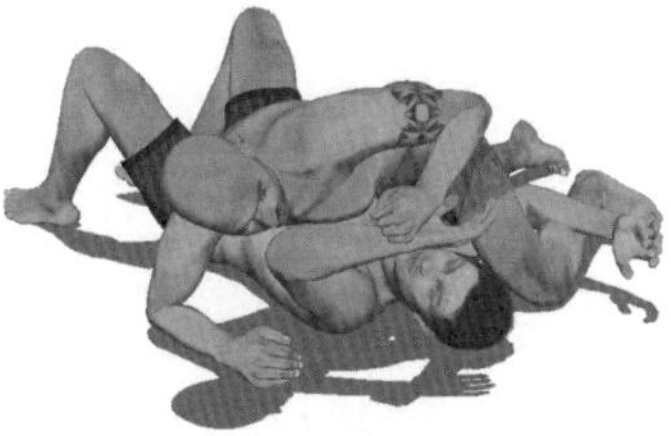

圖4-3-18

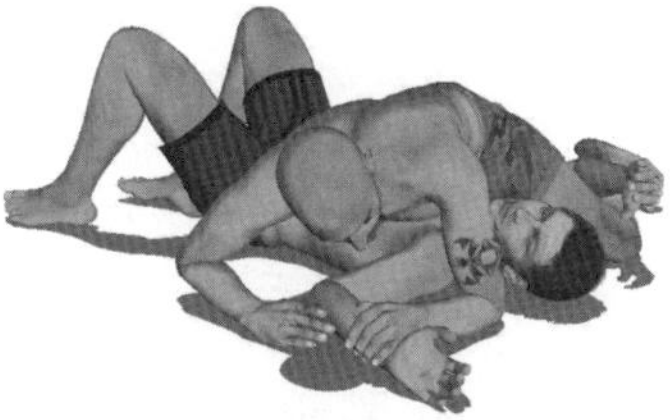

圖4-3-19

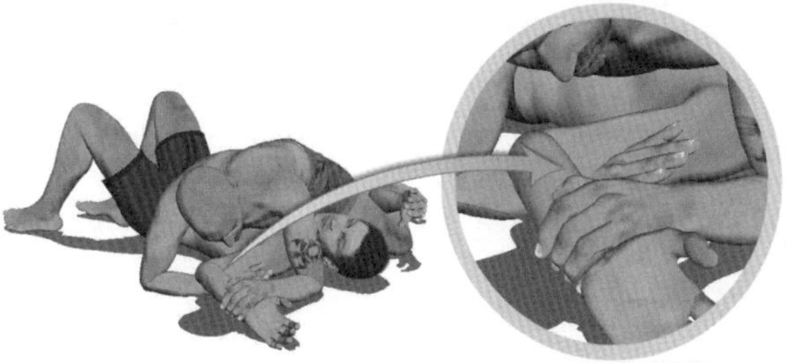

圖4-3-20

（7）隨即，右手迅速自對方左肘下方穿過，伸至自己左手腕上方，扣壓住腕部，雙臂相互配合，將對方左臂牢牢鎖定（圖4-3-20、圖4-3-21）。

圖4-3-21

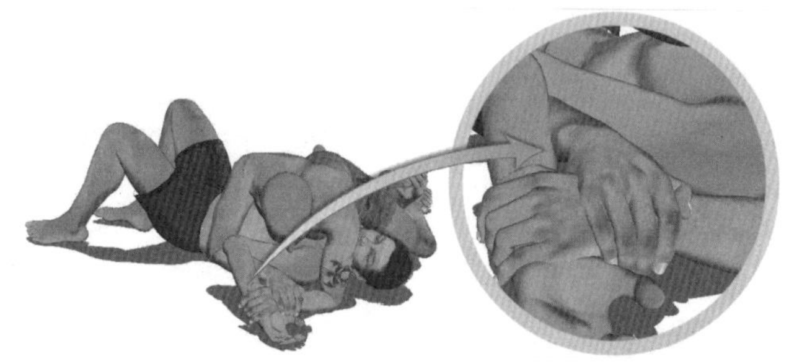

圖4-3-22

（8）動作不停，上體右轉，左手緊緊控制住對方左手腕，右手配合向後拉收，右小臂向上提拉，撬動對方被鎖手臂肘關節位置，利用槓桿原理可以輕而易舉地令對手左側肩臂產生劇痛，最終放棄比賽（圖4-3-22）。

【技術要領】

注意右手扣按自己左手腕部的方式，用四指扣壓即可，不必用五指抓握，因為比賽當中要戴無指手套，抓握並不方便。實施別鎖時，撬動的那條手臂事實上就是一根撬動的槓桿，與對方左臂接觸點是其手臂接近肘關節部位，這樣效果才顯著。

（四）側位控制→騎乘勢

【動作說明】

（1）雙方展開地面打鬥，對方仰躺於地面，我於其身體右側跪伏，並用雙臂鎖攬住對方脖頸，對其實施側位控制（圖4-3-23）。

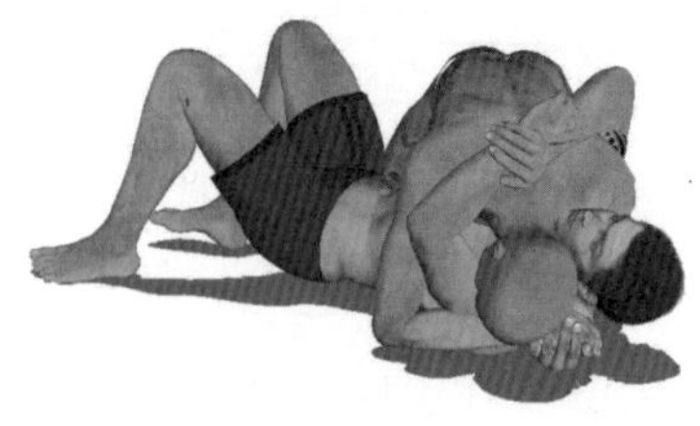

圖4-3-23

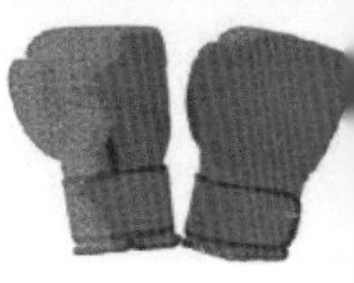

圖4-3-24

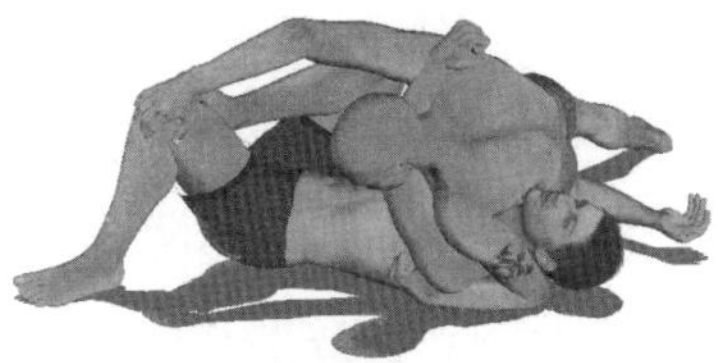

圖4-3-25

圖4-3-26

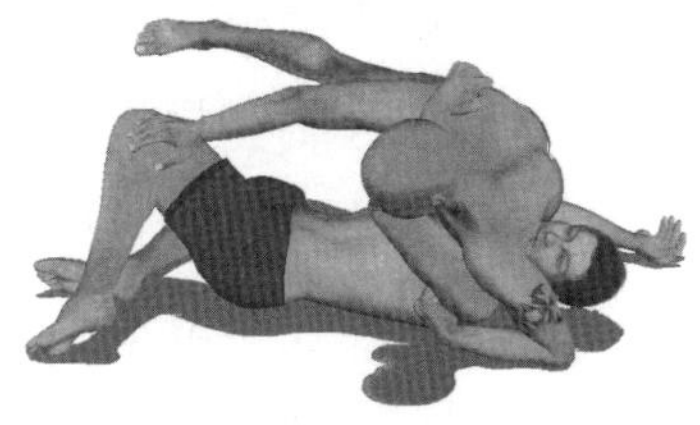

圖4-3-27

（2）對手出於防守目的，會抬起右腿，以右腳蹬抵住自己左大腿，這一舉動無疑為我轉入騎乘勢設置了障礙。要想成功由側位控制轉換到更加有利於攻擊的騎乘狀態，必須首先突破這道防線（圖4-3-24）。

圖4-3-28

（3）我右臂放鬆對對手上體的控制，左臂攬緊對方左側肩臂，身體向右翻轉，右腳朝身體右後方擺動，右臂朝對方左腿膝蓋方向伸展（圖4-3-25）。

（4）繼而，用右手扳住對方左腿膝蓋部位，用力向右下方按壓，身體猛然向左擺轉，右腳隨之抬起，朝對方身體上方擺動，瞬間跨過對方雙腿，就勢騎乘於對手身軀之上（圖4-3-26至圖4-3-28）。

（5）進一步，可以在騎乘優勢下，肆意揮舞拳頭，針對對手的頭部實施GNP，予以強力打擊（圖 4-3-29）。

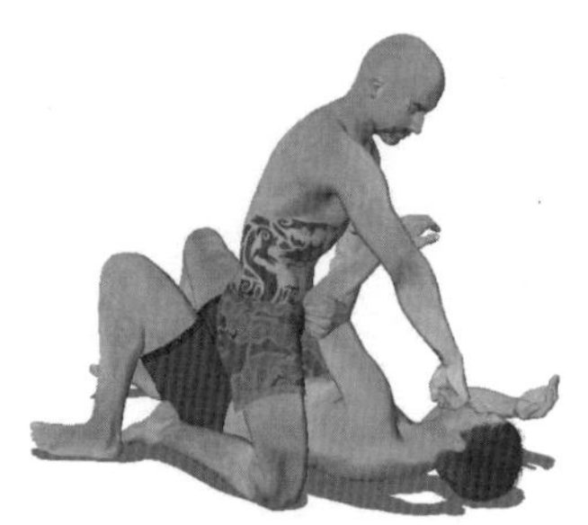
圖 4-3-29

【技術要領】

整個動作過程中，左臂要始終牢牢地控制住對手左側肩臂，防止其趁我轉換姿態之際翻身逃脫，就勢騎乘到對方身軀之上後，我左臂也要牽扯住對方的左臂不放，這樣除了便於進一步實施打擊外，還可以在條件允許的情況下，針對其手臂實施關節鎖降服。

（五）側位控制→膝抵攻擊

【動作說明】

（1）雙方展開地面打鬥，對方仰躺於地面，我於其身體右側跪伏，並用雙臂鎖攬住對方脖頸，對其實施側位控制（圖 4-3-30）。

（2）對手用雙臂抱住我上體的同時抬起右腿，以右腳抵住自己左大腿，用以防止我轉入騎乘勢，這樣會使我很難抬起右腿翻越對方的雙腿（圖 4-3-31）。

（3）此時，我右臂放鬆對對手上體的控制，右手朝對方身體左側伸展，以手掌扶撐地面，同時身體重心略上提，右腿順勢向上提起，以膝蓋為力點抵壓住對方胃部（圖 4-3-32、圖 4-3-33）。

（4）旋即，身體重心繼續上提，上身猛然豎起，掙脫

圖4-3-30

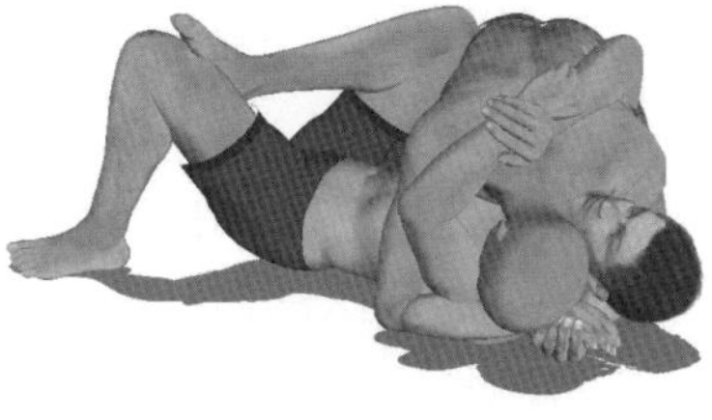

圖4-3-31

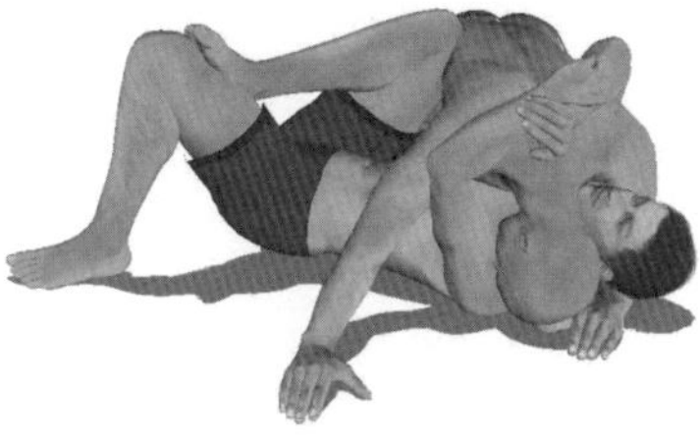

圖4-3-32

圖4-3-33

圖4-3-34

圖4-3-35

開對方雙臂摟抱的同時，左臂高高揚起（圖4-3-34）。

（5）繼而，可以在這個位置上，揮舞拳頭連續猛烈捶擊對手頭部（圖4-3-35）。

【技術要領】

將膝蓋抵壓在對手身軀之上，這種姿勢被稱作「膝抵勢」。這樣可以將全身的力量全部傾注到膝蓋上，確切地說就是將你的全部體重由膝蓋施加到對手的軀體上。膝蓋抵壓在對手胃部，可以令其產生劇痛，並造成一定內傷，並且在這種姿態下，能夠為你創造出許多攻擊機會。

形成膝抵姿態時，支撐地面伸出去的那條腿，伸出的距離要掌握適當，幅度過大會影響自身的重心平穩；幅度過小，抵跪力度會受到影響，要根據個人的身高恰當掌握，靈活運用。

（六）側位控制→手臂十字固

【動作說明】

（1）地面纏鬥過程中，我佔據上風，對手被動仰躺於地面，我在他的身體右側以側位控制將其壓服於身下（圖4-3-36）。

（2）我上體向左側扭轉，準備抬起右腿騎跨對手身上。對手為了抵制我的騎乘，會屈膝提起右腿，用右腳抵住自己左大腿，以阻止我的動作順利進行（圖4-3-37）。

（3）我可以在用左臂控制住對手左臂的前提下，用右手抓住對手右膝蓋外側，用力向下按壓，將其右腿壓制到他的身體左側（圖4-3-38至圖4-3-40）。

（4）掃除障礙後，我迅速躍動身體，抬起右腿，跨騎

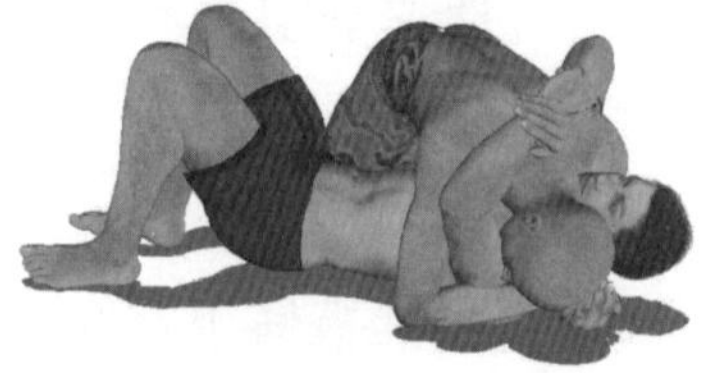

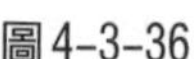

圖4-3-36

圖4-3-37

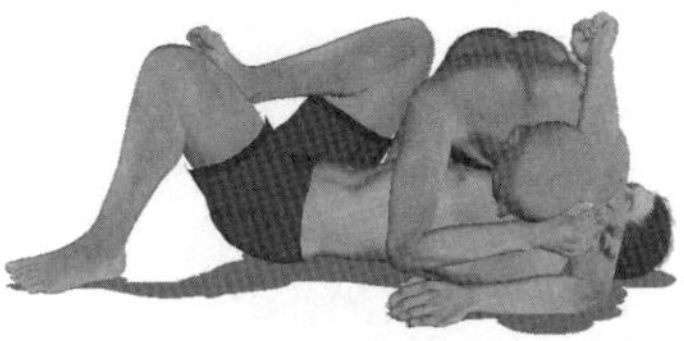

圖4-3-38

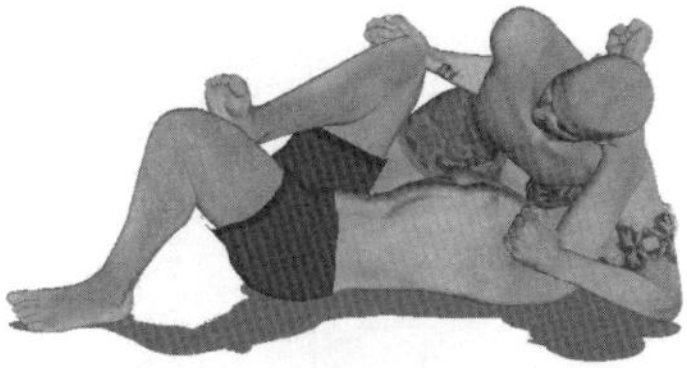

圖4-3-39

圖4-3-40

圖4-3-41

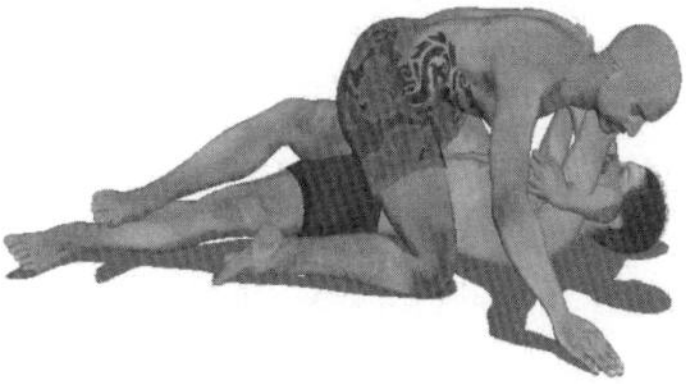

圖4-3-42

圖4-3-43

於對方軀幹之上，由側向壓制順利過渡到騎乘姿勢（圖4-3-41、圖4-3-42）。

（5）在繼續保持優勢局面的情況下，即可展開針對其手臂的降服。我身體突然向左側轉動，左膝隨身體轉動而外旋離開地面，右腿屈膝前提，以膝蓋抵頂住對方左側肩胛骨部位，同時左腿屈膝向右移動，順勢卡入對方右肩胛骨外側，雙臂一併抄抱住對方左臂（圖4-3-43）。

圖4-3-44

圖4-3-45

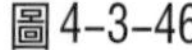

圖4-3-46

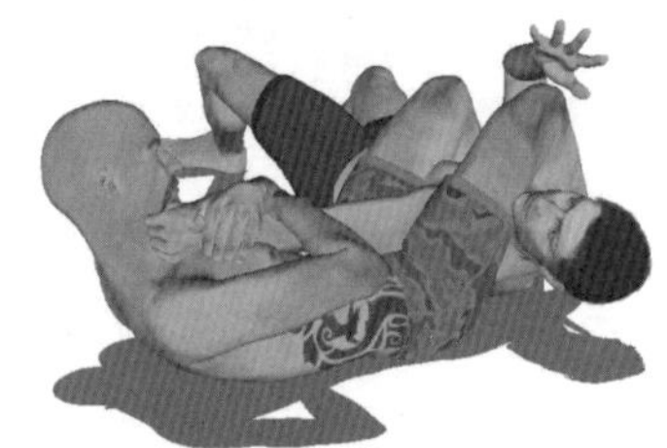

圖4-3-47

（6）旋即，在雙臂牢牢地控制住對方左臂、左腿牽制住對方右肩的前提下，身體左轉，重心向上提起，右腿隨身體的轉動而向上抬起，掃跨過對方頭部和脖頸（圖4-3-44、圖 4-3-45）。

（7）動作不停，身體重心向後下落，臀部於對手左肩外側著地，同時右腿落下，以膝窩部位向下壓住對方脖頸，左腿壓制住對方腰身（圖 4-3-46）。

（8）隨即，雙腿膝蓋併攏，上體向後仰躺，雙腳下落、後拉，膝蓋用力併攏，雙腿屈膝勾緊。雙臂攬緊對方左臂，順勢向後將其捋直，令其左臂徹底控制於我兩腿間、軀幹上方，從而針對其左臂形成十字固降服（圖 4-3-47）。

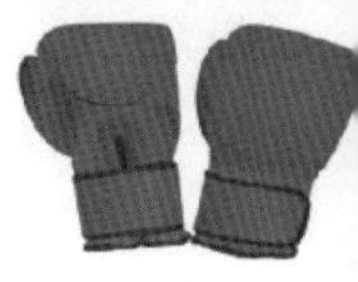

【技術要領】

在按壓對方右膝，以及抬腿騎乘的過程中，左臂要始終控制住對方的左臂，防止其翻滾逃脫。整個動作要求連貫、協調、順暢，不要出現停頓、遲疑。在後背著地、形成十字臂鎖的時候，雙手針對對方左臂的控制，應該是利用身體後仰的力量將其捋直，而非使用蠻力拉扯，並且要儘量讓對方左手大拇指朝上。

二、針對側位控制的防禦

地面打鬥中，一旦被對手從側面壓制住身軀，是一件很不舒服的事情。在這樣的被動局面下，你很難將自己的技術順暢地發揮出來，而且還會不斷地遭受對手拳肘的瘋狂凌虐。

在MMA比賽中，如果你始終處於下位「鬼壓身」的局面中，又沒有辦法降服對手，那你就死定了。場外裁判並不會同情長時間處於下位的選手，反而會認為你控場能力欠缺，他們絕對不會將勝利判給那些不斷被壓制的人，這是MMA的鐵律。

因此，你必須要學會一些針對側位控制的防禦與逃脫技術，並且經由反覆訓練來熟悉它、掌握它，以便能夠及時擺脫困境，讓比賽重新回到你更擅長的環節中去。

（一）側位控制→封閉式防守

【動作說明】

（1）雙方展開地面打鬥，我被動仰躺於地面，對手

圖4-3-48

圖4-3-49

於我身體右側跪伏，並用雙臂鎖攬住我的脖頸，對我實施側位控制（圖4-3-48）。

（2）處於這種體位下，對我來說是非常不利的，必須迅速擺脫這種局面。我立即向右側翻轉身軀，雙手用力推撐對方雙側髖關節部位，使自己的臀部向外移動，儘量拉開與對方的距離（圖4-3-49）。

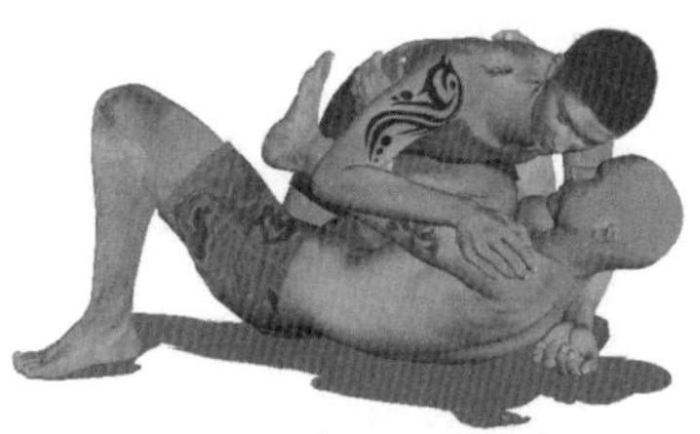
圖4-3-50

（3）繼而，在與對手之間創造出一線空間的刹那，我右腿迅速屈膝抬起，以小腿脛骨部位抵頂住對手腰腹部位置（圖4-3-50）。

圖4-3-51

（4）旋即，身體於地面上沿順時針方向擺轉，左腿順勢抬起，左腳蹬抵住對方右側腰胯，令其無法再次俯身壓制我，同時雙手攬住對方雙臂（圖4-3-51）。

（5）緊接著，在身體擺轉過來後，我抬起左腿，屈膝勾掛住對手右側腰背部位。幾乎同時，再將右腿抬起，

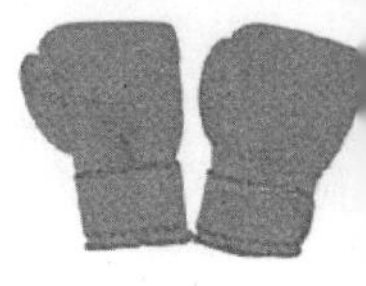

圖4-3-52

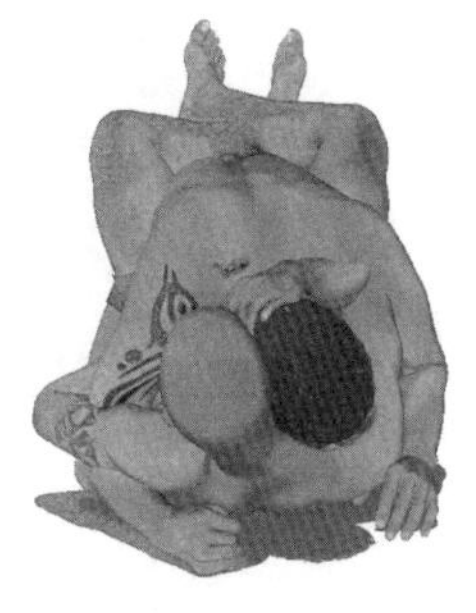

圖4-3-53

屈膝勾掛住對手左側腰背，雙腿形成環狀，雙腳腳踝勾搭在一起，將對方腰部牢牢鎖定，從而進入相對有利的封閉式防守姿態。然後，可以用左臂攬抱住對方右臂，用右臂摟抱住他的後脖頸，將其上體牢牢地控制於胸前（圖 4-3-52、圖 4-3-53）。

【技術要領】

與對手拉開距離的瞬間，就要立即將右腿填入這個空檔裏，將距離的掌控權掌握在自己一方，以免對方再次壓制住我。身體於地面上的擺轉動作，要依靠右腿的抵頂和左腳的蹬踏來完成，動作要流暢、自然。進入封閉式防守的瞬間，要迅速拉扯對方的上體，縮短彼此間距離，這樣才能有效避免對方的各種打擊，從而使自己處於更加安全的狀態下。

（二）側位控制→站起來

【動作說明】

（1）雙方展開地面打鬥，我被動仰躺於地面，對手於我身體右側跪伏，並用雙臂鎖攬住我的脖頸，對我實施側位控制（圖 4-3-54）。

圖4-3-54

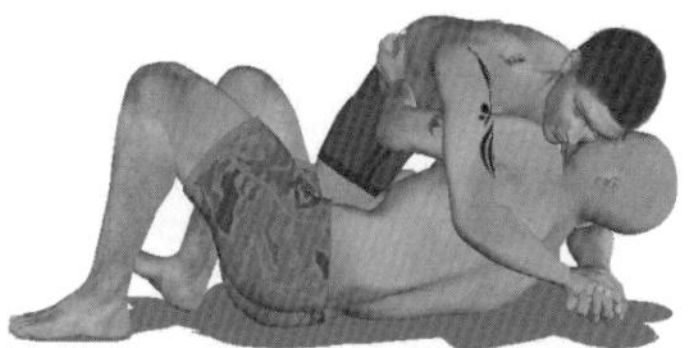

圖4-3-55

圖4-3-56

圖4-3-57

（2）我要迅速擺脫這種被動局面，立即向右側翻轉身軀，雙手用力推撐對方雙側髖關節部位，使自己的臀部向外移動，儘量拉開與對方的距離（圖4-3-55）。

（3）動作不停，身體繼續翻轉，右腿隨身體的翻轉向身體右後方伸展，使身體由側臥狀態轉換到臉面朝下的趴伏狀態（圖4-3-56）。

（4）繼而，身體重心驟然向後上方移動，雙手用力推撐對方身軀，使臀部向後撅起，雙膝跪地，從而令上體順利掙脫出來（圖4-3-57）。

（5）緊接著，身體重心繼續上提，左腿向前抬起、落步，左腳著地，用力蹬踏地面，左手推動對方上體，順勢站立起來，徹底擺脫對手的控制，並將戰鬥重新恢復到

圖4-3-58

圖4-3-59

站立打鬥階段（圖 4－3－58、圖 4－3－59）。

【技術要領】

如果你不善於地面打鬥，就要迅速擺脫地面糾纏，立刻站起來，重新進入站立打鬥階段。在整個逃脫過程中，身體的翻轉要靈活、迅速，上下肢配合協調，瞬間完成這一系列動作，切勿拖泥帶水。

第四節　地面打鬥中的騎乘技術

騎乘勢（Mount）是地面打鬥中最具優勢的姿勢，是MMA 選手最為鍾愛的姿勢。因為你是騎乘在對手的軀幹之上，四肢沒有受到任何約束，而且全部體重都傾軋在他的身體上，居高臨下的你可以肆無忌憚地揮拳擺臂擊打對手的腦袋，或者盡情地施展你的鎖纏絕技，輕而易舉地令其束手就擒，無論對方是仰面朝天，還是趴伏在地。但是，對手卻因為受到地面空間上的制約，很難施展攻擊性拳法，即便打出一拳，也因為手臂無法向後揮舞、腰部不能轉動助力，而導致攻擊軟弱無力。

這就是騎乘和被騎乘兩者間的巨大差異所在，在比賽中選手要儘量去搶佔騎乘位置，避免陷入被騎乘的窘境中，當然這也是由選手的素質和水準決定的。

一、騎乘位展開攻擊與降服

地面打鬥中形成騎乘姿勢時，你的身體處於對手的正上方，這會讓對手顯得非常尷尬，因為在你雙腿的夾持下，他很難移動身軀。當你針對對手的頭部實施攻擊時，你的拳頭或者肘尖會因為向下的俯衝慣性而積聚更大的力量。

有些時候，對手為了避免遭受GNP（強力打擊），經常會忙中出亂，打算翻轉身體逃避你的連續擊打，反而弄巧成拙，將自己整個後背暴露給你，此時你可輕而易舉地對其「拿背」，實施裸絞降服。

除此以外，很多手臂關節降服技術，都可以很方便地由騎乘勢引入並展開實施。

（一）基本動作

【動作說明】

（1）地面打鬥過程中，對手處於被動局面，仰躺於地面，我雙腿屈膝跪地支撐身體重心，以臀部騎坐在對方腰腹之上，雙膝內扣、夾緊，雙腳以腳背著地。上體略向前俯身，雙手按壓住對方上體、胸部，勢如騎乘於馬背之上，可以輕鬆駕馭對手（圖4-4-1）。

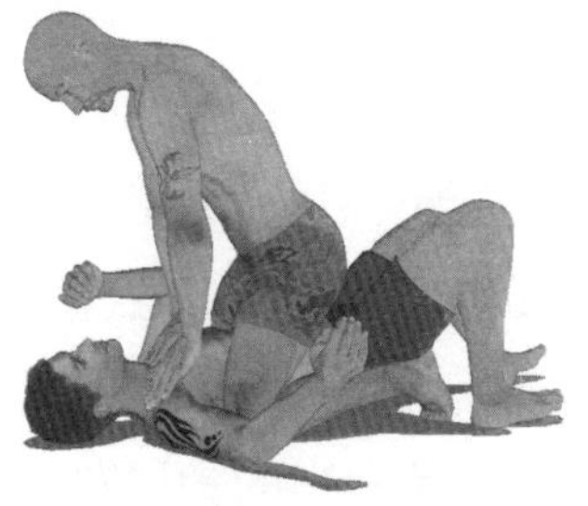

圖4-4-1

圖4-4-2

（2）你也可以在取得騎乘姿勢的基礎上，向前俯身撲倒，用胸部牢牢壓制住對方上體，並用一條手臂圈攬住對手的脖頸，從而形成騎乘壓制（Vertical Chest Hold），為進一步實施關節降服動作做好鋪墊（圖4-4-2）。

【技術要領】

形成騎乘姿勢時，兩腿以及膝蓋部位一定要夾緊對方的身體兩側腰肋位置，並以雙腿膝蓋頂靠在對手雙側腋窩下，將其身體牢牢固定住。在這種勢態下，才能令對手處於被動挨打的局面；否則如果雙腿夾持力度不夠，可能會給對手創造使用「蝦行」等逃脫技術的機會。

騎在對手身上的時候，臀部不要過於靠近對方的腰髖部，要稍微向前上方一點，儘量將臀部貼在對方的腹部位置。因為人體無論是處於站姿還是仰躺姿勢，腰部始終是最有力量的部位，所有動作的發力基本上都要由腰部產生。在騎乘位置上，如果你稍不留神將自己的臀部坐在了對方的腰胯部位上，對方只要輕輕向上挺腰掀胯，使用起橋動作或者膝蓋頂撞就可以將你掀翻出去，瞬間失去優勢地位。

另外，臀部不要完全坐在對方的身體上，也就是說不要將身體重心全部落在臀部上，身體重心百分之八十應該落在雙腿膝蓋上，百分之二十落在臀部上。臀部與對方身體間的接觸應該是一種若即若離的狀態，不是完全坐下去，而是略微抬起，所謂「虛坐不實坐」，身體重心儘量由雙腿來支撐。這樣在對方試圖掙扎反抗時，我可以及時地避開對方發力的腰胯部位，並且可以隨對方的動作有效地調整自己的身姿，以保持平衡穩定，掌握主動。

（二）騎乘勢→捶擊

【動作說明】

（1）地面打鬥過程中，對手處於被動局面，仰躺於地面，我取得優勢，騎乘於對手身軀之上，同時以左手用力按壓住他的前胸，迫使其後背緊貼在地面上(圖 4-4-3)。

（2）對手出於防禦本能，會用右手自上而下扣抓我左手腕部，但是因為其處於下位，防禦能力是存在侷限性的，我可以揮舞右拳連續向下猛烈捶擊對手的頭部、面頰（圖 4-4-4、圖 4-4-5）。

圖4-4-3

圖4-4-4

圖4-4-5

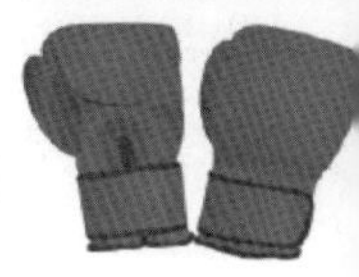

【技術要領】

取得騎乘姿態後，如果你不想與對手纏抱在一起，就要用手按壓住對方的胸部，或者乾脆用手去掐他的脖頸（這要看比賽規則是否允許），這樣可以有效地控制彼此間的距離，防止對方坐起來用手來拉扯我的頭頸。

在騎乘上位發動地面捶擊，是自由式摔跤手酷愛運用的地面打擊戰術。通常他們會竭盡全力地將對手拖入地面戰階段，利用強壯的身軀和下肢力量將對手壓制於胯下，取得騎乘優勢後，展開肆無忌憚的重拳凌虐。

對於被動一方來講，這絕對是一段非常痛苦的過程。

MMA界善使GNP技術的代表人物就是「格鬥沙皇」菲多・艾米連科（Fedor Emelianenko）和自由式摔跤世錦賽亞軍馬克・庫爾曼（Mark Coleman）。他們的地面捶擊技術已經到了爐火純青的境界，可以作為我們學習的典範。

（三）騎乘勢→肘擊

【動作說明】

（1）地面打鬥過程中，對手處於被動局面，仰躺於地面，我取得優勢，騎乘於對手身軀之上。在以左手牢牢地按壓住對方前胸的基礎上，可以屈肘抬起右臂，實施攻擊（圖4-4-6）。

圖4-4-6

（2）發動攻擊時，肩背驟然左轉，上體瞬間前俯，帶動右肘果斷出擊，以肘尖為力點向下狠狠地攻擊對方

的頭部、面頰（圖 4-4-7）。

圖4-4-7

【技術要領】

在騎乘位置上展開的自上而下的打擊是非常具有威力的，尤其是肘擊，可以輕而易舉地「打花」對手的眉骨，這種場面也是MMA粉絲們追捧和喜愛的。眉骨出血會嚴重影響視力，這在MMA比賽中是最被動的事情，一旦滿臉是血，選手就只有被動挨打的份兒了。

（四）騎乘勢→勾拳攻擊→搬頭

【動作說明】

（1）地面打鬥過程中，對手處於被動局面，仰躺於地面，我取得優勢，騎乘於對手身軀之上（圖 4-4-8）。

（2）由於我沒有按壓住對方的上體，對手為了防禦我的攻擊，會將上體前探，伸出雙臂，將我攔腰抱住，我不得不俯身，用雙手扶撐對手頭頂上方的地面，防止被他破壞平衡（圖 4-4-9、圖 4-4-9A）。

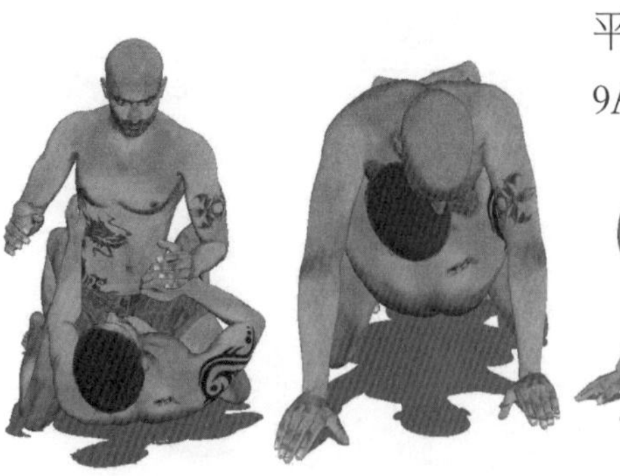
圖4-4-8　圖4-4-9

圖4-4-9A

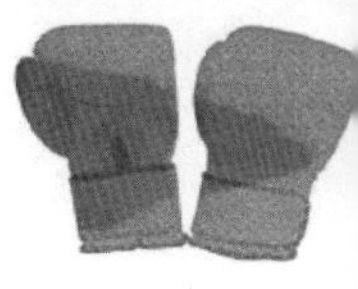

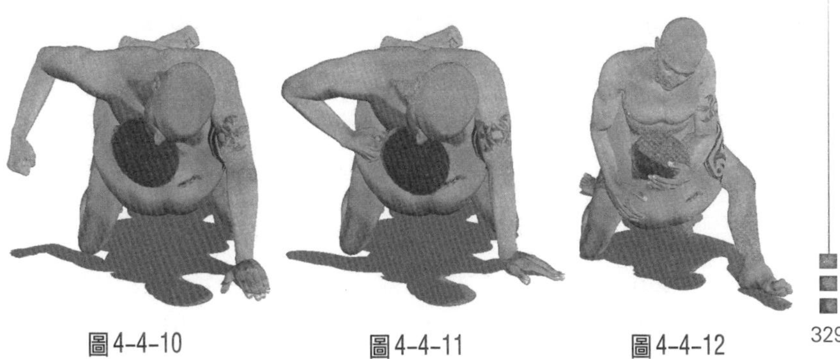

圖4-4-10　圖4-4-11　圖4-4-12

圖4-4-13

（3）被對方這樣糾纏是件很不爽的事情，但並不是沒有辦法應對，我可以用左手支撐地面，然後抬起右臂，揮舞右拳以拳峰為力點由側面連續勾擊對方頭部（圖4-4-10、圖4-4-11）。

（4）經過一通猛擊，趁對手暈頭轉向之際，我身體重心向後移動，上體後仰，左腿順勢向前伸展，同時雙手抱住對方後脖頸一併用力向我腹部方向拉扯，令其脖頸過度扭曲，造成頸椎損傷，從而迫使其因疼痛而放鬆對我的摟抱(圖4-4-12、圖4-4-13)。

【技術要領】

在取得優勢位置的情況下，一有機會就要騰出手來，在第一時間發動打擊，但要避免浪費體力的盲打。右拳連續擊打對方頭部時，注意擊打目標要準確，儘量避免打到對手的後腦，因為那樣會被裁判警告。

雙臂針對對手脖頸實施拉扯時，雙腿要紮實支撐於地面，以防止對方翻滾逃脫，同時臀部要儘量向後下方擠坐對手的腰腹部。

（五）騎乘勢→腕絨

【動作說明】

（1）地面打鬥過程中，對手處於被動局面，仰躺於地面，我取得優勢，騎乘於對手身軀之上，對手激烈反抗，用右手推搡我上體（圖 4–4–14）。

（2）發動攻擊時，我身體重心突然前移，上體前撲，將胸部緊緊貼壓在對方胸口上，形成騎乘壓制。右臂自然著地，以手掌扶撐對手頭部左側上方地面，同時左手抓住對方右手腕部，順勢將其右臂牢牢按壓於地面。上體前撲的瞬間，雙腿向後伸展，雙腳勾住對方雙腿內側，鎖定其下肢，控制住局面（圖 4–4–15）。

圖 4–4–14

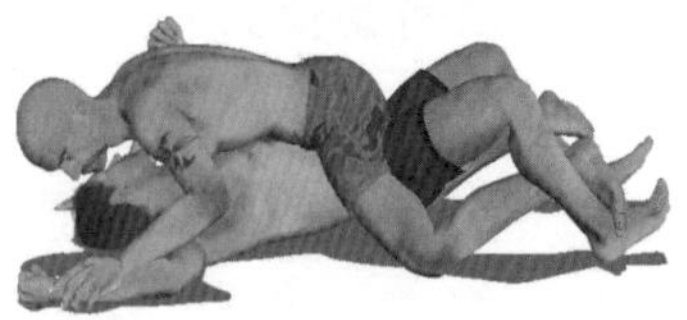

圖 4–4–15

（3）旋即，在雙腿勾住對方下肢的前提下，上體向左側平移，以右側肩頭擠壓住對方頭部，同時左手攥緊對方右手手腕，用力向左將其手臂抻直(圖 4–4–16、圖 4–4–16A)。

（4）動作不停，右臂向左伸展，右手扣按住對方右手

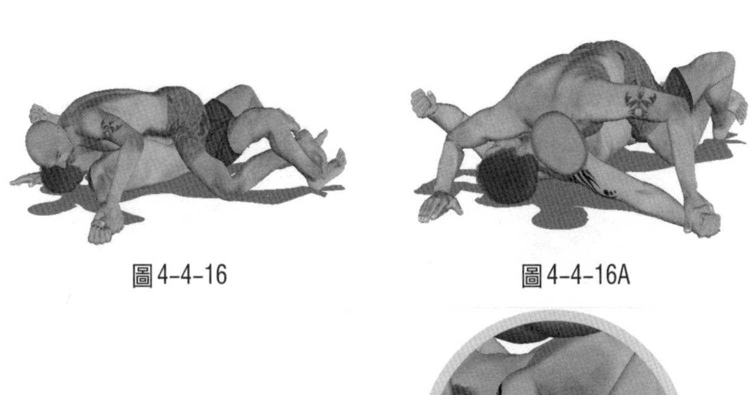
圖4-4-16　圖4-4-16A

圖4-4-17

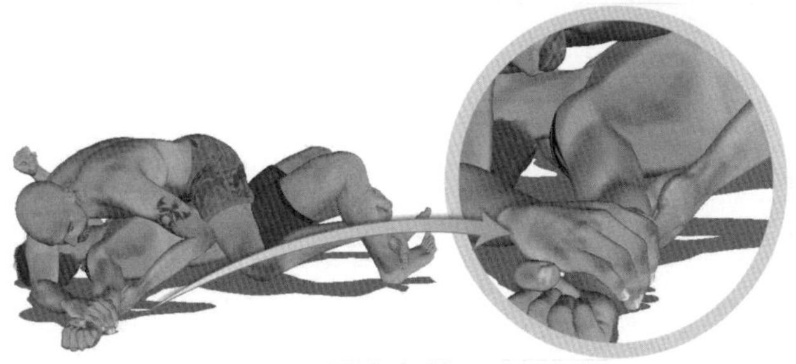
圖4-4-18

腕部，與左手一併壓制住其右臂，防止其掙脫（圖 4-4-17）。

（5）隨即，在右手牢牢扣壓住對方右手腕部的情況下，左手放鬆對其手腕的控制，然後移動到其右臂肘關節下方（圖 4-4-18）。

（6）動作不停，左手自對方右臂肘關節下方穿過，屈肘內旋勾住其手臂，並以左手扣抓住自己右小臂接近手

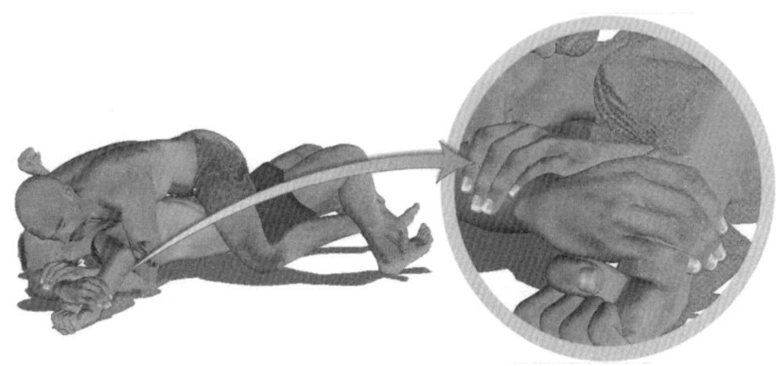

圖4-4-19

圖4-4-20

腕位置，雙臂協同動作，將對手右臂鎖定（圖4-4-19）。

（7）緊接著，上體沿逆時針方向翻轉，右手用力向下扣壓對方右手腕，左小臂順勢向上提拉，從而針對其右側肘關節和肩關節形成巨大的壓力，令其因疼痛而屈服（圖4-4-20）。

【技術要領】

身體前俯的瞬間，一定要用雙腳勾住對方雙腿內側，纏繞住對方的雙腿，宛如葡萄藤纏繞住樹幹一般，以防止對方翻滾逃脫，這種技術叫作「藤纏（Grapevine）」。透過這種方式，可以牢牢地控制住對方的身軀，達到增強自身穩定的目的，這樣無論對手如何掙扎，都可使自己處於

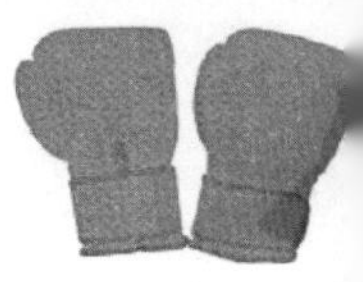

上位優勢局面中。

要注意的是，實施鎖控時，力點要準確，要充分利用上體的翻轉，帶動左小臂撬動對方的肘關節外側，這樣才能發揮出應有的降服威力。

（六）騎乘勢→手臂十字固

【動作說明】

（1）地面打鬥過程中，對手處於被動局面，仰躺於地面，我取得優勢，騎乘於對手身軀之上，準備展開瘋狂的打擊。對手為了防禦我的拳肘攻擊，會將雙臂屈肘抬起，用以抵擋擊打、保護頭部（圖 4-4-21）。

（2）此時，我可以放棄打擊的念頭，轉而採用降服策略來對付他。身體重心向前移動，上體前俯，雙手順勢前撲，扶撐對手頭部上方地面（圖 4-4-22、圖 4-4-22A）。

（3）繼而，雙膝向前移動，雙腿夾緊對方雙臂腋窩位置，這樣可以有效地破壞對方雙臂的防守，令其雙臂向

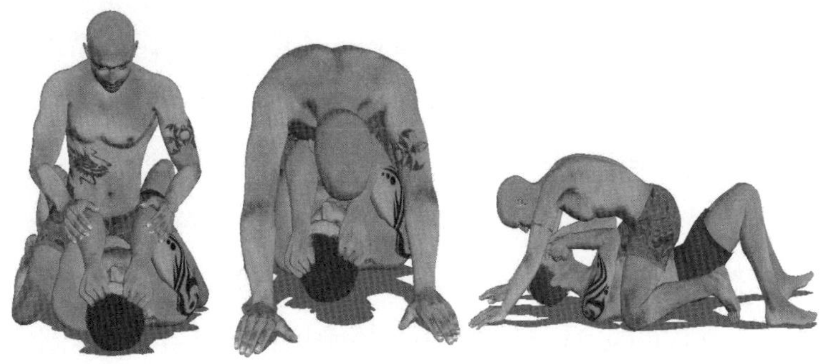

圖4-4-21　圖4-4-22　圖4-4-22A

圖4-4-23

圖4-4-23A

圖4-4-24

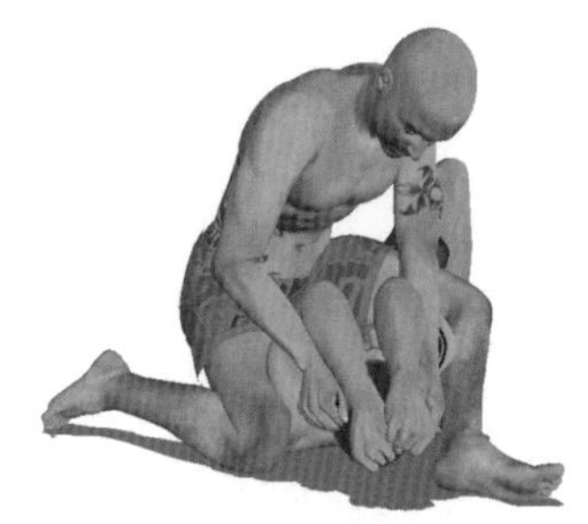

圖4-4-25

上抬起（圖 4-4-23、圖 4-4-23A）。

（4）緊接著，身體重心向右移動，腰髖向左轉動，左腿膝蓋隨身體轉動而外旋離開地面（圖 4-4-24）。

圖4-4-26

（5）動作不停，身體繼續左轉，右腿屈膝前提，以膝蓋抵頂住對方左側肩胛骨部位，同時左腿屈膝向右移動，小腿順勢卡入其右肩胛骨外側，雙臂一併抄抱住對方雙臂（圖 4-4-25、圖 4-4-26）。

（6）旋即，在雙臂牢牢地控制住對方雙臂、左腿牽制住對方右肩的前提下，身體左轉，重心向上提起，右腿隨

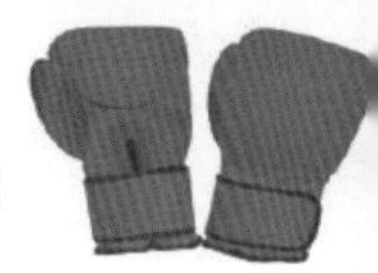

身體的轉動而向上抬起，掃跨過對方頭部和脖頸（圖 4-4-27、圖 4-4-28）。

（7）動作不停，身體重心向後下落，臀部於對手左肩外側著地，同時右腿落下，勾住對方脖頸，左腿壓制住對方腰身（圖 4-4-29）。

圖4-4-27

（8）隨即，雙腿膝蓋併攏，上體向後仰躺，雙臂攬緊對方左臂，順勢向後將其捋直，從而針對其左臂形成十字固降服（圖 4-4-30、圖 4-4-30A）。

圖4-4-28

圖4-4-29

圖4-4-30

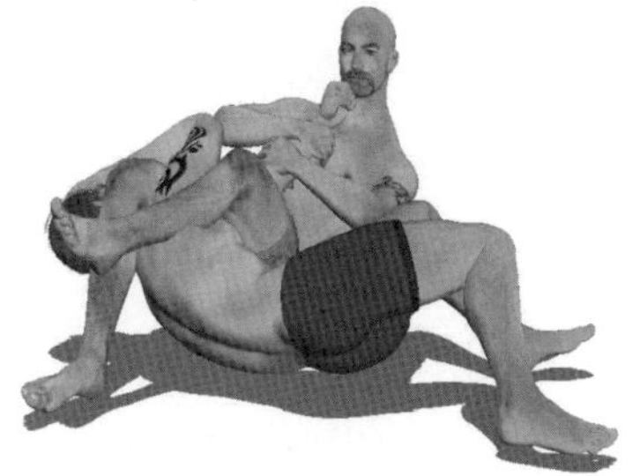

圖4-4-30A

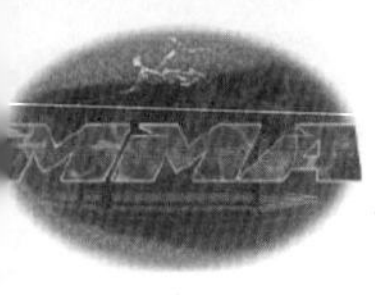

【技術要領】

當身體轉動時，一定要等到右腿抬起，並跨過對方頭頸之後，臀部才可以向後下落著地，不能過早，也不能過晚，要恰當掌握時機。形成十字固時，要將對方左臂徹底夾控於我兩腿之間、軀幹之上，臀部要牢牢地貼緊對方的肩部，並略微向上挺腰。

這裏舉例說明一下，形成十字固時雙腿夾緊的重要性。在UFC111的一場比賽中，UFC次中量級冠軍喬治・聖皮埃爾（Georges St Pierre）用手臂十字固控制住了對手丹・哈迪（Dan Hardy），但是對方卻遲遲不肯認輸，連喬治本人都很納悶。賽後經過影片回放分析發現，喬治運用的十字固之所以失敗的主要原因就是雙腿沒有夾緊，導致對手的肩關節可以任意活動，無法形成槓桿效應。故而哈迪手臂雖然被控制了，肘關節卻平安無事。

二、由騎乘位逃脫

地面打鬥中，被對手騎在身下，遭受「胯下之辱」，是一件非常不愉快的事情，是地面戰鬥過程裏所有身體姿態中最被動的下位姿勢。一旦處於這種被動局面，遭受對手的拳肘凌虐是在所難免的，因此在採用防禦策略時，首先要用雙臂保護好頭部，儘量避免被對方強力打擊（GNP）。因為對手在居高臨下的情況下發動的攻擊，往往勢如雨下，很容易在瞬間就將你的臉面「打花」，滿面流血將會令你視線模糊，局面勢必更為尷尬。

在有效防禦對手打擊的同時，還要儘快扭轉局面，抓

住對方發動攻擊時暴露的破綻，運用「單肩起橋」「雙肩起橋」「蝦行」等方法及早從對方雙腿間逃脫出來，徹底擺脫困境。

（一）單肩起橋

【動作說明】

（1）地面打鬥過程中，我處於被動局面，仰躺於地面，對手取得優勢，騎乘於我身軀之上，同時用左手用力按壓住我的前胸，準備展開瘋狂的打擊（圖 4-4-31）。

（2）我用右手自上而下扣抓住對手左手手腕，並用力向右側拉扯，將其由我胸前拉扯開以後，右臂屈肘攬住其左臂，同時上體於地面向左側擺轉，及時躲避開對方的右拳攻擊。在對方右拳擊空、砸在地面上的瞬間，左手自左向右推按住對方右臂肱三頭肌處（圖 4-4-32）。

（3）旋即，左腳用力蹬地，腰髖猛然挺起，臀部瞬間離開地面，身軀驟然向右側翻滾，右臂使勁向懷中攬緊對方左臂，同時左手隨身體的翻滾向右猛推對方右臂肱三

圖4-4-31　　圖4-4-32　　圖4-4-33

圖 4-4-33A

圖 4-4-34

圖 4-4-35　圖 4-4-36　圖 4-4-37

頭肌處。周身協調動作，一鼓作氣將對手由身上掀翻至我身體右側（圖 4-4-33 至圖 4-4-34）。

（4）身體的翻滾動作不停，直至整個身軀翻轉過來，臉面朝下（圖 4-4-35）。

（5）由被動的被騎乘狀態轉換到上位後，可以迅速對對手展開地面捶擊，實施反制（圖 4-4-36、圖 4-4-37）。

【技術要領】

腰髖挺起、身體翻滾時，要藉助左腳蹬踏地面的力量推動身體完成動作，腰髖懸空時，上體僅以右側肩背著地，這種技術我們叫作「單肩起橋」，是逃脫騎乘非常有

效的手段。進行單肩起橋時，要特別強調身體的整體協調性，上下肢配合協調。

（二）雙肩起橋

【動作說明】

（1）地面打鬥過程中，我處於被動局面，仰躺於地面，對手取得優勢，騎乘於我身軀之上，同時用左手用力按壓住我的前胸，準備展開瘋狂的打擊（圖4–4–38）。

（2）我用右手自上而下扣抓住對手左手手腕，左臂抬起防禦對方對我頭部的打擊。同時，雙腿屈膝、後收，雙腳用力蹬踏地面，突然向上挺腰掀胯，以腰髖部位為力點向上掀動對手臀部，瞬間令其身體重心朝我頭頂上方過渡（圖4–4–39、圖4–4–40）

（3）在對方雙手撲向我頭頂瞬間，迅速用雙手托住對方兩側髖關節位置，並借勢使勁向上方推送，迫使對方雙腳脫離地面（圖

圖4–4–38

圖4–4–39

圖4–4–40

圖4-4-41

圖4-4-42

圖4-4-43

圖4-4-44

4-4-41、圖 4-4-42）。

（4）旋即，雙腿迅速屈膝向上提起，收腹團身，用雙腿脛骨部位向上抵撐住對方兩大腿根部內側，令其身體重心下落，雙腳著地（圖 4-4-43、圖 4-4-44）。

圖4-4-45

（5）在對方雙腳著地的一剎那，我迅速用雙手抓住其雙腿腳踝部位，用力向後拉扯，身體順勢向前滾動坐起，瞬間破壞對方身體平衡，令其向後跌倒仰摔（圖 4-4-45、圖 4-4-46）。

（6）進一步，可以抓住戰機，迅速撲上去實施地面捶擊（圖 4-4-47）。

圖4-4-46

圖4-4-47

【技術要領】

雙肩起橋時，僅以雙腳和肩背著地，臀部和整個腰身都要猝然向上掀起，突然挺身發力，出其不意，才能瞬間將對方向頭頂上方掀過去。要充分利用腰腹力量將對手身體彈起，以破壞騎乘者的平衡，擺脫劣勢。

（三）蝦行逃脫

【動作說明】

（1）地面打鬥過程中，我處於被動局面，仰躺於地面，對手取得優勢，騎乘於我身軀之上（圖4-4-48）。

（2）當對方還沒有俯身對我實施進攻時，我突然挺腰抬髖，將對手向我頭頂上方掀動，迫使對方身體向前移動，雙手扶地，身體重心平均分布於四肢（圖4-4-49、圖4-4-50）。

（3）此時，我身體略微向左側擰轉，右手按住對方右

圖4-4-48

圖4-4-49　圖4-4-50

圖4-4-51　圖4-4-52

腿大腿根部髖關節位置，左手按住其右腿接近膝蓋部位，左腿隨身體的轉動略微伸展、平放，右腿屈膝向後移動，右腳儘量回收，靠近自己的右側臀部（圖4-4-51）。

（4）隨即，身體猛然向左擰轉，右側臀部抬起，以左側軀幹著地，雙手同時用力推撐對方右腿，右腳配合蹬地，將腰胯翻轉並向右後方移動，令軀幹和右腿呈90度角，左腿屈膝，膝蓋部位順勢由對方兩腿間抽出（圖4-4-52）。

（5）動作不停，身體再向右擰轉，令後背著地，左腿隨之內旋，以膝蓋扣住對方右側腰肋部位。此時，左腳即可以順利地從對手雙腿間抽出（圖4-4-53、圖4-4-54）。

（6）緊接著，左腿屈膝，左腳向自己的左臀部附近落步、踏實，身體略微向右側擰轉，右腿隨身體的轉動略微伸展、平放，同時左手按住對方左腿大腿根部髖關節位置，右

圖 4-4-53

圖 4-4-54

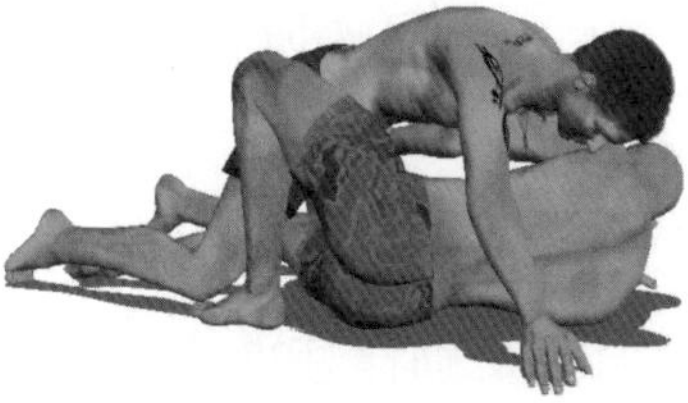

圖 4-4-55

圖 4-4-55A

圖 4-4-56

圖 4-4-57

手按住其左腿接近膝蓋部位（圖 4-4-55、圖 4-4- 55A）。

（7）繼而，身體猛然向右擰轉，左側臀部抬起，以右側軀幹著地，雙手同時用力推撐對方左腿，左腳配合蹬地，將腰胯翻轉並向左後方移動，右腿屈膝，膝蓋部位順勢由對方兩腿間抽出（圖 4-4-56）。

（8）將右腿順利抽出的瞬間，身體再向左擰轉，令後背著地仰躺（圖 4-4-57）。

（9）之後，即可以用雙腿扣鎖住對方的腰部，以「蝦行」技術順利逃脫對手騎乘並轉化為對自己有利的封

圖 4-4-58

圖 4-4-59

閉式防守姿態（圖 4-4-58、圖 4-4-59）。

【技術要領】

蝦行逃脫（Shrimping Escape）技術動作在運用時，彷彿一隻大蝦在擺動身軀游動，故而得名。整個動作過程要連貫流暢，上下肢配合協調，身體翻轉靈活自如。這一技術對於初學者有一定的難度，必須反覆練習，才能熟練掌握。

第五節　地面打鬥中的背後控制技術

背後技術我們俗稱為「拿背」，泛指地面打鬥過程中，取得對手背後的位置，並在這個位置上實施的各種攻擊技術。所謂背後位置，包含坐在對手身後、騎在對手背後、仰躺在對手背後等多種情況。

在對手的背後實施控制是非常有利的，這是因為對手揮舞拳頭向身後攻擊是件很不容易的事情，並且幾乎沒有運用降服技術的機會，而你則可以輕鬆地運用絞窒技術、手臂關節技，或者隨心所欲地擊打。

一、背後展開的攻擊

在對手背後實施的攻擊技術多以絞鎖窒息為主，當然也可以在取得背後控制優勢的前提下，突破對手設置的各種防守姿勢，針對其肢體關節實施降服，這要根據對手採取何種防禦姿勢來確定，並非一成不變的。

這裏需特別提醒一下，於背後實施絞窒是比較危險的技術，我們在日常訓練中，要尤其注意安全問題，點到為止，否則極易造成不可逆轉的傷害。

（一）背後裸絞

【動作說明】

（1）地面打鬥過程中，我移動到對手的背後，雙臂置於對方雙肩之上，搶佔一個相對主動的位置（圖4-5-1）。

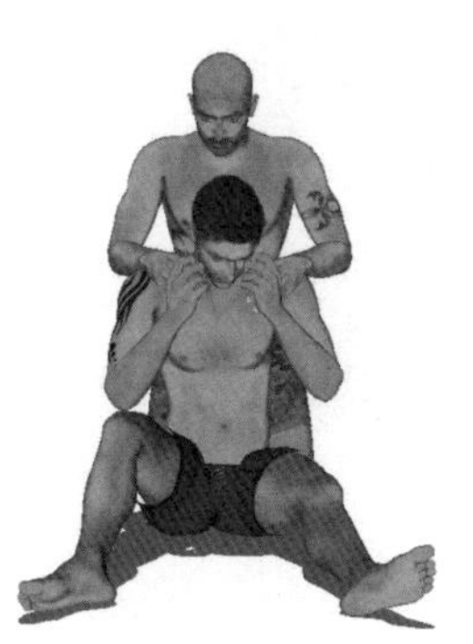

圖4-5-1

（2）發動攻擊時，我左臂屈肘，以左手大拇指一側為力點，自左向右扳撥對方下頜與左側臉頰，迫使其頭部抬起，並朝右側轉動（圖4-5-2）。

圖4-5-2

（3）旋即，右臂屈肘，快速由對方右側脖頸下方繞過，緊緊勾鎖住其脖頸、咽喉部位（圖4-5-3、圖4-5-4）。

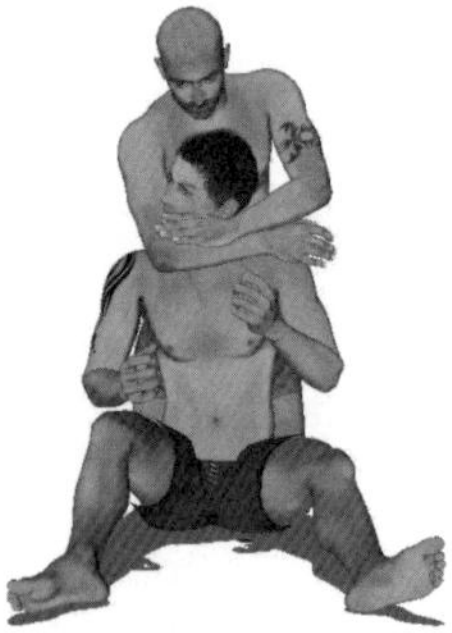

圖4-5-3 　圖4-5-4 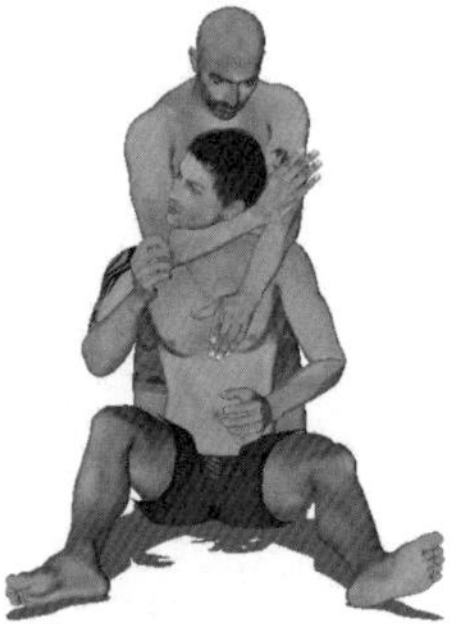　圖4-5-5

圖4-5-6 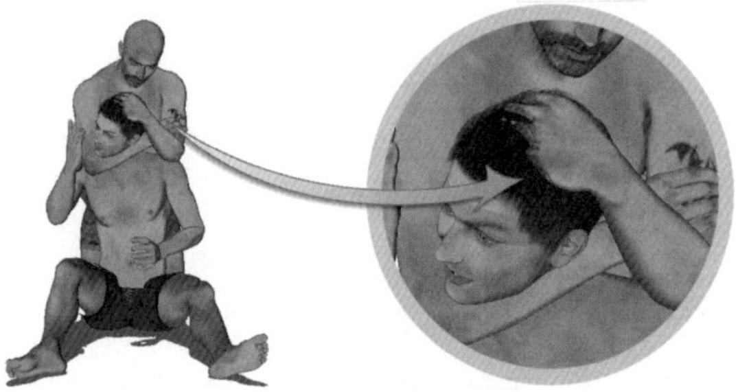　圖4-5-7

（4）緊接著，左手由對方臉頰處移開，右手置於左大臂上方（圖4-5-5）。

（5）動作不停，右手順勢扣抓住自己左臂肱二頭肌位置，左臂屈肘內旋，左手順勢扣按住對方頭部。然後雙臂同時收攏，一併發力夾緊，針對對手的脖頸實施絞窒，瞬間即可導致對手窒息、昏厥（圖4-5-6、圖4-5-7）。

【技術要領】

左手撥動對方下頷與臉頰的目的是防止對方低頭收緊下巴，如果對方的下巴收緊了，右臂就無法順利地勾住其

脖頸了，裸絞降服對方的目的就會徹底落空。實施動作時，左右臂要配合協調，鎖定瞬間同時發力。

（二）破壞龜式防守→擊打頭部

【動作說明】

（1）地面打鬥過程中，對手處於被動局面，雙膝跪地，雙臂屈肘以小臂著地支撐身體，形成龜式防守姿態。我騎乘於對手後背之上，搶佔優勢位置（圖 4–5–8）。

（2）發動攻擊時，我身體向前俯身，雙臂自對方兩側腋下穿過，屈肘摟抱住對方的胸部，雙腿屈膝由兩側伸至對方襠內，並向後勾掛住對方兩側髖部（圖 4–5–9）。

（3）旋即，雙腿用力向後伸展，雙腳向後移動，身體胸腹、腰髖部位貼緊對方後背，重心下沉，利用自己的體重將對方壓伏於地（圖 4–5–10、圖 4–5–11）。

圖4–5–8

圖4–5–9

圖4–5–10

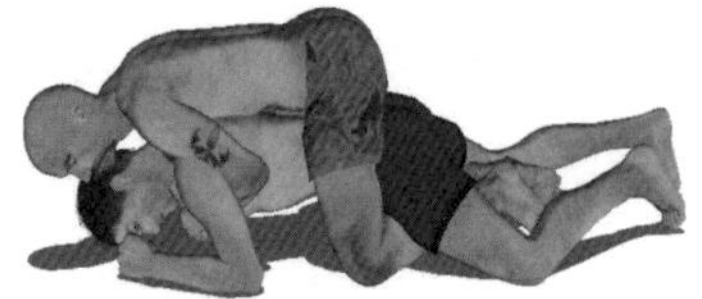

圖4-5-11

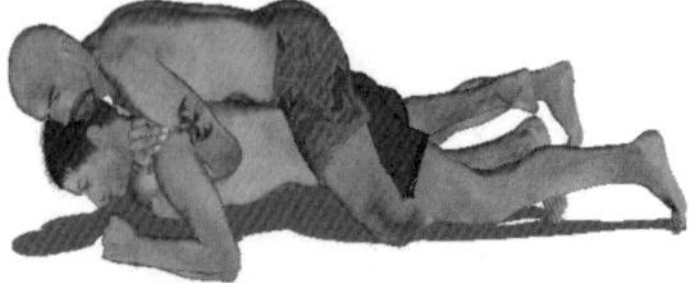

圖4-5-12

（4）在對方前胸與腹部趴伏於地面的一剎那，我右臂迅速屈肘，自對方脖頸右側穿過，勒緊其咽喉部位(圖4-5-12)。

（5）繼而，可以掄起左拳，以拳峰為力點連續擊打對手頭部左側或臉頰（圖4-5-13、圖4-5-14）。

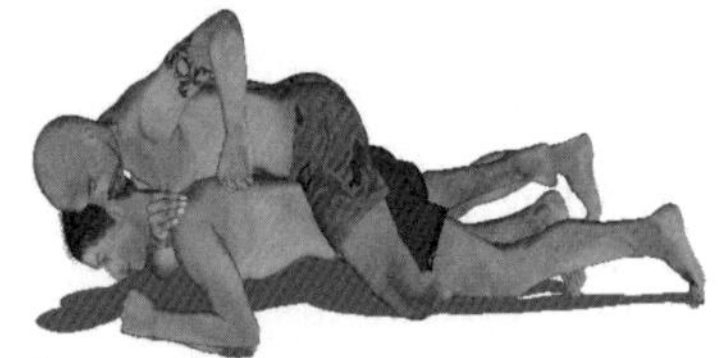

圖4-5-13

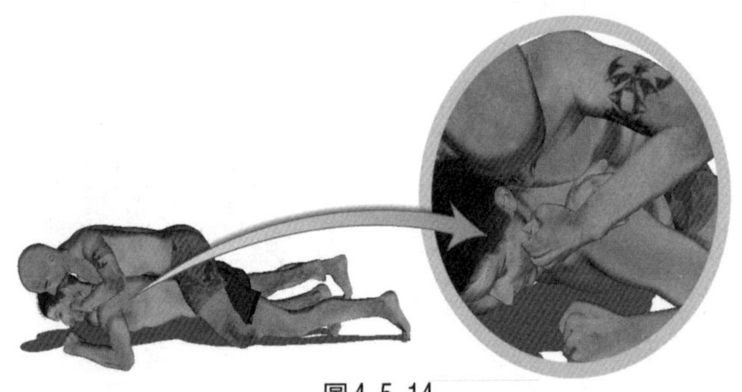

圖4-5-14

【技術要領】

身體向下壓制的前提是雙腿順利「下勾」，並向後伸展，只有利用雙腿向後的伸展力量將對方的雙腿支撐結構破壞掉，身體下壓才能收到預想的效果。一旦將對手的身體壓平，你便佔據了主動權，可以肆意揮舞拳頭擊打對手的頭部。

（三）背後騎乘→裸絞

【動作說明】

（1）地面打鬥過程中，對手處於被動局面，雙膝跪地，雙臂屈肘以小臂著地支撐身體，形成龜式防守姿態。我騎乘於對手後背之上，搶佔優勢位置。發動攻擊時，我身體向前俯身，雙臂自對方兩側腋下穿過，屈肘摟抱住對方的胸部，雙腿屈膝由兩側伸至對方襠內，並向後勾掛住對方兩側髖部（圖4-5-15）。

（2）旋即，雙腿用力向後伸展，雙腳向後移動，身體胸腹、腰髖部位貼緊對方後背，重心下沉，利用自己的體重將對方壓伏於地（圖4-5-16）。

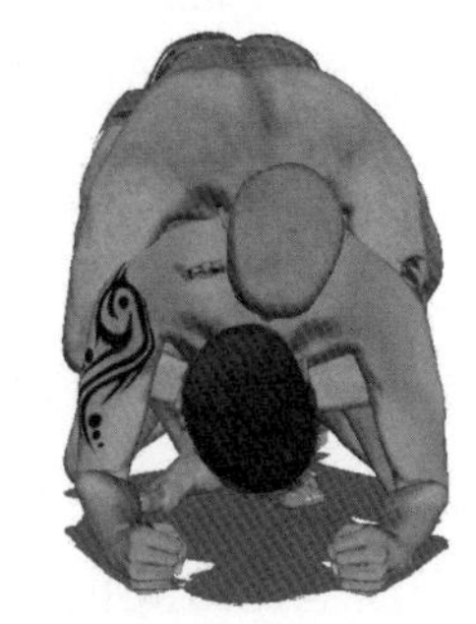

圖4-5-15

（3）在對方前胸與腹部趴伏於地面的一剎那，我右手推抵住對方頭部，左手由對方脖頸下方縫隙插入，迫使其頭部向上抬起（圖4-5-17）。

（4）動作不停，我左手繼續自左

圖4-5-16

圖4-5-17

向右穿插，以小臂橈骨部位橫攬住對方咽喉位置（圖 4–5–18）。

（5）繼而，左手扣抓住自己右臂肱二頭肌位置，右臂屈肘內旋，右手扣按住對方頭部，雙臂一併收攏，協同發力，瞬間夾緊，針對對手的脖頸實施裸絞（圖 4–5–19）。

圖 4–5–18

【技術要領】

我們之所以要破壞對方的防守姿態，是為了創建一種更加有利於自己的局面，把對方壓趴下，將使其更加難以逃脫掉我的背後控制。大家清楚這一點後，在運用動作時，就要當機立斷，切勿猶豫遲疑，否則你騎在對手後背的時間就會轉瞬即逝，因為任何一名格鬥選手都已經意識到了危險就在眼前，他會不擇手段地進行反抗、掙脫。

圖 4–5–19

背後絞窒成功實施的關鍵在於，不能讓對方收緊下巴，所以左手臂的穿插動作必須及時、快速，否則你很難順利完成動作。

（四）突破龜式防守→拿背→裸絞

【動作說明】

（1）地面打鬥過程中，對手處於被動局面，雙膝跪地，雙臂屈肘以小臂著地支撐身體，形成龜式防守姿態。

我位於對手身體右側，身體重心下沉，左腿屈膝跪地，以膝蓋著地支撐身體，右腿蹬直，保持身體穩定。同時，上體前俯，伸出左臂攬抱住對手左側腰肋，以左側腰肋抵頂住對手右側腰胯部位（圖 4–5–20）。

（2）由於對手身體蜷縮，上體趴伏，防守比較嚴密，我無法順利施展拿背技術，於是，可以掄起右拳由側面連續擊打對方頭部右側或臉頰，迫使其抬起右手進行防護、阻擋（圖 4–5–21、圖 4–5–22）。

（3）在對方右臂抬起、其身體右側露出空襠的一瞬間，我身體重心向左移動，在左臂牢牢攬緊對手腰身的前提下，右腿順勢由對手右側手臂與大腿之間插入，屈膝勾住對方右側髖部，即所謂「下鈎子」，右手扶撐右側地面，保持身體的平穩（圖 4–5–23）。

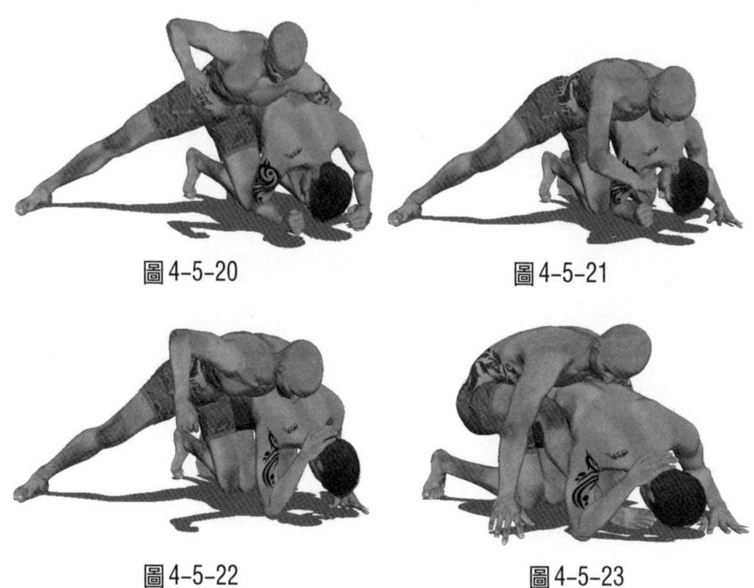

圖4-5-20　圖4-5-21

圖4-5-22　圖4-5-23

圖4-5-24

圖4-5-25

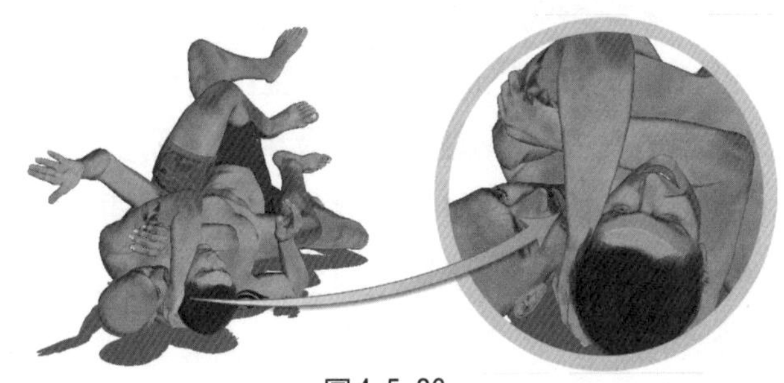
圖4-5-26

（4）旋即，右臂自對方右肩上方穿過，屈肘攬住其脖頸，雙臂合攏，抱緊對方上體，然後身體猛然向左側翻滾，順勢將對方裹挾掀翻（圖 5-5-24）。

（5）繼而，抬起左腿，屈膝勾掛住對方左側髖部，形成雙腿勾掛之勢，迫使對方後背牢牢地貼靠於我身前（圖 4-5-25）。

（6）在「拿背」成功的一剎那，我左臂屈肘內旋，左手扣按住對方後腦，右臂屈肘勒緊對方咽喉，雙臂迅速收緊，針對對手脖頸實施裸絞（圖 4-5-26）。

【技術要領】

當對手呈趴伏狀態、採用龜式防守時，儘管其後背朝

上，但是按照規則，我們是不能擊打其後背脊椎和後腦的。這一點與街頭打鬥不同，街頭打鬥中對手採用這種姿態防守，無異於自斷性命。在MMA比賽中，這種狀態是實施拿背的最好時機，前提是你要利用對其頭部側面的連續擊打，迫使其舉手防護，從而導致其右側肋下露出空檔，為伸腿下勾創造最佳條件。

實施背後裸絞時，雙腿一定要牢牢地勾掛住對方的雙側髖部，這樣可以增大雙臂的絞窒力度。在地面打鬥中，你一旦繞到對手的背後，首要考慮的事情之一就是用腿勾住合適的位置，以便鞏固控制，然後終結對手。

（五）拿背→手臂十字固

【動作說明】

（1）地面打鬥過程中，對手臀部著地呈坐姿，我位於其背後，雙腿勾掛住對方雙側髖部，雙腳置於其雙腿內側。同時，我右臂屈肘繞過對方腦後，勾攬住其右側脖頸，左臂則屈肘自對方左側腋下穿過，與右臂勾搭在一起，雙臂合攏，抱緊對方的身體，從而形成對我有利的「拿背」姿態（圖4-5-27）。

圖4-5-27

（2）在取得背後優勢的瞬間，我身體略右轉，左臂屈肘拉攬對方左側肩臂，同時將右臂撤至對方脖頸左側，以右手和小臂為力點向前下方推按其脖頸，迫

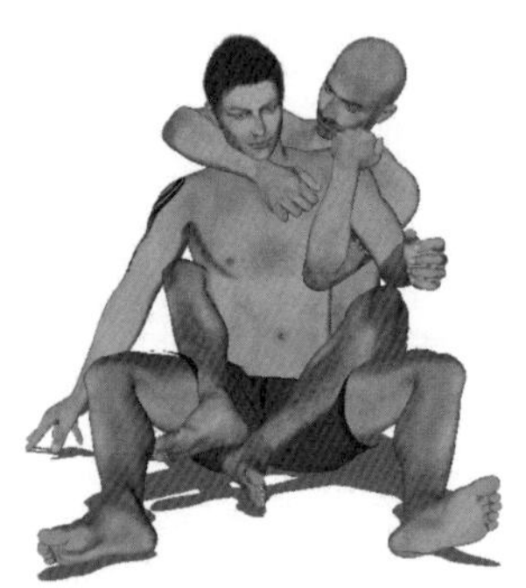

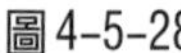
圖4-5-28

圖4-5-29

使其上體朝我身體右側後仰（圖 4-5-28、圖 4-5-29）。

（3）旋即，在對方上體向後傾斜的瞬間，我身體以臀部為軸猛然向右側擰轉，雙臂攬住對方左臂，上體順勢向後仰躺，令我的身體與對方的身體呈垂直狀態。身體轉動後仰的同時，右腿放鬆對對手右側腰髖的控制，順勢向上擺動揚起（圖 4-5-30）。

（4）動作不停，在我右腿上揚至對方頭部上方時，驟然用力下落，以右腿膝窩勾掛對方脖頸，同時左腿屈膝勾掛住對方胸腹部（圖 4-5-31）。

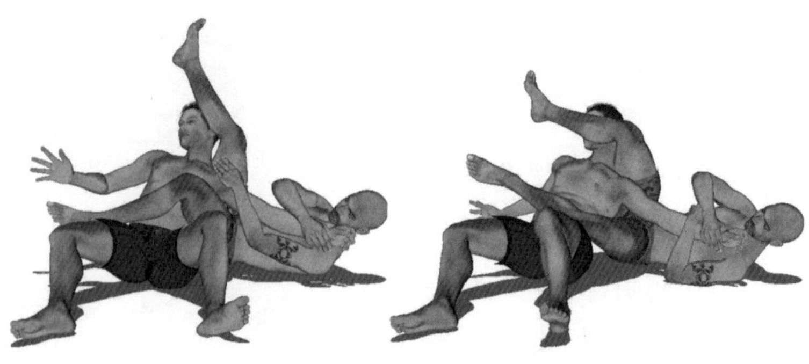

圖4-5-30　　圖4-5-31

（5）繼而，雙腿一併用力向下壓制，雙膝內扣、夾緊，後背著地，腰部挺直，雙臂攬緊對方左臂，借上體後仰之勢將其手臂捋直，從而形成手臂十字固(圖4－5－32、圖4－5－32A)。

圖4－5－32

圖4－5－32A

【技術要領】

在形成「拿背」姿態時，雙腳控制對方雙腿的位置與姿勢要正確，不要雙腳疊勾在一起，否則容易被對手使用足鎖技術降服。正確的方法是保持雙腳壓在他的腰前，作用是在對手全力擺脫時使你自己能保持合適的位置，讓你對對手有巨大的控制力，為你進一步運用十字固創造條件。在形成手臂十字固時，一定要強調雙膝內扣夾緊，雙腿勾住對方的身軀，將臀部牢牢地貼緊對方的左側肩胛骨部位，腰部前挺，以小腹、恥骨為支點用力抵頂對方大臂外側，利用槓桿原理針對其肩臂關節施加壓力，迫使其因劇痛而屈服。雙臂控制對方手臂時，要儘量將其翻轉成大拇指朝上的姿態。

（六）背後騎乘→手臂十字固

【動作說明】

（1）地面打鬥過程中，對手處於被動局面，雙膝跪

地，雙手扶撐地面支撐身體，形成犬式防守姿態。我騎乘於對手後背之上，搶佔優勢位置（圖 4−5−33）。

（2）發動攻擊時，上體向右前方俯身，雙腳離地，右腿屈膝勾住對手腹部，左臂經對方右肩向其右側腋下穿插，屈肘攬住其右大臂（圖 4−5−34）。

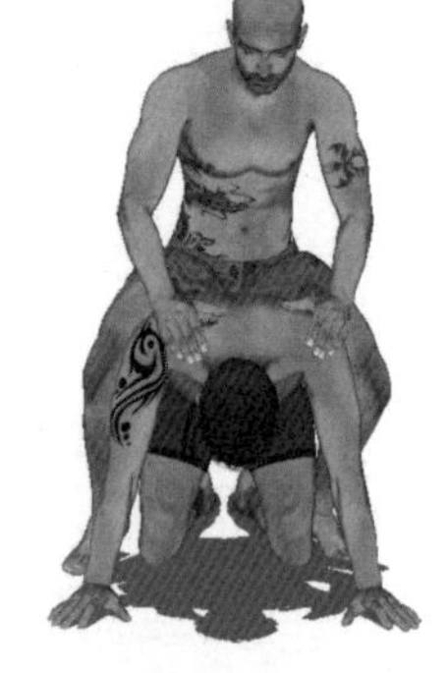

圖4-5-33

（3）動作不停，上體繼續向右俯身，右手扶撐右前方地面，同時左腿屈膝抬起，以小腿脛骨部位抵壓對方後脖頸處(圖 4−5−35)。

（4）旋即，身體重心前傾，並向右後方翻滾，以左側肩背著地，利用身體的滾動力量和左腿的壓制迫使對方上體趴伏於地，抬不起頭來，雙臂同時屈肘攬住對方右臂（圖 4−5−36 至圖 4−5−37A）。

圖4-5-34

圖4-5-35

圖4-5-36

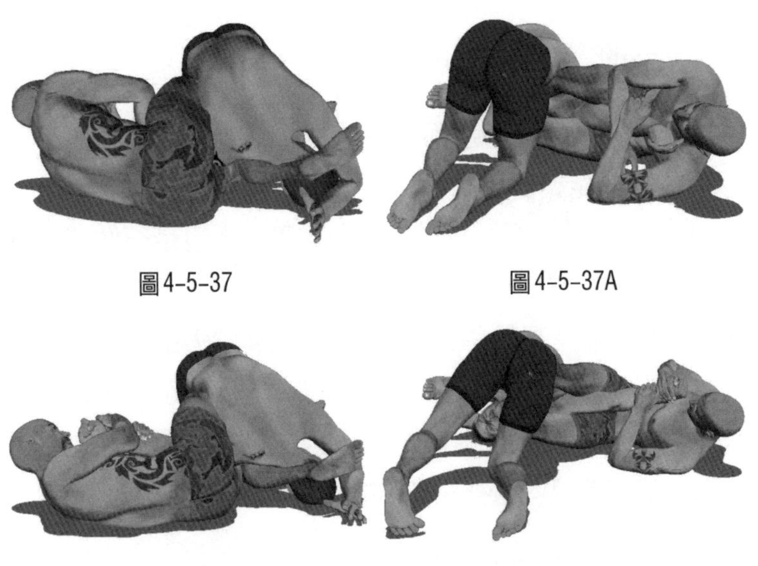

圖4-5-37　　圖4-5-37A

圖4-5-38　　圖4-5-38A

（5）繼而，雙膝併攏夾緊，臀部貼緊對方右肩胛骨部位，腰部前挺，以小腹、恥骨為支點用力向前抵頂對方大臂外側。頭部抬起，上體向右後方仰躺，左臂屈肘攬緊對方右臂，順勢向後將其捋直，右手抓握住對方右手腕部，雙手協同動作，向後拉扯的同時將其右臂徹底控制於我兩腿之間和軀幹上方，形成手臂十字固（圖4-5-38、圖4-5-38A）。

【技術要領】

身體重心前傾栽倒時，右手扶撐地面，可以減緩身體與地面的衝撞力，避免造成自我損傷。倒地時，要以肩背著地，切勿用頭部觸及地面。整個動作過程中，身體的翻轉不能停頓，要充分利用身體翻滾的慣性帶動左腿掀翻對手，同時左臂要始終牢牢地控制住對手右臂。

二、防禦背後控制

任何一名格鬥選手都知道這樣一個常識，在站立格鬥中，絕對不能讓對手站到你的身後，那樣是非常被動的。同樣，在地面打鬥中，被對手「拿背」，也是一件非常不愉快的事情。

因為對手一旦轉移到你的身後，你的視線就會受到極大的限制，你無法準確判斷出對手的進攻意圖。同時你的肢體也無法給予對手有效的攻擊，只能處於被動挨打的地位，尤其是你的脖頸很容易被對方鎖控降服，這是最要命的。

（一）犬式防守→站立起來

【動作說明】

（1）進入地面打鬥階段，我被動跪伏於地面，雙手扶撐地面，形成犬式防守姿態。對手跪於我身體左側，上體趴伏於我左側後背上，同時雙臂摟抱住我的腰身，對方的位置相對於我佔有一定優勢（圖 4–5–39）。

（2）為了避免被對手「拿背」，令自己陷入更加被動的局面，我迅速用力向後仰身，身體重心上提，順勢將右腳抬起，向右前方落步、踏實（圖 4–5–40）。

（3）旋即，雙手扣抓住對方雙手，身體重心繼續上提，左腳蹬地站起（圖 4–5–41）。

（4）身體站起的一刻，我雙手用力向下推按對方雙手，上體後仰，腰髖前挺，周身協調發力，瞬間掙脫對方雙臂的束縛（圖 4–5–42）。

圖4-5-39

圖4-5-40

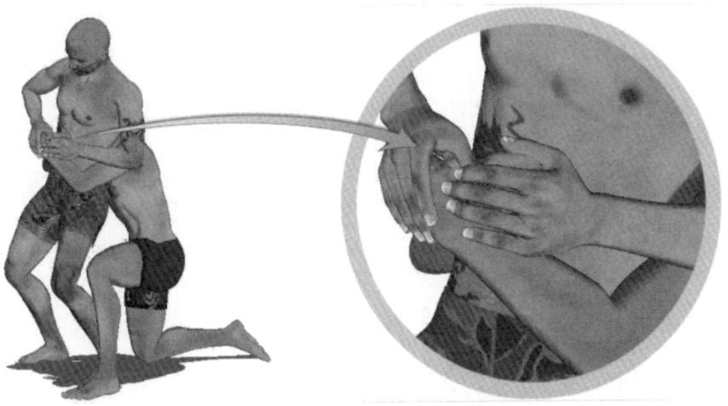

圖4-5-41

圖4-5-42

圖4-5-43

（5）掙脫對方束縛後，迅速轉身面對對手，展開新一輪的戰鬥（圖4-5-43）。

【技術要領】

如果你是一名不擅長地面打鬥的選手，在地面上一旦陷入被動局面，就應該迅速脫離地面，恢復到站立打鬥姿態。站起來時，肩背一定要用力向後仰，配合雙手向前下方推按對方雙手，腰髖前挺，上下肢配合協調，一氣呵成，瞬間突破對方的控制。

（二）扳腿→逃脫背後控制→側位控制

【動作說明】

（1）地面打鬥過程中，我臀部著地呈坐姿，對手位於我背後，雙腿勾掛住我雙側髖部，雙腳置於我雙腿內側。同時，對方右臂屈肘繞過我腦後，勾攬住我右側脖頸，左臂則屈肘自我左側腋下穿過，與右臂勾搭在一起，雙臂合攏，抱緊我的身體，從而形成對我不利的「拿背」姿態。在這種極為被動的狀態下，我要迅速低頭收緊下頜，同時用雙手拉扯對方右臂，以緩解其勒扼力度（圖 4−5−44、圖 4−5−44A）。

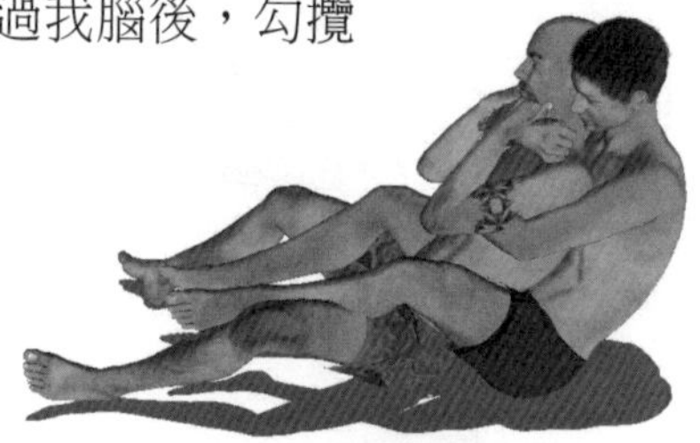

圖4-5-44

圖4-5-44A

（2）接下來應該快速擺脫對方的背後控制，在右手牢牢地拉扯住對方右臂的

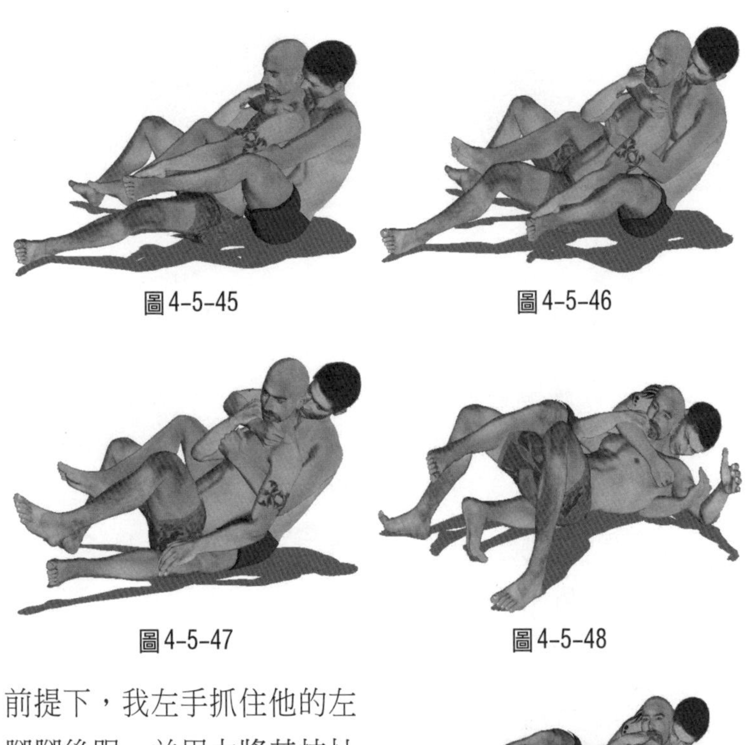

圖4-5-45　圖4-5-46

圖4-5-47　圖4-5-48

前提下，我左手抓住他的左腳腳後跟，並用力將其拉扯至左腿外側，從而破壞其下肢對我的勾鎖（圖 4-5-45、圖 4-5-46）。

圖4-5-49

（3）將對方左腿扳拉至我左腿外側後，左手用力將其按壓於地面。然後，雙腳蹬地，臀部向上抬起，順勢將臀髖由對方兩腿內側移動到對方身體左側（圖 4-5-47、圖 4-5-48）。

（4）當我臀部移至對方左腿外側的一剎那，身體猛然向右翻轉，左手順勢推開對方摟抱我腰身的左臂（圖 4-5-49）。

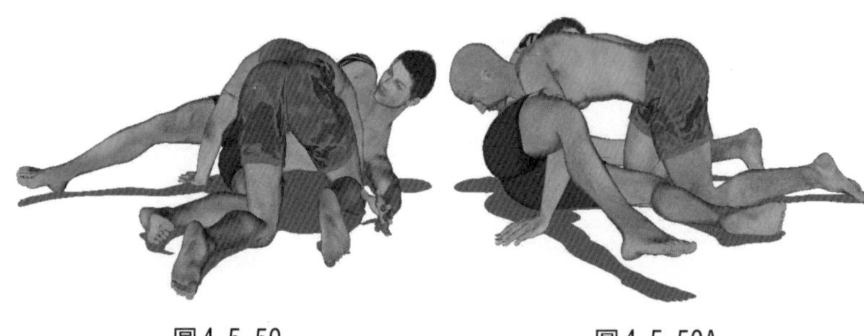

圖4-5-50　　圖4-5-50A

（5）身體翻轉動作不停，雙膝跪地呈臉面朝下狀態，雙手手掌支撐地面，脖頸順利掙脫對方右臂的控制（圖 4-5-50、圖 4-5-50A）。

圖4-5-51

（6）旋即，左臂屈肘摟抱住對方右側大腿及臀部，同時右臂屈肘摟抱住對方脖頸，上體前撲，重心前移，以胸部死死地壓制住對方的上體，從而取得側位控制的優勢位置（圖 4-5-51）。

【技術要領】

從對方的背後控制中逃脫出來，轉入到對自己有利的側位控制，這種優劣局面的轉換，在MMA當中稱作掃技。實戰中，一旦被「拿背」，你的第一反應應該是迅速收緊下巴，並用手拉住對方勒緊你脖頸的那條手臂，擺脫窒息是逃脫的前提，也是進一步實施反攻的基礎。在整個逃脫過程中，右手要始終牢牢地拉住對方的右臂不放。

（三）扯臂→逃脫背後控制→側位控制

【動作說明】

（1）地面打鬥過程中，我臀部著地呈坐姿，對手位於我背後，雙腿勾掛住我雙側髖部，雙腳置於我雙腿內側。同時，對方右臂屈肘繞過我腦後，勾攬住我右側脖頸，並揮動左臂準備針對我脖頸實施絞窒降服。我迅速低頭收緊下頜，同時用雙手拉扯對方右臂，以緩解其勒扼力度，同時抬起左手阻擋對方左手的動作（圖 4-5-52）。

（2）旋即，迅速用雙手抓握住對方左臂手腕部位，用力將其朝頭部上方拉起（圖 4-5-53、圖 4-5-54）。

（3）動作不停，雙手攥緊對方左手腕部，使勁向頭頂右側拉扯，脖頸順勢向左側歪斜，令頭部由對方左側腋下繞至其左大

圖 4-5-52

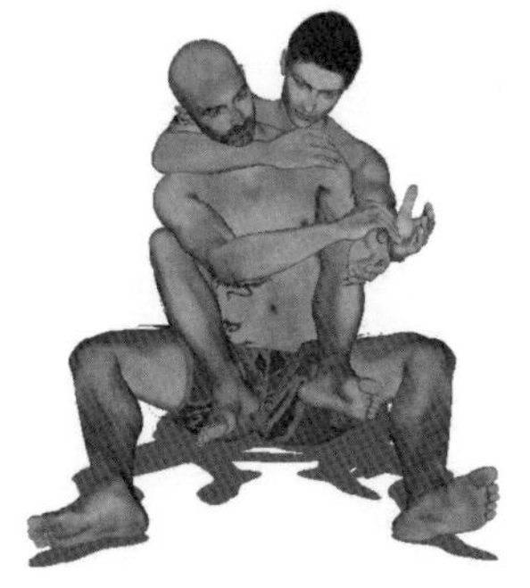

圖 4-5-53

圖 4-5-54

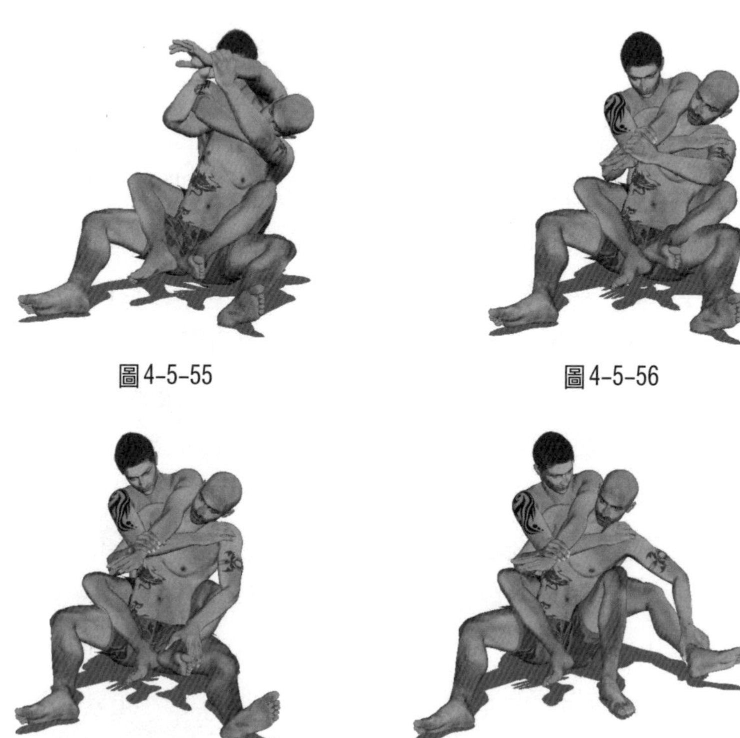

圖4-5-55 圖4-5-56

圖4-5-57 圖4-5-58

臂外側（圖 4-5-55）。

（4）頭部順利逃脫後，雙手用力向右下方拉扯對方左臂，將其扛在我右側肩頭之上（圖 4-5-56）。

（5）然後，左手放鬆對其手腕的抓握，改抓住對方左腳腳踝，並用力將其向身體左側拉扯，將其成功拖拉至我左腿外側，繼而左腿屈膝內收，以腳掌著地（圖 4-5-57、圖 4-5-58）。

（6）緊接著，周身協調動作，身體於地面上沿順時針方向朝右側翻轉，使自己由對方背後控制中成功逃脫出

圖4-5-59

圖4-5-60

來，並順勢撲壓對方的上體，令其身體傾倒在地，實施側位控制（圖 4-5-59、圖 4-5-60）。

【技術要領】

雙手抓握對方左手的動作要及時、牢固，控制住其手腕後要迅速將其向頭頂上方拉扯，並儘量將其肘關節抻直。左手將對方左腳拉扯到我左腿外側的瞬間，左腿要立即屈膝立起，防止對方左腿再次勾進來，同時右手要始終攥緊對方左手手腕，並向下拉扯，從而用右肩擠別其臂肘關節。一旦破壞了對方的背後控制，就要在第一時間翻轉身軀，進入對自己有利的位置，切勿遲疑。

（四）龜式防守→腿部三角絞

【動作說明】

（1）進入地面打鬥階段，我處於被動局面，雙膝跪地，雙臂屈肘以小臂著地支撐身體，形成龜式防守姿態。對手跪於我身體左側，上體趴伏於我左側後背上，同時雙臂摟抱住我的腰身，準備進一步對我實施「拿背」（圖

圖4-5-61

圖4-5-62

圖4-5-63

圖4-5-64

4-5-61）。

（2）此時，我應該迅速擺脫眼前的被動局面，身體猛然向右側翻轉，以左側肩背著地，右腳蹬地，臀部順勢撅起來（圖4-5-62）。

（3）動作不停，身體繼續向右上方翻轉，令臀部朝上，雙腿懸空（圖4-5-63）。

（4）身體繼續旋轉不停，直至後背著地，右腿屈膝勾掛住對手左側脖頸，雙手順勢攬住對手右臂（圖4-5-64）。

（5）旋即，雙手控制住對方右臂用力向右側推送，

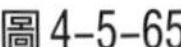
圖4-5-65

圖4-5-66

右腿屈膝勾緊對方脖頸，同時左腿抬起，屈膝以膝窩部位勾掛住自己右腳腳踝位置，雙腿形成一個「三角形」，將對方的脖頸連同右臂一併圈鎖在一起（圖4-5-65）。

（6）繼而，左腿繼續屈膝，扣緊右腳腳踝，右腳向上勾起，雙腿同時收攏、鎖緊，可致使對手呼吸困難，頸動脈供血不足，瞬間昏厥，痛苦不堪。下肢實施三角絞時，可以同時用雙手摟抱住對方後腦，用力拉扯，以加大窒息力度（圖4-5-66）。

【技術要領】

首先要利用身體的翻轉動作掙脫對方雙臂的束縛，迫使其無法進一步實施攻擊，隨後迅速轉入反攻階段。左腿勾掛住右腳腳踝的動作要流暢、自然、牢固，切勿手忙腳亂。在雙腿構成的「三角形」形成的一剎那，就要果斷收攏、緊縮，不可拖泥帶水，不能給對方留有任何喘息之機。

國家圖書館出版品預行編目資料

風靡世界的綜合格鬥運動（精華版）／張海　編著
——初版，——臺北市，大展，2020〔民109.10〕
面；21公分 ——（格鬥術；8）
ISBN 978-986-346-313-9（平裝）
1.武術
528.97　　109011786

風靡世界的綜合格鬥運動（精華版）

編 著 者／張　海
責任編輯／徐 俊 杰
發 行 人／蔡 森 明
出 版 者／大展出版社有限公司
社　　址／台北市北投區（石牌）致遠一路2段12巷1號
電　　話／（02）28236031・28236033・28233123
傳　　眞／（02）28272069
郵政劃撥／01669551
網　　址／www.dah-jaan.com.tw
E-mail／service@dah-jaan.com.tw
登 記 證／局版臺業字第2171號
承 印 者／傳興印刷有限公司
裝　　訂／佳昇興業有限公司
排 版 者／弘益電腦排版有限公司
授 權 者／山西科學技術出版社
初版1刷／2020年（民109）10月

定 價／400元